科学版精品课程立体化教材·经济学系列

西方经济学说史
（第三版）

任保平　编著

科学出版社

北京

内 容 简 介

西方经济学说史是经济学专业的核心课程之一。本书主要分为四大部分：第一篇前古典经济学与古典经济学，着重厘清古典经济学理论及其代表人物思想，主要包括西方经济学体系化之前的经济思想，古典经济学，古典学派的集大成者亚当·斯密的经济思想，古典学派的杰出代表托马斯·马尔萨斯和大卫·李嘉图的经济思想，古典经济学中斯密体系的各国后继者的经济思想；第二篇古典经济学的挑战时期，分别介绍社会主义的经济思想、马克思主义经济学、德国历史学派、边际主义学派对古典经济学的挑战；第三篇新古典经济学及其争论时期，分别介绍新古典经济学、旧制度经济学派、福利经济学和数理经济学派；第四篇当代经济学范式及其争论，主要介绍现代凯恩斯主义经济学、凯恩斯主义经济学的发展及当代经济学的发展。本书突出对西方经济学理论演化线索的梳理，突出对各个学派方法论的阐释，突出对各个时代学派代表性经济学家思想的阐述，突出对各个时期西方经济学经典著作的导读。

本书适合作为经济学专业本科生的核心课程教材，也可作为经济学专业研究生及经济学研究者的参考读物。

图书在版编目(CIP)数据

西方经济学说史/任保平编著. —3 版. —北京：科学出版社，2023.6
科学版精品课程立体化教材·经济学系列

ISBN 978-7-03-074664-1

Ⅰ. ①西⋯ Ⅱ.①任⋯ Ⅲ. ①西方经济学-经济思想史-高等学校-教材
Ⅳ. ①F091.3

中国国家版本馆 CIP 数据核字（2023）第 013418 号

责任编辑：方小丽/责任校对：贾娜娜
责任印制：赵　博/封面设计：蓝正设计

科学出版社 出版
北京东黄城根北街 16 号
邮政编码：100717
http://www.sciencep.com

北京科印技术咨询服务有限公司数码印刷分部印刷
科学出版社发行　各地新华书店经销
*
2010 年 9 月第　一　版　开本：787×1092　1/16
2017 年 2 月第　二　版　印张：15 1/4
2023 年 6 月第　三　版　字数：362 000
2025 年 2 月第十二次印刷

定价：48.00 元
（如有印装质量问题，我社负责调换）

第三版前言

党的二十大报告指出："全面建设社会主义现代化国家，必须坚持中国特色社会主义文化发展道路，增强文化自信，围绕举旗帜、聚民心、育新人、兴文化、展形象建设社会主义文化强国，发展面向现代化、面向世界、面向未来的，民族的科学的大众的社会主义文化，激发全民族文化创新创造活力，增强实现中华民族伟大复兴的精神力量。"2016年5月17日，习近平在哲学社会科学工作座谈会上的讲话中指出"我们既要立足本国实际，又要开门搞研究。对人类创造的有益的理论观点和学术成果，我们应该吸收借鉴"，"对国外的理论、概念、话语、方法，要有分析、有鉴别，适用的就拿来用，不适用的就不要生搬硬套"。2022年4月25日，习近平在中国人民大学考察时的重要讲话中又指出："加快构建中国特色哲学社会科学，归根结底是建构中国自主的知识体系。"建构中国自主的知识体系要"自觉以回答中国之问、世界之问、人民之问、时代之问为学术己任"。这些讲话表明坚持中国特色社会主义文化发展道路、建构中国自主的知识体系，要对西方的理论批判地吸收和借鉴。二十大的思想和上述讲话精神是本教材修订的指导思想。

这本《西方经济学说史》2010年由科学出版社出版以来已经13年了，其间于2017年修订过一次，出了第二版。第二版出版以后，在西北大学、西安财经大学、西安邮电大学等多所学校使用，2020年在陕西省优秀教材奖评审中获得了特等奖。通过对本人最近几年教学中发现问题的整理，以及对近几年使用的学校和教师使用意见的收集，本书又进行了第三版的修订。本次修订的内容如下。

（1）突出课程思政的特点。坚持用马克思主义政治经济学的理论来分析西方经济学说史上的各种理论和经济学家的思想，以引导学生正确理解西方经济学说史上的各种经济学思想。例如，在对重商主义、空想社会主义等流派的思想评价中，坚持用马克思的理论进行分析。在第2章重农学派的来源中，补充中国文化和哲学对法国重农学派的影响，以引导学生增强文化自信。

（2）补充一些新的内容。这表现为三方面：一是补充缺失的一些内容，如在第6章古典经济学中斯密体系的各国后继者中补充麦克库洛赫的经济思想、在第9章中边际主义代表及其经济理论一节补充美国边际主义代表人物克拉克的经济思想、在第12章福利经济学中补充福利经济学的三大定律、在第13章数理经济学派中补充苏联的数理经济学派；二是扩展一些内容，有些部分过去两版讲得比较薄弱，根据教学发现的问题，第三版进行扩展；三是补充一些新的研究进展，如对制度经济学、历史学派、凯恩斯理论的新进展进行补充。

（3）对推荐阅读的文献资料进行更新、补充和扩展。对近几年翻译的一些新的研究著作进行补充，使学生在学习中能够了解学说史的前沿进展。对过去推荐阅读的文献资料进行版本更新，使学生在学习中能够阅读新的版本。增加以马克思主义经济学评价西方经济学的著作，使学生能够理解马克思主义经济学的科学性，并以马克思主义经济学为指导来学习西方经济学。

（4）修正一些错误。对文字错误、表述错误、人名错误进行勘误修改，对一些语言表达进行规范，同时对部分章节末尾推荐阅读的文献资料进行补充和更新，对部分章节的思考题进行更新和修正。

《西方经济学说史》涉及的学派、人物、思想非常多，这门课程已经讲过20多年，但是学无止境、教无止境，部分内容我们还在不断地学习和深化认识中，还需要不断完善。同时由于平时工作繁忙，修订工作只好在寒假时间来进行，时间紧迫，修订可能还不到位，在今后的教学和研究中，我们将不断完善本书内容。书中可能还有许多方面需要完善，请大家多提宝贵意见。最后衷心感谢科学出版社的方小丽女士，她的辛苦劳动和大力支持，使得本次修订得以完成。邵筱女士以其深厚的专业功底，对书稿的细致审读，使本教材增色不少。本次修订的时候，我离开了陕西，调入南京大学任教，教材的最后校对和完善都是在南京大学完成的。

任保平
2023年2月16日

第二版前言

《西方经济学说史》是在我多年讲授这门课程的基础上，通过教案整理而成的一部教材，2010年由科学出版社出版以后，一直作为西北大学经济管理学院经济学基地班、数理经济学班使用的教材。同时这部教材是我在长期教学的教案基础上整理的，简明、通俗、易于教学，而且体系比较新，一些大学也经常使用这部教材。本教材从2010年出版以后，至今已经印刷了多次。在科学出版社的督促之下，我收集了我和周围学校使用该教材的信息，启动了本教材的修订，本次修订主要集中在如下几个方面。

（1）第2章补充了"中国文化对法国重农学派的影响"。重农学派的渊源一直是经济思想史上有争议的问题，一种观点认为其来自古希腊的经济思想，但是在古希腊思想中难以找到证据。另一种观点认为其来自中国，所以第2章专门补充了中国来源说的观点。

（2）第7章补充了"马克思主义政治经济学的科学性"。第一版中这一章只介绍了马克思的理论，但是没有评价，本次修订，主要加上了对马克思主义政治经济学科学性的评价的相关内容。

（3）第8章补充了"李斯特经济学思想的评价"。李斯特经济学是一种欠发达经济学说，为后来德国培养世界一流的人才、促进"德国制造"发展起到了积极的作用。有些思想对当前处于新常态的中国经济有现实意义，所以补充了李斯特经济学思想的评价。

（4）第9章补充了"边际主义代表的经济理论"。初次出版时，缺失了这部分内容，此次修订补充上了这部分内容，主要是边际主义代表人物杰文斯、门格尔、维塞尔、庞巴维克的经济理论。这些理论在西方经济学史上是非常重要的，这次修订做了专门补充。

（5）对某些章节的文字进行了仔细的校对、扩充和完善。同时对课后的讨论题也进行了某些修改。

由于事务繁杂，本次修订花费时间较长，修订可能还存在着不足之处，欢迎读者、使用者批评指正。同时感谢科学出版社的张凯编辑，在她的大力协助下，本次修订得以顺利完成。

任保平

2017年1月2日于西北大学

第一版前言

引子

经济学家和政治哲学家的思想,无论对与错,都比我们通常理解的要强大得多。的确,世界掌握在少数人手中。那些深信自己不受任何空谈家影响的务实主义者,却往往俯首成为一些已故经济学家的奴隶。

——约翰·梅纳德·凯恩斯

研究思想的历史是解放思想的必要前提。

——约翰·梅纳德·凯恩斯

西方经济学说史(以下简称经济学说史)是教育部规定的经济学专业的核心课程,它是关于经济学理论、方法产生和演进历史的一门学科,展示了西方经济学几百年来的发展历程,总结了历史上西方经济学家的理论贡献,以及这些经济学流派及其代表人物的经济思想对现代经济学的影响。

经济学说发展的规律和特点是人类思维演进规律与特点的具体表现。当我们探索经济学说的发展时,可以从过去人们的研究中,从以往的学说中,获得一些启示。学习经济学说史不仅有助于我们从前人那里获得已有的经验及有益的东西,而且有助于我们认识经济学说发展的规律和特点。培根说:"读史使人明智,读诗使人聪慧,演算使人精密,哲理使人深刻,伦理学使人有修养,逻辑修辞使人善辩。"凯恩斯指出:"研究思想的历史是解放思想的必要前提。"赵迺抟先生在《欧美经济学史》中也指出该书的目标是"给过去的思想以活的解释,为已成的理论做动的运用",即梁启超先生所言"将过去的真实事实予以新意义或者新价值"。学习经济学说史,可以加深对政治经济学和西方经济学等经济学基础理论课的理解,总结经济思想的过去,立足现在,前瞻未来。

在大学本科和硕士研究生阶段,我曾经深入学习过经济学说史,从那时起就对西方经济学说史产生了浓厚的兴趣。1993年报考硕士研究生时,需要考经济学说史,为此我仔细研读了鲁友章、李宗正的《经济学说史》(人民出版社)和袁博文的《政治经济学史简编》(青海人民出版社)。1997年在陕西师范大学任教时,由于经济学说史的老师有事,我曾经承担过一段时间的经济学说史教学工作,由此获得"1999年校级教学优秀质量奖"。这一时期的经历让我对经济学说史有了系统的了解。

调入西北大学以后,经济学系的经济学说史一直无人讲授,经常外聘教师上课。后来我从南京大学博士后流动站出站,从2005年开始给经济学系的基地班和数理经济学班讲授经济学说史,同时还给理论经济学各专业的硕士研究生讲授过一个学期的经济学说史专题。其间，我以斯坦利·布鲁的《经济思想史》为教材，并且在备课中阅读了大量的经济学原著、国内外版本的经济思想史教材，特别是国外近年来经济思想史研究的新进展，如埃克伦德的《经济理论和方法史》、斯皮格尔的《经济思想的成长》、熊彼特的《经济分析史》三大卷、赵迺抟的《欧美经济学史》、亨特的《经济思想史——一种批判性的视角》和约翰·米尔斯的《一种批判的经济学史》。通过大量的阅读，我不断更新教案，于2006年夏天整理出第一稿教案。2007年之后，我又对教案进行了整理，并阅读了大量的著作和新的研究成果，在此基础上，于2008年寒假进行了一次大的补充和扩展，形成了本教材的雏形。2009年寒暑假，我又对多年的教案进行了补充和完善。因此，本教材是在我多年使用的经济学说史教案的基础上不断完善形成的。

在多年讲授经济学说史的过程中，我发现国内外出版的经济学说史教材存在几种倾向：一是多数教材的内容仅仅讲到凯恩斯之前，不能够完全反映西方经济学说史的全貌，即使包含了全部内容，但是内容过多，与西方经济学流派的课程内容重复；二是大多数教材的内容繁杂、条块不清楚，反映不出西方经济学历史的演化线索；三是重视理论的陈述，忽视方法论的演进分析；四是重视经济理论的陈述，忽视理论的分析评价，特别是忽视对以往经济思想中现代特点的挖掘与概括。在吸收国内外各种教材长处的基础上，我理出了一个新的大纲和体系，沿着这个大纲和体系在多年的授课中不断扩充，经过几年的完善、扩展形成了这部教材。其特点包括以下四点。

第一，突出对西方经济学理论的演化线索的梳理。本教材逻辑体系的构建突出理论的演化线索，以前古典经济学和古典经济学为出发点。教材结构分为四大篇，包括前古典经济学与古典经济学、古典经济学的挑战时期、新古典经济学及其争论时期、当代经济学范式及其争论。

第二，突出对各个学派方法论的阐释。经济学说史或经济思想史与一般的思想史不同，经济学说史实质是理论与方法史。与现有教材不同的是，本教材在介绍各学派经济思想的同时，不仅分析其经济思想，而且分析其方法论的演变，因为经济学说的演化，其深层次的原因在于其方法论的演化。因此，本教材在突出理论演化线索的基础上，重点突出学派方法论的分析，以及整体经济学方法论的历史演变，通过对方法论的把握来了解经济思想长河中各种经济学思想演化与发展的动力和源泉。

第三，突出对各个时代学派代表性经济学家思想的阐述。在总的叙述不同学派思想源流的基础上，对代表人物的思想进行细致的介绍。例如，在重商主义思想的介绍和分析中，首先总的介绍重商主义产生的背景、思想信条，其次介绍其代表人物托马斯·孟、科尔伯特、威廉·配第和孟可列钦等的经济思想。在古典经济学的研究中，先总的研究古典经济学的产生背景和思想信条，然后介绍其先驱代表达德利·诺思、理查德·康替龙和大卫·休谟的经济思想，古典学派的集大成者亚当·斯密的经济思想，古典学派的杰出代表马尔萨斯和大卫·李嘉图的经济思想，古典经济学体系的各国后继者边沁、萨伊、西尼尔和约翰·斯图亚特·穆勒的经济思想。

第四，突出对各个时期西方经济学经典著作的导读。在古典经济学时期突出对亚当·斯密的《国富论》、李嘉图的《政治经济学及赋税原理》、约翰·斯图亚特·穆勒的

《政治经济学原理及其在社会哲学上的若干应用》的导读；在新古典时期突出对马歇尔的《经济学原理》、罗宾逊夫人和伊特韦尔合作著写的《现代经济学导论》的导读；在现代经济学的研究中，突出对凯恩斯的《就业、利息和货币通论》、萨缪尔森的《经济学》的导读。这使学生不仅能了解经济学不同阶段的思想，而且能领略学说史上经济学大师们的经典著作，进一步提高学生的经济学素养。

本教材的形成得到了各方面的帮助和支持。2006年我指导的硕士研究生钞小静帮我将课件整理成 Word 文档，形成了教材的最初框架，此后我沿着这一框架不断地扩展。同时，对于本教材的大纲我征求了许多国内经济学说史研究专家的意见。2009年给数理经济学班授课之后，我又对教案进行了扩展，我指导的硕士研究生王蓉帮我对扩展部分进行了文字输入。2010年教材正式出版之前，我又仔细地对每一章的内容进行了修正，硕士研究生王蓉、刘晗又一次帮我进行了文字输入。

本教材是国家精品课程西方经济学建设项目的延伸，是陕西省西方经济学系列课程教学团队建设项目的成果，得到了教育部新世纪优秀人才支持计划与陕西省重点学科西方经济学建设项目的支持。

本教材的形成得到了西北大学副校长任宗哲教授、教务处处长王正斌教授的鼓励和支持。经济管理学院何炼成教授，经济学系何爱平教授、范王榜副教授、宋宁副教授都对本书的出版给予了积极的鼓励和支持。科学出版社的林建先生在本书的出版过程中也给予了大力帮助。在此一并表示感谢。

作　者
2010年5月

目　录

第1章
导论 ··· 1
1.1　研究对象、任务与范围 ··· 1
1.2　西方经济学的历史演化 ··· 3
1.3　经济学说史上的七次革命和三次"折中大综合" ································ 4
1.4　西方经济学说史上的几次方法论大论战 ··· 9
1.5　判断经济学流派的"五个维度" ·· 12
1.6　学习经济学及其历史的意义 ··· 12

第一篇　前古典经济学与古典经济学

第2章
西方经济学体系化之前的经济思想 ·· 17
2.1　西方经济学的萌芽时期：古希腊、古罗马和欧洲中世纪的经济思想 ······· 17
2.2　重商主义的经济思想 ··· 21
2.3　重农学派的经济思想 ··· 28
2.4　前古典经济学的总结 ··· 35

第3章
古典经济学 ··· 37
3.1　古典经济学概述 ·· 37
3.2　古典经济学的方法论与分析范式 ··· 40
3.3　古典经济学的先驱代表 ··· 41

第4章 古典学派的集大成者：亚当·斯密 ... 44
- 4.1 斯密的概况 ... 44
- 4.2 斯密经济学的方法论 ... 48

第5章 古典学派的杰出代表：托马斯·马尔萨斯和大卫·李嘉图 ... 56
- 5.1 马尔萨斯 ... 56
- 5.2 李嘉图 ... 60

第6章 古典经济学中斯密体系的各国后继者 ... 69
- 6.1 詹姆斯·穆勒及其经济思想 ... 69
- 6.2 麦克库洛赫及其经济思想 ... 71
- 6.3 边沁及其经济思想 ... 72
- 6.4 萨伊及其经济思想 ... 74
- 6.5 西斯蒙第及其经济思想 ... 77
- 6.6 西尼尔及其经济思想 ... 79
- 6.7 巴师夏及其经济思想 ... 81
- 6.8 经济学的第一次"折中大综合"：约翰·斯图亚特·穆勒 ... 82

第二篇 古典经济学的挑战时期

第7章 古典经济学的第一次挑战：空想社会主义思潮与马克思主义经济学 ... 91
- 7.1 社会主义的经济思想 ... 91
- 7.2 马克思及马克思主义经济学 ... 95

第8章 古典经济学的第二次挑战：德国历史学派 ... 101
- 8.1 德国历史学派概述 ... 101
- 8.2 德国历史学派的方法论 ... 103
- 8.3 德国旧历史学派的代表人物 ... 105
- 8.4 德国新历史学派 ... 108
- 8.5 德国历史学派的解体及其影响 ... 112
- 8.6 对德国历史学派经济思想的评价 ... 113

第9章

古典经济学的第三次挑战：边际主义学派 ·········· 115

- 9.1 边际主义学派概述 ·········· 115
- 9.2 边际主义的方法论 ·········· 116
- 9.3 边际主义先驱及其经济理论 ·········· 118
- 9.4 边际主义代表及其经济理论 ·········· 122

第三篇　新古典经济学及其争论时期

第10章

现代经济学范式的形成：新古典经济学 ·········· 131

- 10.1 新古典经济学概述 ·········· 131
- 10.2 新古典经济学的方法论 ·········· 132
- 10.3 新古典经济学的派别 ·········· 133
- 10.4 新古典经济学的创建者：阿尔弗雷德·马歇尔 ·········· 134
- 10.5 对马歇尔经济学的评价 ·········· 142
- 10.6 新古典经济学派的货币经济学 ·········· 143
- 10.7 新古典的不完全竞争经济学 ·········· 146

第11章

新古典经济学的反对者：旧制度经济学派 ·········· 154

- 11.1 旧制度经济学派概述 ·········· 154
- 11.2 旧制度经济学派的方法论 ·········· 156
- 11.3 凡勃伦及其经济思想 ·········· 157
- 11.4 米切尔及其经济思想 ·········· 159
- 11.5 康芒斯及其经济思想 ·········· 160
- 11.6 加尔布雷斯及其经济思想 ·········· 161

第12章

福利经济学 ·········· 165

- 12.1 福利经济学概述 ·········· 165
- 12.2 福利经济学的方法论 ·········· 167
- 12.3 福利经济学的代表人物 ·········· 168

第13章

数理经济学派 ·········· 173

- 13.1 数理经济学派概述 ·········· 173

13.2 数理经济学派的方法论 176
13.3 数理经济学派的代表人物 177

第四篇 当代经济学范式及其争论

第14章 现代经济学范式的完成者：凯恩斯主义经济学 187
14.1 凯恩斯主义经济学概述 187
14.2 凯恩斯主义经济学的方法论 189
14.3 凯恩斯主义革命的内容 190
14.4 凯恩斯模型与古典经济学模型的区别 191
14.5 凯恩斯及其本人的经济思想 191

第15章 凯恩斯主义经济学的发展 196
15.1 新古典综合派 196
15.2 新剑桥学派 199
15.3 新凯恩斯主义经济学派 203

第16章 当代经济学的发展 207
16.1 当代经济学的方法论 207
16.2 当代经济学的主要流派与思潮 208
16.3 发展中国家经济学的兴起 220
16.4 当代西方经济学发展的趋势 225

第1章

导　论

和任何社会科学一样，经济学也有其自身发展的历史。西方经济学说史（思想史）是经济科学的进展史或者经济学人思潮的变迁史。本章作为导论部分，主要是从整体上分析经济学思想的演进历史，阐释经济思想史研究的一般问题。

1.1　研究对象、任务与范围

1.1.1　研究对象

西方经济学说史以西方经济学理论和研究方法的产生与发展史为研究对象，介绍和评价西方社会各个历史时期具有代表性的或居支配地位的经济思想及其方法论的特点、基本内容、对社会经济发展的影响，展示经济学史上西方经济学家的理论贡献；同时分析政治制度和其他各种意识形态与经济思想的相互关系，以及这些因素对经济思想发展的影响，考察经济思想在自身发展中的纵向和横向联系；等等。经济思想史与经济史同属于史学范畴，但是两者的研究对象不同。赵迺抟先生认为："经济思想史所研究者为人类思想之有关于经济生活者；而经济史则偏于经济事实之系统的记载。盖前者以人为主体，以事实为附庸；后者则以事实为主，对于理论或者思想并无探讨之必要。"[①]经济学说史的研究对象具体包括以下几点。

（1）西方经济学说史是阐述各个历史时期具有代表性的经济观点、经济思想及其方法论，以及经济学说的思想和方法产生与发展及其相互联系的历史。

（2）西方经济学说史是分析经济学的理论历史科学，是随着经济理论形成一套比较完整的思想体系和政治经济学成为一门独立科学之后逐渐形成的，是以经济思想或经济学说本身为研究对象的，是经济学家的"家谱"。它是时代的产物，更是以前经济思想

---

① 赵迺抟. 2007. 欧美经济学史[M]. 北京：东方出版社：1.

和经济学说发展的继续。

（3）西方经济学说史就是要通过研究政治经济学及其各种规律和范畴产生发展的历史，来揭示各种经济学说的基本特征、主要内容、思想渊源和发展规律，以及政治经济学在社会经济发展变革和阶级斗争发展中的地位与作用，以更好地借古鉴今。

1.1.2 研究任务

赵迺抟先生认为经济思想史研究的目的在于："给过去的思想以活的解释，为已成的理论做动的运用。"[①]"活的解释"强调史家的洞察力；"动的运用"强调史家的操纵力，给过去的史实以新意义或新价值。从这个目的出发，西方经济学说史研究的任务有以下几点。

（1）学习西方经济学说史的目的是帮助我们了解各个历史时期具有代表性的经济学家如何提出及提出了什么样的经济学观点、方法和理论。每个时期的经济学说都与先前的经济学说或经济思想有着某种继承关系，每个时代的经济学家的研究都是以先前的研究成果为前提的。

（2）了解各个历史时期西方各种经济学说的产生和发展，使我们在研究当前经济问题时少走弯路，避免不必要地重复以前经济学家所走过的老路。当我们观察某种事物时，向后退几步，可以更清楚地看到事物的整体，从而有利于我们从整体上把握所要观察的对象。

（3）回顾经济学说的发展历程，这不论是对于学习还是对于研究的具体目的来说都是有益的。实际上，当我们在了解过去的经济学说的发展时，总是有可能从过去人们的研究中、从以往的学说中获得一些启示。

（4）理解前人在经济学理论创新中的经验。经济学说不过是对社会经济现实或历史关系认识的结果，作为意识形态，它是社会存在的反映。客观经济现实的规律性也自然会在经济学说的发展中表现出某种规律性。因此，学习经济学说史不仅有助于从前人那里获得已有的经验及有益的东西，而且有可能帮助我们认识经济学说发展的规律和特点，而经济学说发展的规律和特点又是人类思维演进规律与特点的具体表现。

1.1.3 研究范围

西方经济学说史是理论经济学的重要组成部分，一般来说，经济思想史的研究范围最为广泛，凡是有关各个历史时期社会经济问题的观点、政策，不论是否已形成一定的理论体系，都可以被列入考察的范围。

---

① 赵迺抟. 2007. 欧美经济学史[M]. 北京：东方出版社：1-2.

1.2 西方经济学的历史演化

1.2.1 第一阶段：古典经济学之前的经济思想

这主要是指古典经济学以前的经济学说。这一阶段的经济学包括四个部分。

（1）古希腊的经济思想。主要是色诺芬的经济思想，色诺芬提出了财富观（以是否有用作为衡量财富的标准，有害的东西不是财富）、分工理论（推崇农业，轻视手工业）、价格理论（意识到了价格和供求之间的相互影响）、货币理论（货币是购买的手段）。

（2）古罗马的经济思想。主要是亚里士多德的经济思想，其思想主要体现在《政治学》和《伦理学》中，提出了价值的概念和价值的初步形式，认为商品有两种用途：一是物体本身具有的，二是由于交换而具有的。

（3）重商主义的经济思想。这是西方经济学萌芽时期的思想，产生于15世纪，兴盛于16世纪，终结于17世纪，代表人物有英国的托马斯·孟和法国的孟可列钦等。他们的基本思想是：金银是财富的唯一形态，一国的财富来自对外贸易，主张通过扩大出口和限制进口的办法来增加该国的财富。重商主义反映了原始积累时期资本主义经济发展的最初要求。

（4）重农学派的经济思想。重农学派是重商主义的反对者和批判者，主要产生于法国，代表人物有布阿吉尔贝尔、坎铁隆等，提出了社会纯产品理论，认为农业是生产纯产品的唯一部门，强调农业是社会的基础，反对工商业。

1.2.2 第二阶段：古典经济学——西方经济学的形成阶段

关于古典经济学有以下四种划分：一是从17世纪中叶到19世纪70年代的经济学；二是从19世纪中叶到20世纪30年代的经济学，包括古典经济学和新古典经济学；三是从17世纪中叶到19世纪初期的经济学，在英国是从威廉·配第，经过亚当·斯密到大卫·李嘉图，在法国则是从布阿吉尔贝尔到西斯蒙第；四是马克思的划分方法，马克思把那种建立在劳动价值理论之上，并在一定程度上揭露资本主义剥削关系的经济学称为古典经济学，而把其后对资本主义经济关系进行肯定和辩护的经济学称为庸俗经济学。

古典经济学的特点是：①将经济学的研究重心从流通领域转向生产领域，研究国民财富的增长问题，使经济学成为独特的经济学体系；②强调财富是物质产品，增加物质产品的途径是资本积累和发展生产；③政策主张是实行自由放任政策，让价格机制和市场机制来调节经济；④研究的问题是分工和专业化；⑤研究的基本方法是成本-收益分析方法。

1.2.3 第三阶段：新古典经济学——西方微观经济学的形成阶段

新古典经济学形成的标志是19世纪70年代边际主义的兴起。其特点是：①将经济学的研究对象从分工与专业化转向资源配置问题；②基本分析方法从成本-收益分析方法转向市场价格分析方法，以边际分析（增量）为基本工具，以边际效用价值理论为内容；③经济学的研究重心发生变化，不再只是重视研究生产问题，而是转向消费、需求及资源配置问题；④政策主张的基调是自由放任。

1.2.4 第四阶段：现代经济学——西方宏观经济学的形成与发展时期

古典经济学时期就有了初步的宏观经济分析的思想，魁奈是古典经济学时期宏观经济学的奠基者，但是西方宏观经济学理论体系的形成与发展时期是第二次世界大战以后，其形成的标志是凯恩斯《就业、利息和货币通论》的问世。

（1）凯恩斯主义经济学时期。凯恩斯否定了新古典经济学的自由放任理论，从需求方面解释了失业等问题；着重研究了资源的合理利用问题；政策主张上反对自由放任，主张国家干预经济。

（2）凯恩斯主义经济学的发展时期。在发展的过程中形成了两派：一是以保罗·萨缪尔森为代表的新古典综合派，将凯恩斯的宏观经济学与新古典的微观经济学综合在一起；二是以罗宾逊夫人为代表的新剑桥学派，主张将凯恩斯主义与新古典经济学的联系切断，主张以分配理论来完成凯恩斯主义革命。

（3）自由放任的复兴时期。这是凯恩斯主义与新自由主义经济学的并存与争论时期，形成了以弗里德曼为代表的货币主义学派、以卢卡斯为代表的理性预期学派、以罗伯茨为代表的供给学派及新凯恩斯主义学派。

1.3 经济学说史上的七次革命和三次"折中大综合"

1.3.1 西方经济学说史上的七次革命

1. 第一次革命：斯密革命

斯密革命是对重商主义的革命。亚当·斯密在对重商主义批判的基础上，吸收了早期古典政治经济学的成果，形成了完整的古典政治经济学理论体系，实现了西方经济学演进中的第一次伟大变革。其经济思想的革命性主要表现在自由竞争、自由放任的经济体系，以及自我调节的市场机制和经济增长等方面。这次革命的意义有三个方面：一是将经济学研究的中心问题由流通转向了生产；二是使经济学成为具有独立体系的科学；

三是奠定了经济学基本分析方法的基础——二重分析方法（抽象法和现象描述法）。

2. 第二次革命：边际主义革命

边际主义革命是经济学说史上的第二次革命，是对古典经济学的革命，标志着新古典经济学走向成熟。先驱代表人物是门格尔、杰文斯、莱昂·瓦尔拉斯，集大成者是英国剑桥经济学家阿尔弗雷德·马歇尔。他们认为过去古典学派强调生产，只从供给、成本方面考虑经济问题，而他们则把重点转移到消费，从需求和效用方面考虑问题。

这次革命的内容有：一是分析方法采取增量分析方法，即分析自变量变动所引起的因变量的变动的方法，也就是运用数学中的微积分去观察经济问题；二是价值基础由劳动价值理论转向了效用价值理论；三是研究重心由生产转向了消费、需求及资源的优化配置问题。

3. 第三次革命：凯恩斯主义革命

凯恩斯主义革命是以20世纪30年代经济危机为时代背景，创建以需求管理为中心思想的政府干预收入、分析宏观经济的一次经济学领域的变革。这一革命的含义表现在四个方面。①在理论上，摒弃了传统经济学的亚当·斯密"看不见的手"的机理，不相信市场机制的完善性和协调性，认为经济危机不可能通过市场机制的自动调节而恢复均衡，坚决主张采用强有力的政府干预，对严重的经济危机进行紧急抢救。凯恩斯还否定了新古典经济学关于资本主义能自动达到均衡、实现充分就业的论断，从总供给和总需求两个方面来说明国民收入的决定，并从总需求（有效需求）方面来说明总需求的不足是失业的原因。②在分析方法上，一改新古典经济学的个量分析方法，开创了系统的宏观或者总量分析方法。③在政策上，摒弃传统的健全财政原则，主张膨胀性财政政策，主张扩大政府开支、赤字预算和举债支出。反对新古典经济学以自由放任为基础的政策基调，提出了以系统的国家干预和调节私人经济为基调的政策主张，建立了当代宏观经济学的政策体系。④在分析范式上，开创了现代宏观经济分析，研究总就业量、总生产量和国民收入及其变动的原因，以区别于单个商品、单个厂商和单个消费家庭经济行为的微观经济分析。凯恩斯主义革命的实质在于：以20世纪30年代经济危机为时代背景，适应垄断资产阶级的迫切需要，创建以需求管理的政府干预为中心思想的收入分析宏观经济学。它对西方国家垄断资本主义及西方经济学的发展都有巨大而深远的影响。

4. 第四次革命：斯拉法革命

凯恩斯主义革命之后，围绕着凯恩斯主义经济学的发展，形成了以萨缪尔森为代表的新古典综合派和以罗宾逊夫人为代表的新剑桥学派之间的"两个剑桥之争"。在争论中，新剑桥学派的英国经济学家斯拉法以李嘉图的劳动价值理论为基础，对这种价值理论进行了发展，形成了"斯拉法价值理论"，这一价值理论主要体现在《用商品生产商品：经济理论批判绪论》一书中，他试图建立一种独立于价值理论之外的分配理论。这就是斯拉法革命，主要是对劳动价值理论的革命。

5. 第五次革命：货币主义革命

货币主义革命主要是对凯恩斯主义的革命。面对滞胀问题，凯恩斯主义处于危机之中，在此背景下，西方经济学界掀起了反凯恩斯主义的浪潮，20世纪60年代掀起的货币主义就是这次浪潮的中坚。货币主义强调经济自由主义，反对国家干预理论，在方法上宣扬实证经济学，因在20世纪60年代掀起了一场长达二十余年的同凯恩斯主义的论战而闻名于世。现代货币主义，也称货币主义，是当代自由主义思潮中最重要的经济学流派之一。它的产生、形成与发展被认为是一场对抗凯恩斯主义革命的革命。现在，货币主义虽然并没有取代当代的凯恩斯主义——新古典综合派在西方经济学中的正统地位，但是它的理论与政策已受到整个资本主义世界的重视。

6. 第六次革命：理性预期革命

20世纪70年代，由卢卡斯掀起了理性预期革命。理性预期又称合理预期，这一理论最早是由约翰·穆斯于1961年提出的，随后，20世纪70年代芝加哥大学青年经济学家卢卡斯连续发表论文，宣扬理性预期假说，接着明尼苏达大学的萨金特和华莱士持相同的论调，由此形成了以这三人为核心的理性预期学派，史称"理性预期革命"。

预期有三种。一是外推预期，依据过去的经验预期未来，重视近期预期，忽视长期预期。这是一种典型的"短视预期"（myopic expectations）。二是适应性预期，这是货币主义者使用的预期，人们可以依据过去的预期错误，不断修正自己对未来的预期，以使预期正确。三是理性预期，理性预期与适应性预期之间的重要差别就是强调预期和现实行为之间的一致性。

"理性预期"被称为20世纪西方经济学的"预期革命"，对20世纪经济学的发展产生了重大影响。"理性预期"作为一种分析工具在西方经济学中已被广泛采用，甚至被它的论敌使用，并且在股票、债券、外汇市场的运行分析中得到了广泛应用。虽然总体上讲"理性预期"已进入西方主流经济学工具箱之中，但也有许多经济学家指出用任何"预期失误"或信息不完善性来解释经济周期都是缺乏说服力的，他们认为"理性预期"有许多局限性和本身不可克服的缺陷。例如，自20世纪80年代开始，斯蒂格利茨（J. E. Stiglitz）等新凯恩斯主义经济学家对合理预期提出了批判，对政府干预的思想重新做了表述。市场出清还是非市场出清？政府失灵还是市场失灵？政策无效还是政策有效？这些均为新古典宏观经济学和新凯恩斯主义经济学的理论观点与政策主张分歧的关键所在。

7. 第七次革命：供给学派的革命

供给学派认为，生产的增长取决于劳动力和资本等生产要素的供给与有效利用。个人和企业提供生产要素与从事经营活动是为了谋取报酬，报酬能够影响人们的经济行为。自由市场会自动调节生产要素的供给和利用，应当消除阻碍市场调节的因素。供给学派重新肯定萨伊定律以后，进而确认生产的增长取决于劳动力和资本等生产要素的供给与有效利用，在生产要素中资本至关紧要。资本积累决定着生产增长速度，因此应当鼓励储蓄和投资。供给学派认为，1929—1933年的世界经济危机并不是因为有效需求不足，而是由于当时西方各国政府实行一系列错误政策造成的，萨伊定律完全正确，凯恩斯定律却是错误的。因此，供给学派的革命实质是对凯恩斯主义的革命。

对于滞胀问题，凯恩斯的总需求理论不能给出满意的答复，南加利福尼亚大学的拉佛、乔治城大学的罗伯尔茨和华盛顿的政府顾问提尤尔组成了三人领导小组，形成了供给学派，他们摒弃了当时占统治地位的提倡扩大总需求以增加产出和就业的凯恩斯理论，回到了古典经济学重视供给的传统中，强调萨伊定律的重要性。

1.3.2 经济学说史上的三次"折中大综合"

西方经济学说史上曾出现过三次"折中大综合"：第一次以约翰·斯图亚特·穆勒为代表，第二次以阿尔弗雷德·马歇尔为代表，第三次以保罗·萨缪尔森为代表。

1. 约翰·斯图亚特·穆勒的"折中大综合"

西方经济学发展中的第一次"折中大综合"出现在约翰·斯图亚特·穆勒于1848年出版的《政治经济学原理及其在社会哲学上的若干应用》一书中。在该书中，约翰·斯图亚特·穆勒把斯密等的劳动价值论、生产费用论和供求论，马尔萨斯的人口论，李嘉图的土地报酬递减律理论和级差地租论，萨伊的销售论，西尼尔的节欲论和自己的工资基金论等各种理论进行了综合。尽管该书中每个基本观点几乎都有前人的痕迹，没有什么理论创新，但毕竟也力图把多种不同的理论观点捏合在一起，构建一个理论框架。这不能说毫无意义，否则就难以理解为什么该书在之后差不多半个世纪中能作为一种主流的经济理论占领经济学的大学讲坛如此之久。他所折中综合的各种理论观点尽管已有明显差异，但从总的倾向看，基本上还没有离开从生产成本的角度探讨价值、价格和收入分配的理论轨道。正因为此，西方经济学界一致把到约翰·斯图亚特·穆勒为止的西方经济理论称为古典经济学。

2. 阿尔弗雷德·马歇尔的"折中大综合"

第二次"折中大综合"出现在马歇尔于1890年出版的《经济学原理》一书中。这是比约翰·斯图亚特·穆勒的《政治经济学原理及其在社会哲学上的若干应用》在思想、观点、内容和方法上要深刻得多的又一次"折中大综合"，因为在该书中，马歇尔把两种完全对立的价值论结合在一起，以生产费用论说明商品供给价格，以边际效用论说明商品需求价格，再把成本和效用及供给和需求结合起来，建立了一种均衡价格论，不仅用它来说明商品价值的形成，还用它来说明国民收入的分配。可以说，这次折中绝不是简单的拼凑，而是一种理论上的创造。正是有了这种创造，市场经济中许多现象才得到了令人信服的解释。然而，在过去相当长的一段时间内，我国学术界一直把马歇尔的均衡价格论说成只是生产费用论、边际效用论和供求价值论的一个折中主义大杂烩，毫无理论创新，从而没有什么科学价值。我们认为，这是一种很不公道的评价。

第一，马歇尔的折中，并不是两种对立理论的"半斤八两"式的调和。诚然，他在《经济学原理》第五篇第三章中说过，在讨论价值是由效用决定还是由生产成本决定，和讨论一块纸是由剪刀的上边裁还是由其下边裁是同样合理的一样，很难说究竟是供给还是需求起的作用。然而，由于加进了均衡的时间因素，他正确地回答了供求双方在价值（均衡价格）形成中所起的作用问题。他认为，短期内，需求在市场价值形成中更起作用；长期内，商品正常价值形成时，供给起决定性作用，而正常价值才是商品价值的基础。这样，他就肯定了供给一方的生产费用在价值形成中的决定性作用。也正因为如此，马歇尔才被认为是古典路线的继承者，他只是要用边际效用论的新思想来充实和完善古典价值论而已。因此，他的学说才被称为新古典经济学。

第二，马歇尔用生产费用说明供给价格，用边际效用说明需求价格，应当说是一种理论创新。众所周知，19世纪70年代经济学的边际革命以来，在价值决定问题上出现了两种截然相反的观点：一是传统的生产成本决定论，二是新兴的边际效用决定论。两种观点无法沟通，并且边际效用论大有吞没和替代生产成本论的趋势。这时马歇尔出现了，他雄辩地说明，商品价值其实是市场上供求双方竞争的结果。在竞争中，卖者供给商品必须收回成本，获取利润；而买者需求商品，必须满足需要，取得效用。也就是说，供给背后是成本，是生产费用；需求背后是效用，是边际效用。于是，他把边际效用转化为需求价格，把生产费用转化为供给价格。通过这种转化，把边际效用从本来难以捉摸的心理规律变成了看得见、摸得着的需求规律，这既有理论上的依据，又有市场现象作支撑，从而实现了一次理论创新。

第三，马歇尔综合运用各种已有观点作为原材料创造出一种新的理论体系。经济学说史上各种不同的观点，本来不过是经济思想演进长河中的一个个支流，最终会一次又一次地汇合起来。这种汇合而成的新理论体系，不能再把它看成原来各种观点的机械拼凑，犹如长江是无数细小江河汇合而成，总不能说长江只是支流的相加。马歇尔的均衡价格论，的确是生产费用论、边际效用论和供求价值论的综合，但这三种理论一经综合成均衡价格论，就不再是原来的旧理论了。

3. 保罗·萨缪尔森的"折中大综合"

第三次"折中大综合"出现在萨缪尔森于1948年出版的《经济学》一书中。可以说，这是一次比第二次综合更为深刻、全面的综合。在第二次"折中大综合"中，尽管马歇尔已经完成了把生产费用论和边际效用论这两种对立观点综合成一种全新的均衡价格论的转变，但均衡价格论所阐明的，毕竟还只是经济资源如何通过市场价格机制实现优化配置，它献给人们的也只是一支自由竞争的赞歌，而且相互竞争的也只是私人生产经营企业。可是，现代商品经济的日益发展，越来越显示出经济学不仅要解释资源配置问题，还要解释和解决资源能否充分利用的问题；不仅要说明市场的经济功能，还要说明政府的经济功能。于是，凯恩斯经济学应运而生了。凯恩斯经济学从理论、方法到政策思想等各个方面都对传统的新古典经济学实现了一场革命，并取代了新古典经济学而成为新的正统经济学。然而，有了这场凯恩斯主义革命，传统理论是否就此寿终正寝了？

传统理论该彻底被否定、彻底被抛弃了？

以萨缪尔森等为代表的一批美国经济学家认为，凯恩斯主义革命并没有完全否定传统理论。凯恩斯自己也说过，市场经济制度的主要缺陷在于其在保证充分就业方面的明显无能，一旦通过管理恢复了充分就业，则"从这一点开始，古典学派的理论仍然是正确的"，古典学派所分析的私人的利己动机如何决定生产何种产品、以何种比例的生产要素来进行生产，以及如何把产品的价值在生产要素之间加以分配等，都无可非议。萨缪尔森等认为，凯恩斯的宏观经济理论和新古典的微观经济理论尽管有各自的研究对象和方法，但只是从不同角度来说明统一的市场经济现象。现代市场经济是混合经济，混合经济既需要市场发挥配置资源的作用，也需要政府发挥调控和管理经济的作用，二者缺一不可。因此，凯恩斯经济学和传统的新古典经济学不但可以综合，而且应当综合。于是，他们就把凯恩斯经济学和新古典经济学加以调和折中，构筑了一个全新的、从微观到宏观的统一的经济理论体系，这就是"新古典综合"。这次综合之所以被称为"新古典综合"，是因为萨缪尔森等把新古典理论综合到凯恩斯经济理论体系中，他们也因此被称为新古典综合派。应当说，"新古典综合"从其基本倾向看，还属于凯恩斯主义，但由于有了这样的综合，才构筑起一套有机的、统一说明混合经济体制的完整的理论框架，完成了经济学既说明资源配置又说明资源利用的全部使命。

"新古典综合"一问世，就遭到新剑桥学派的激烈批评和抨击。现在，它又受到形形色色新自由主义和其他非主流经济学派的挑战。也可能正是在这样不断接受挑战的过程中，它才不断综合各种不同新理论而使自己得到完善和发展。萨缪尔森等还摆出这样一种架势：他们的学说，不仅能综合新古典理论，还能综合现代经济学各流派中他们认为值得吸收的一切有价值的东西。也可能正因为如此，2013年已出版到第19版的《经济学》在全世界畅销不衰，每一次修订，都意味着一次新的综合。这种折中综合，并不是餐桌上的简单拼盘，更不是大杂烩。正确的折中本身就是一门艺术，是科学的综合，更是一种创造，是融会贯通和推陈出新。任何一门科学都是在不断吸取前人成果的基础上发展起来的。

从经济学说史上三次"折中大综合"的历史过程和内容来看，每次综合既是此前各种经济学说演进的总结与概括，又是为以后经济学的进一步发展建立了一个新的平台，可见这种综合也是经济学说发展的一种重要方式。从三次"折中大综合"可以得出一个结论："折中大综合"是沟通旧理论和新理论的桥梁之一，新理论完全可以从旧理论的"折中大综合"中创造出来，经济思想史上经济学范式的运动和发展也必然会表现为综合创新这一运动形式。"折中大综合"创新还是经济学家构建自己新理论体系的一种重要方法。

1.4 西方经济学说史上的几次方法论大论战

从一般意义上讲，方法论是人们关于世界"是什么、怎么样"的根本观点，用这种观点作指导去认识世界和改造世界，就成了方法论。通俗地讲，方法论是"观世界"，是人们对世界的总体看法和根本观点，是人们认识世界、改造世界的一般方法，是人们用什么样的方式、方法来观察事物和处理问题。概括地说，世界观主要解决世界"是什么"的问题，方法论主要解决"怎么办"的问题。

方法论在不同层次上有哲学方法论、一般科学方法论、具体科学方法论之分。关于认识世界、改造世界、探索实现主观世界与客观世界相一致的最一般的方法理论是哲学方法论；研究各门具体学科、带有一定普遍意义、适用于许多有关领域的方法理论是一般科学方法论；研究某一具体学科、涉及某一具体领域的方法理论是具体科学方法论。三者之间的关系是互相依存、互相影响、互相补充的对立统一关系。而哲学方法论在一定意义上说具有决定性作用，它是各门科学方法论的概括和总结，是最一般的方法论，对一般科学方法论、具体科学方法论具有指导意义。

经济学说的演变实质是方法论的演变，经济学方法论是不同时期的经济学流派和思想家观察世界的思想方法或哲学基础。在西方经济学说史上曾经产生了几次方法论大论战，逐步推进了经济学研究方法的科学化。

1.4.1　归纳法与演绎法的争论

归纳法的基本观点如下。①科学始于观察，观察陈述建立起理论陈述的基础，观察本身具有客观性。②归纳法是建立科学理论的方法。如果满足了归纳原理的条件，从观察陈述中概括出来的定律就是合适的。③科学理论的发展是真实知识的积累和递增。如果经验事实是真实的，且归纳法又是合理的，由归纳得出的科学知识也不会有差错，科学的发展就是正确知识的积累和递增。

演绎法的基本观点如下。①演绎法对于论证理论具有重要作用。在理论进行实践检验之前，演绎法不仅可以对理论进行某种评价，而且可以使理论具有某种严密性。②演绎法对于揭示或预见事实具有重要作用，从理论命题推导出事实命题，揭示已知的事实，预知未知的事实。③演绎法对发现疑难命题具有重要作用。应用充分条件假言推理的否定后件式，对提出问题具有重要作用。

1.4.2　实证法与证伪法的争论

（1）实证法。实证法存在的哲学基础是逻辑实证主义，其客观基础是归纳法。但这是不可靠的，归纳法不能完全证实一个理论，只能给予某种理论一定程度的证实。实证法的逻辑形式是：如果 P，那么 Q；如果 Q，那么 P。

（2）证伪法。证伪法认为证实不可能是最终的、完整的。即使结论 Q 被许多事实所证明是真的，理论 P 也不能被证明是真的。

从实证法与证伪法的争论中可以看出，两种分析方法都是复杂的，也不是最终的和完整的，应用时必须综合利用。

1.4.3 实证分析和规范分析的争论

（1）实证分析。其哲学基础是实证哲学，实证主义始于孔德，他认为实证一词的含义是"实在""有用""确实""精确"，认为社会科学的研究应当以实证自然科学为依据，以可以观察和实验的经验事实与知识为内容，排斥虚妄、无用和不精确。一切科学知识都必须建立在来自观察和实验的经验事实的基础之上,经验事实是知识的唯一来源，实证分析方法以实证哲学为基础形成了经济学的基本分析方法。实证分析方法研究经济现象是什么，也是对客观事物的状况及客观事物之间的关系是什么的真实性陈述。

（2）规范分析。其哲学基础是库恩的规范理论，强调科学及其发展是与价值观密切相关的，在科学研究中不可能没有价值观。在西方经济学中，福利经济学和政策理论往往属于规范分析。

在实际的经济学研究中，不仅要看到两者的区别，而且要看到两者之间的统一性：规范分析以实证分析为基础，实证分析应当在规范分析的基础上进行。

1.4.4 个量分析与整体分析的争论

（1）个量分析。个量分析，即个体的研究方法，它主要以单个经济主体的活动为着眼点和研究对象，在假定其他条件不变的前提下研究个体的经济行为和经济活动，其特点是把一些复杂的外在因素排除掉，从而突出个体经济主体运行的主要现状和特征。这种研究方法在具体的使用中，主要分析单个企业要素的投入量、产出量、成本和利润的决定，单个企业的有限资源配置、单个居民户的收入合理使用，以及由此引起的单个市场中商品供给和需求的决定、个别市场的均衡等问题。

这种研究方法的使用往往将某一个体的具体情况和局部特征表现得非常清楚，但其局限性也是明显的，主要有：一是"只见树木不见森林"，难以注意到宏观经济问题对个量关系或个体经济行为的影响；二是这种方法得到的结果常常是有条件的。后者主要是因为这种研究方法是在假定其他条件不变的情况下，排除了一些外部经济因素来研究个体经济问题的，然而在实际的经济生活中，一些外部因素却常常是事物发展的重要条件，有时这些外部因素还可能会成为影响经济运行的主要因素。

（2）整体分析。整体分析又称总量研究方法，是以经济发展的总体或总量为着眼点的研究方法。它是在假定制度不变的前提下进行的，把制度因素及其变动的因果和国民经济的个量都看成不变的和已知的，在此前提下研究宏观经济总量及其相互关系。例如，在研究消费时，只着眼于考察社会总消费及其与总收入、总投资、总储蓄的相互关系，对于个体的消费行为及其变动则不予关注。这种研究方法由于一开始就抓住了经济运动的总体状况及其总体结构的基本状况，因而其研究结果对把握国民经济全局具有重要的作用。但是这种研究方法也有其局限性，主要是"只见森林不见树木"，往往忽视个量对总量的影响，因此在这一研究方法的内在结构中，个体对总体关系的影响和作用往往是不清楚的。

1.5 判断经济学流派的"五个维度"

在经济思想史长河中产生了各种各样的经济学流派。那么满足哪些条件才能构成一个学派？斯坦利·布鲁提出了判断一个学派的五个命题。本书将其概括为判断经济学流派的五个维度。

（1）学派产生的历史背景。一定的经济思想是特定时代的产物，特定的时代为一定经济理论的提出提供了环境、知识、经验和研究的思想工具。也就是说，经济理论是随着环境的变化而变化的，环境的变化往往使人们注意到一些新的问题。

（2）学派的共同信条。一个学派有自己共同的信条，可以将一个学派的思想观点进行概括，并精确地表述。但需要注意的是，某些学派往往也有例外情况，他们没有共同信条。

（3）学派的立场。一个学派往往代表不同利益集团的利益，这样其思想才能被人们接受、捍卫、扩展和实施。

（4）学派的理论体系。一个学派的思想总是成体系的，不同学派的思想差别也表现为思想体系的差别。

（5）学派对后世经济学产生长远影响的思想。一个学派应具有长远性的、能经受住时间考验的、有价值的思想观点。

1.6 学习经济学及其历史的意义

1.6.1 学习经济学的意义

（1）运用经济学理解一个经济体系的运行。经济学是解释之学，掌握经济学历史并运用经济学的理论工具可以对各种经济现象进行解释，从而使人们理解一个经济体系的运行。

（2）帮助社会达到其所选定的经济目标。掌握经济学的基本知识，分析一定时期经济运行中存在的问题，帮助一个社会选择其最优运行目标，使一个社会经济体向最优目标加速迈进。

1.6.2 学习经济学说史的意义

（1）增强对当代经济学思想的理解。通过对过去经济思想的回顾，来理解当前的经济思想；通过评价过去经济理论的优缺点，可以更好地理解当代的经济理论。

（2）帮助我们理解和回答过去尚未回答与尚未解决的问题。在西方经济学说的历史演变过程中，总会有一些尚未回答与尚未解决的问题，对经济学历史的梳理，可以帮助我们依据变化着的现实来回答这些问题。

（3）帮助我们理解不断变化的经济学观点。经济学说的发展总是不断地总结经验、克服缺陷，从而进一步前进的。作为历史学的经济思想史专注于过去，对过去的错误与进步一样关心，这可以帮助我们理解不断变化的经济学观点。

本 章 小 结

经济学说史是西方经济学理论和研究方法的产生与发展史，主要介绍和评价西方社会各个历史时期具有代表性的或居支配地位的经济思想及其方法论的特点、基本内容、对社会经济发展的影响，同时注意分析政治制度和其他各种意识形态与经济思想的相互关系，以及这些因素对经济思想发展的影响。

学习经济学说史的目的是帮助我们了解各个历史时期具有代表性的经济学家如何提出及提出了什么样的经济学观点、方法和理论。

西方经济学的历史演化经历了古典经济学之前的经济思想、古典经济学阶段、新古典经济学阶段、当代经济学阶段。在西方经济学说史上经历了七次"革命"：斯密革命、边际主义革命、凯恩斯主义革命、斯拉法革命、货币主义革命、理性预期革命、供给学派的革命。

判断经济学流派的"五个维度"是：学派产生的历史背景、学派的共同信条、学派的立场、学派的理论体系、学派对后世经济学产生长远影响的思想。

➢ 关键概念

斯密革命　边际主义革命　凯恩斯主义革命　斯拉法革命　货币主义革命
理性预期革命　供给学派的革命

➢ 推荐阅读的文献资料

埃克伦德 R B Jr, 赫伯特 R F. 2001. 经济理论和方法史[M]. 4 版. 杨玉生，张凤林，译. 北京：中国人民大学出版社.
布劳格 M. 2000. 经济学方法论的新趋势[M]. 张大宝，李刚，韩振国，等译. 北京：经济科学出版社.
布劳格 M. 2022. 经济学方法论：经济解释的哲学基础[M]. 苏丽文，译. 上海：格致出版社.
陶永谊. 1992. 旷日持久的论战：经济学的方法论之争[M]. 西安：陕西人民教育出版社.
张士铨. 2017. 新编西方经济学说史教程[M]. 北京：知识产权出版社.
朱成全. 2003. 经济学方法论[M]. 大连：东北财经大学出版社.

➢ 讨论题

1. 简述经济学说史的研究对象和研究任务。
2. 简述经济学思想演化的动力。
3. 简述西方经济学的七次"革命"。
4. 分析西方经济学说史上三次"折中大综合"的意义。
5. 简述学习经济学说史的意义。

第一篇

前古典经济学与古典经济学

第2章

西方经济学体系化之前的经济思想

西方经济学体系化之前的经济思想所处的发展阶段被称为前古典经济学时期,这一时期是西方经济学的萌芽时期,其原因有三:一是这一时期经济学没有形成独立的理论体系;二是经济学思想镶嵌在其他学科之中;三是经济学方法大多采用哲学或者社会学方法。本章主要介绍前古典经济学时期的古希腊、古罗马和欧洲中世纪的经济思想,以及重商主义、重农学派的经济思想。

2.1 西方经济学的萌芽时期:古希腊、古罗马和欧洲中世纪的经济思想

2.1.1 古希腊时期的经济思想

古希腊大约从公元前12世纪至前8世纪开始从原始社会制度向奴隶制度过渡,公元前8世纪至前6世纪,进入奴隶制国家形成时期。在这一时期早期的经济学思想产生。"古希腊人对经济学的贡献就是一般社会科学的理性方法"[1],在该时期一些对现代经济学定义的分析结构被提出。现代经济学的思想源于古希腊时期,如享乐主义计算、主观价值、递减的边际效用、效率与资源配置,代表学者有色诺芬与亚里士多德。

1. 色诺芬的经济思想

色诺芬(Xenophon 约公元前430—前354),古希腊历史学家、作家,雅典人,哲学家苏格拉底的弟子。他出身于上层社会,和苏格拉底的许多弟子一样生活优越。公元前401年他参加希腊雇佣军,助小居鲁士(Kurush 约公元前424—前401)争夺波斯王位,未遂,次年率军而返。公元前396年他投身斯巴达,被母邦判处终身放逐。其著有《远征记》《希腊史》《回忆苏格拉底》等,代表性的经济学著作有《经济论》和《雅典

---

[1] 埃克伦德 R B Jr, 赫伯特 R F. 2001. 经济理论和方法史[M]. 4版. 杨玉生, 张凤林, 译. 北京: 中国人民大学出版社: 10.

的收入》。

色诺芬的《经济论》是古希腊流传下来最早的一部经济学著作，是论述奴隶主家庭经济的著作，是依据其管理田庄的经验写成的，是"经济学家"和"经济学"两个词的起源。该书采用和别人对话的形式来论述，全书分为21节，主要论述了四方面的内容。①财富是一个人能够从中得到利益的东西。以物品是否有用作为衡量财富的标准，认为财富是对人有用的东西。②农业是其他产业的"母亲"和"保姆"。全书用大量篇幅来说明发展农业的重要性，认为农业是希腊自由民最重要的职业，农业高于其他一切部门，把手工业看成"粗俗的技艺"。③怎样管教妻子、管家和奴隶。色诺芬将管教妻子、管家和奴隶看作管理好财产的重要因素，将妻子在家庭管理中的作用比作蜂房里的女王蜂。选择管家要选择吃东西、喝酒和睡觉最有节制的人。对于奴隶，他主张应用训练野兽的办法把他们变得驯顺。④关于农艺的全套方法和秘诀。他把农艺的全套方法和秘诀看作财产管理的一部分，用大量篇幅分析农业生产，对农业经验进行总结。其经济思想包括以下几点。

（1）经济概念。在《经济论》中色诺芬首次提出了"经济"一词，其含义是家庭管理，即强调奴隶主如何管理好自己的财产，使自己的财富不断地增值。他用"经济"一词来概括奴隶主对生产的经营和财产的管理。

（2）财富观。色诺芬从使用价值的角度认识财富，认为财富就是具有使用价值的东西，即以物品是否有用作为衡量财富的标准。凡是对人有用的东西都是财富，而对人有害的东西都不是财富。一件东西是不是财富取决于其所有者是否能利用它，也就是是否有客观的使用价值。他将财富区分为精神财富与经济财富，认为财富不仅取决于物质财富的多少，还取决于内心是否得到满足，其财富观体现了主观价值和客观价值的结合。他拿笛子来举例，一支笛子对于会吹它的人是财富，而对于不会吹它的人则无异于毫无用处的石头。他把财富的功能界定在使用和交换两种功能上。

（3）产业思想。在产业上，他重视农业而轻视手工业，将农业看作其他产业的"母亲"和"保姆"。因为农业繁荣的时候，其他产业都兴旺。他在《经济论》中阐述了农业对国家经济的重要性，认为农业是国民赖以生存的基础，是希腊自由民最重要的职业。他认为农业兴，则其他产业兴；农业萧条，则其他产业萧条。从农业的重要性出发，他认为国家必须对农业给予最高的重视。

（4）分工思想。由于社会分工的存在，色诺芬注意到市场和商品交换中的种种分工现象，并对其进行了分析。从使用价值角度考察了分工的利益，他认为劳动分工是必要的，分工可以提高产品的质量，一个人不可能精通一切技艺，专门从事一种技艺的人必然工作得更好。此外，色诺芬最先论述了社会分工与市场的关系，认为分工取决于市场范围的大小，大城市的分工比小城市的精细。其分工理论引起了后来经济学家和历史学家极大的兴趣。马克思在《资本论》的第一卷中，为了说明古希腊的社会分工情况，就大量地引用过色诺芬的思想。

（5）价格和供求关系。色诺芬意识到市场供求变化会导致商品价格下跌，生产者会因此破产。当农产品价格降低时，农业无利可图，生产者就会放弃农业，从事其他行业。他认为价格和供求之间相互影响：商品供给多，则价格低；商品供给少，则价格高。

（6）货币思想。色诺芬提出了货币的购买手段和贮藏手段。他已了解到货币有不同的作用。他说，人们不会厌烦白银太多，若它多了，人们就会将其贮藏起来。人们喜欢贮藏白银不亚于喜欢白银本身。为什么呢？因为白银随时都可用来购买所需的物品。在这里，充当货币的白银具有流通手段和贮藏手段的职能。但是他对货币的态度是矛盾的，一方面贬低货币经济的意义，另一方面又认为发展货币经济是必要的。

（7）家庭经济管理。色诺芬提出，奴隶主的任务就是增加更多的财富，要求在能够继续支付一切开支外，应有盈余。为了增加财富，他认为奴隶主的主要工作是组织和监督奴隶从事生产与劳动。对奴隶应严格管理，甚至可以用"训练野兽的办法"使奴隶驯服。他根据奴隶制自然经济的要求，确定了奴隶主的经济任务，主张把奴隶主的家庭经济管理专门辟为一门学问。

2. 亚里士多德的经济思想

亚里士多德（Aristotle 公元前384—前322），古希腊斯吉塔拉人，是世界古代史上最伟大的哲学家、科学家和教育家之一。亚里士多德一生勤奋治学，著作浩瀚，从事的学术研究在人文社会科学领域涉及逻辑学、修辞学、伦理学、教育学、心理学、政治学、经济学和美学等，在自然科学领域涉及物理学和生物学。马克思曾称亚里士多德是古希腊哲学家中最博学的人物，恩格斯称他为古代的黑格尔。亚里士多德对经济思想发展的贡献集中体现在对经院学派的影响上。经由托马斯·阿奎那的阐释和发展，亚里士多德的经济伦理思想成为经院学派经济学的理论基石。作为柏拉图的弟子，他在《政治学》和《伦理学》中提出了自己的经济思想。

（1）价值的概念。亚里士多德认为商品有两种用途：既可以使用，又可以用来交换。他看到了商品具有使用价值和交换价值两重属性，但他从维护自然经济的角度出发，只把使用价值作为商品本身的属性。这一思想经过斯密的发展，形成了"使用价值"和"交换价值"，马克思分析商品二重性时，曾经引用过亚里士多德的话。

（2）财富理论。亚里士多德区分了两种财富，即作为有用的财富和作为货币积累的财富。与此相对应，有两种科学，即经济和货殖。经济研究如何获得使用价值，货殖则研究如何获得货币。

（3）商品交换思想。亚里士多德分析了商品交换的历史过程，指出交换有三个阶段，即物物交换阶段、小商业阶段和大商业阶段。物物交换阶段，各个家庭以有余换不足，这种交换是为了满足双方的生活需要，而不是为了获取金钱。小商业阶段交换的特点是进行远距离的交换，交换的范围扩大了，为方便交换，货币便产生了，作为交换的媒介，商品交换仍然以交换物品（使用价值）为目的。大商业阶段交换的目的是牟利，即获取货币。他认为，第一、第二阶段属于"经济"，是合乎自然的，第三阶段属于"货殖"，是不自然的。他提出了简单的价值形式：五张床=一间房屋。

（4）货币理论。亚里士多德分析了货币的产生及其作用，指出货币产生于交换过程，货币是为了解决交换中的困难。因为交换发展到小商业阶段，远距离的交换为直接的物物交换带来很多不便和困难，大家希望有某种本身既有用又便于携带的物品充当交换的媒介，于是货币就应运而生了。他认为，货币是商品，是一种"中介货物"，是一种使各种东西相等的尺度，通过应用使各种东西得到共同的测度。

2.1.2 古罗马时期的经济思想

古罗马共和国是罗马历史上最繁荣的时期，在这一时期产生了一大批思想家，古罗马时期的经济思想主要散见于法学家、哲学家和政治学家的著作中，代表人物有加图、瓦罗和西塞罗。

1. 加图的经济思想

马尔库斯·波尔基乌斯·加图（Marcus Porcius Cato 公元前234—前149）是古罗马时期的一个大奴隶主，著有《论农业》一书。他主张奴隶主农庄要做到自给自足，买入和卖出的应该是自己不能生产的和自给多余的产品，并主张奴隶主在商品交换中必须少买多卖。在《论农业》中他认为，农业在一切经济部门中是罗马人最适宜从事的职业，奴隶主的主要任务就是管理好自己的庄园以增加收入。他认为市场盈利来自有效管理，经营管理的原则是少买多卖。在庄园经济中，应该遵循少买多卖的原则，重视发展商品率较高的用于酿酒的葡萄和用于交换的牲畜。庄园的区位应当选择交通便利和利于销售的地方。

2. 瓦罗的经济思想

马尔库斯·特伦提乌斯·瓦罗（Marcus Terentius Varro 公元前116—前27）是古罗马著名的思想家，他的《论农业》一书资料丰富、论断富有哲理。瓦罗与加图等不同，不再无条件地推崇农业，而注重将商品经济中的成本效益观念引进行业和工种的选择方面，主张将农业与畜牧业合二为一，主张同时经营渔业和家禽业。

3. 西塞罗的经济思想

马尔库斯·图利乌斯·西塞罗（Marcus Tullius Cicero 公元前106—前43）是罗马的政治家和演说家，在经济思想上主要对前人的观点加以继承和发扬。西塞罗对职业的分工进行了具体的论述，他认为职业有高尚和粗俗之分。例如，收租和高利贷是粗俗的，小商业是低下的，大商业只是值得一提；有些职业（如医生、艺术家和教育家等）需要较高的技艺，对社会颇有助益，因而值得尊敬。他主张国家对经济生活适当干涉，反对经济生活的放任自流，认为国家干预经济生活是必要的。例如，主张国家设立公共银行，以应对金融危机，这是最早的中央银行思想。

2.1.3 欧洲中世纪的经济思想

公元 5 世纪到 15 世纪，这长达 1000 年的时间，史称欧洲黑暗的中世纪，这一时期是欧洲封建社会的形成、发展和繁荣时期。这一时期确立了教皇在宗教和世俗事务方面的无限权力，僧侣的经院哲学成为中世纪占统治地位的意识形态。从 11 世纪开始，西欧商品经济广泛发展，工商业城市迅速崛起，至 13 世纪达到全盛。中世纪的经济学是牧师的产物，是一些著名学者团体的产物，也是经院学者的产物。其方法论是经院学派的方法。学者先提出一个问题，然后对这种观点给出解释说明，注意力放在权威解释的影响上，最终给出一个答案，权威解释的观点得到重视，这种方法倾向于道德，而忽视经验法则。经济思想方面，在奥勒留·奥古斯丁（Aurelius Augustinus 公元 354—430）和托马斯·阿奎那（Thomas Aquinas 公元 1225—1274）的著作及论述中有所体现。主要代表人物是阿奎那，其经济思想包括以下几点。

（1）公平价格。阿奎那认为人们之间的相互需求产生了交换，但是服务于公平利益的交换必须公平地进行。公平原则是人类事务必须遵循的一个基本原则，人们之间的相互需求产生了交换，但服务于共同利益的交换不能有益于某人而有损于他人，必须公平地进行。在论及何为公平价格时，他既提出供求论和效用论，又提出生产理论。

（2）货币论。阿奎那认为货币因交换而产生，而交换是人们为了双方共同利益而进行的无意识的活动，货币是这种无意识活动的结果；他认为货币价值是由人的主观意志来决定的，是君主给予的指定价值；他还认为货币是商品，应当具有一定的重量和稳定的内在价值。

（3）私有财产理论。阿奎那认为私有财产符合自然规律，但是又必须保留共有财产。他将财产的所有权与使用权加以区分，主张国家应依据社会利益对私有财产进行管制，认为财产的所有权属于个人，而使用权属于大众。他为财产制度设计出了双重标准：效率标准和社会伦理标准。

2.2 重商主义的经济思想

2.2.1 重商主义概述

重商主义（mercantilism）是由"米拉波（Mirabeau）于 1763 年提出的，用来描述 16 世纪至 18 世纪末经济论述中的经济思想的松散体系"[①]。它是西欧封建制度向资本主义制度过渡时期（资本原始积累时期）产生的经济学说，具体地说，是 15 世纪至 18 世纪初，受到普遍推崇的一种代表商业资本利益的经济思想。马克思认为重商主义是对资

[①] 埃克伦德 R B Jr, 赫伯特 R F. 2001. 经济理论和方法史[M]. 4 版. 杨玉生, 张凤林, 译. 北京：中国人民大学出版社：34.

本主义生产方式最早的理论探索。

1. 产生的历史背景

重商主义产生于14世纪末15世纪初，全盛于16世纪、17世纪，衰弱于18世纪下半叶，是反映商人利益的经济思想。其产生的历史背景如下。

（1）西欧各国相继进入资本主义社会。自给自足的封建社会逐步被资本主义社会所取代。这一时期，欧洲商品生产日益发展，城市手工业日渐扩大，小农经济逐渐被卷入交换关系中。商品生产、交换的发展，加速了欧洲自然经济的瓦解及小商品生产者的两极分化，在统一的国内市场形成的条件下，促进了资本主义生产关系的产生与发展。

（2）商业资本占统治地位、资本进行原始积累的时期。重商主义是对资本主义生产方式最早的理论探讨。15世纪末，西欧社会进入封建社会的瓦解时期，资本主义生产关系开始萌芽和成长。商业资本发挥着突出的作用，促进了各国国内市场的统一和世界市场的形成，推动了对外贸易的发展。在商业资本发展的同时，西欧一些国家建立起封建专制的中央集权国家，运用国家力量支持商业资本的发展。随着商业资本的发展和国家支持商业资本政策的实施，产生了从理论上阐述这些经济政策的要求，逐渐形成了重商主义理论。

（3）一些历史事件也促成了商业资本的发展和重商主义的形成，如哥伦布1492年发现新大陆、达伽马开辟新航路及美洲金矿的发现。地理大发现扩大了世界市场，给商业、航海业和工业以极大刺激。

2. 重商主义的基本经济思想

重商主义的形成和发展时期，是商业资本占统治地位、资本进行原始积累的时期。重商主义学派从货币即财富、商业即致富之源的观点出发，创造性地发展了贸易思想。其认为只有将商品输往国外，才能增加一国的货币量，也就能增加一国的财富；国家要富强，必须大力发展对外贸易，在对外贸易中遵守多卖少买或不买的原则，进口廉价原材料，出口制成品；国家必须积极干预贸易活动，大力发展出口品工业，利用税收等手段保护国内工商业。

（1）社会财富观。金银是最佳的财富形式，货币是财富的唯一形式，金银是获取权利和财富的途径，贸易顺差就意味着可以获得更多的硬通货。货币是财富的唯一形态，是衡量一国富裕程度的标准，增加财富有两个方法：一是开采金矿，二是开展对外贸易。

（2）财富的源泉。财富来源于流通领域，归于市场交换，认为商业是致富之源。对外贸易是财富增值的源泉，对外贸易顺差是获取金银货币的经济手段。重商主义考察的不是个人的致富之本，而是整个国家的致富之道。

（3）民族主义。不可能所有的国家都可以同时多出口，一国只有以邻国扩大进口为代价才能扩大出口和积累财富。只有强大的国家才能控制殖民地、在国际贸易竞争中获取竞争优势，并在国际贸易中保持对殖民地的贸易垄断。

（4）重视出口，限制进口。对本国不能生产的原材料免征关税，对本国能够生产的制成品和原材料进行保护，并严格干预原材料的出口。

（5）国家干预理论。国家干预经济活动是保障财富增长的重要手段，国家应当积极干预经济生活，大力发展出口品工业，利用税收保护国内工商业，增加国际收支盈余。

（6）强调提高工资率的收入效应。高工资对于减少偷懒和增加劳动力就业是必不可少的。工资增加的收入效应是指由于工资上升，收入增加，消费者相对更加富有而追求闲暇，从而会减少劳动供给。

3. 重商主义的方法论

重商主义的研究方法是一种经验总结法，注重对资本主义原始积累时期商业资本家的经验加以描述和总结。重商主义的经验总结方法是经济学方法论的萌芽，是很原始、很初步的，他们只是对社会经济现象的表征进行了总结，而缺乏对其内在规律与本质的解释，其进步性质在于"冲破了经济哲学的教义，把经济思想从宗教观点中解放了出来"[1]。

4. 对重商主义经济思想的评价

重商主义只是从经验上研究经济现象的表面联系，而没有研究事物的本质。马克思在《资本论》中提到，"我们在重商主义体系（这个体系以 $G—W\cdots P\cdots W'—G'$ 公式作为基础）的鼓吹者那里，发现了这样冗长的说教：资本家个人只应该和工人一样消费，资本家国家应该把它们的商品让给其他比较愚昧的国家去消费和进行消费过程，而相反地应该把生产消费当作自己的终生事业。这种说教在形式上和内容上往往使人想起教父们类似的禁欲戒条"[2]。据此，对重商主义经济思想评价如下。

（1）重商主义代表了商业资本和政府官员的利益。由于其代表西欧原始资本主义积累时期的思想，他们站在商人与政府官员的立场上提出相应的思想主张。

（2）重商主义体现了中世纪由自给自足经济向现代货币信用经济转化时期的思想特点。其思想错误地把财富和利润归结到流通领域，从商业资本家的实践经验去研究经济现象的表面联系，缺乏对经济现象内在本质的研究。

（3）重商主义经济思想对经济学的长远影响在于强调了国际贸易的重要性，提出了最早的国际贸易思想。重商主义对经济学只做出了间接的贡献，而没有直接的贡献。

2.2.2 英、法重商主义代表人物的经济思想

重商主义的发展经历了两个阶段：早期重商主义和晚期重商主义。早期重商主义竭力禁止货币外流，被称为"重金主义"；晚期重商主义则以资本家的眼光看待货币，主张发展国内工商业，主张国家保护贸易。早期的代表人物为孟可列钦，晚期的代表人物为

---

[1] 董瑞华，傅尔基. 2001. 经济学说方法论[M]. 北京：中国经济出版社：6.
[2] 马克思. 2004. 资本论：第二卷[M]. 中共中央马克思恩格斯列宁斯大林著作编译局，译. 北京：人民出版社：70.

托马斯·孟、科尔伯特和配第。

1. 孟可列钦的经济思想

1）生平

安徒万·德·孟可列钦（Antoine de Montchrestien 1576—1621），法国经济学家和剧作家，17世纪法国重商主义的代表人物。在年轻时的一次决斗中，孟可列钦不慎杀死了对手，为此，他到英国去避难。后来，他被允许回到法国，并且建立了一个钢铁制造厂。1621年，他放弃了企业而投身于国内战争的雨格诺教徒那一派，后参加了美茵和诺曼底的部队，不幸于1621年10月8日在靠近托瑞勒斯的一场小冲突中被杀死。

2）著作

1615年，他出版了一本非常有价值的小册子，就是著名的《献给国王和王后的政治经济学》。在该书中，孟可列钦第一次使用了"政治经济学"这个名词。但这里的"政治"与我们现在一般使用的"政治"概念不同，它是国家范围或社会范围的意思。"政治经济学"是指所研究的是国家范围和社会范围的经济问题，突破了以往研究社会经济问题只局限于研究家庭经济或庄园经济，或只作为某一学说的组成部分的格局。

3）经济思想

孟可列钦的代表作是1615年出版的《献给国王和王后的政治经济学》。他的重商主义经济观点包括下列内容：重视工商业，主张实行有利于工商业的政策，建立工场手工业；注重金银，重视货币，积累财富；主张国家经济自给自足，避免受制于外国；提倡国家干预经济活动，管制对外贸易；严禁外国工业品进口，对原料的出口实行重税；出口的商品应是本国富余的产品，其最终目的是使法国繁荣富强。孟可列钦的经济观点的重大缺陷在于对对外贸易重视不够，很少谈到贸易差额等情况。但他的经济观点为法国晚期重商主义的产生奠定了思想基础。

（1）首次提出了"政治经济学"的术语，"政治"与古代的"家庭管理"相区别，是关于整个国家的经济问题。按照熊彼特的说法，"这是他唯一的功绩"。

（2）认为商业是一国经济活动的基础。农业是国家的双足，工业是为商业服务的，商业在某种程度上是为各种手工业服务的，存在商业利润是正常的。

（3）重视金银货币。把货币和财富混为一谈，认为财富就是货币、就是金银，而商品流通则是获得金银的最重要的方法，对外贸易是一国财富增殖的源泉。

（4）认为使一国富足的不是黄金和白银，而是生活必需品。国家的财富是工业的产物，主张政府用权力来发展工业，设立新型工场手工业，通过增加工业品数量和改善工业品质量的方式把外国商品挤出法国市场。

（5）主张政府干预经济，禁止外国商品输入，对原材料的输出可以实行重税，培训劳工，提高本国的产品质量，将外国商品挤出本国。

（6）提出了社会三等级的思想，认为在三等级中商人更为重要，他们值得重视和尊重，法国政府应该从多方面鼓励企业家和商人，主张国家保护商人的利益。

2. 托马斯·孟的经济思想

1）生平

托马斯·孟（Thomas Mun 1571—1641），英国晚期重商主义的代表人物，英国贸易差额说的主要倡导者。他出生于伦敦的一个商人家庭，早年从商，成为英国的大商人。1615年担任东印度公司的董事，后又任政府贸易委员会的常务委员。

2）经济思想

其思想体现在《英国得自对外贸易的财富》一书中，基本思想是：要求取消禁止货币输出的法令，认为重要的不是把货币贮藏起来，而是把货币投入有利可图的对外贸易中去，只要在对外贸易中争取出超，就可以带来更多的货币，从而使英国致富。

为了保证对外贸易的顺差，他提出并论证了应该采取的各种措施。他主张尽可能扩大本国商品的出口并减少对外国商品的消费。其思想观点如下。

（1）认为对外贸易是国家致富的手段，出口超过进口是对外贸易应当永远遵守的原则（他也因此成为平衡贸易理论的创始人）。

（2）一国要获得对外贸易的顺差，应当采取各种措施，包括：增加商品出口、减少本国消费的外国商品，发展航运、渔业、保险、旅游等行业，利用关税限制商品进口。主张发展本国的工业和航海业，降低物价和减免出口货税，以增强本国商品在国外市场上的竞争力。

3. 科尔伯特的经济思想

1）生平

让·巴普蒂斯特·科尔伯特（Jean Baptiste Colbert1619—1683）是法国政治家、国务活动家，是法国重商主义的代表。他长期担任财政大臣和海军国务大臣，是路易十四时代法国最著名的人物之一。伏尔泰曾称誉其为"治国良相"。特别重要的是，他将重商主义付诸持久的实践，是重商主义的实践家，极富创造性地扶植了法国的制造业，被称为法国的"工业之父"，重商主义往往也被称为"科尔伯特主义"。

2）经济思想

（1）认为国内所保有的货币数量决定着国家的财富，一国拥有的货币数量决定该国的财富和军事实力，而财富和军事实力又取决于其税收能力。

（2）主张对外贸易。认为只有对外贸易才能增加一国的货币，只有顺差的国际贸易才能使货币流入国内。而贸易量和从事贸易的船只，以及生产的商品是固定的，因此一国只有减少另一国的利益才能变得富有。

（3）鼓励发展工业，为出口贸易奠定基础。主张大力发展资本主义工商业，尤其是官办手工工场，鼓励出口的工业部门引进技术和人才，以便为出口贸易奠定坚实的基础。

（4）主张商业管制。认为商人是一群为自己利益而牺牲国家利益的目光短浅且贪婪的人。通过商业管制，重视技术和管理问题，以保证产品的质量、保护消费者的利益、维护国家的声誉，增强产品在海外的竞争力。

4. 配第的经济思想

1）生平

威廉·配第（William Petty 1623—1687）是英国古典政治经济学创始人、统计学家，他在经济学上的主要贡献是最先提出了劳动决定价值的基本原理。配第出生于英国的一个手工业者家庭，从事过许多职业，从商船上的服务员、水手到医生、音乐教授。他头脑聪明、学习勤奋、敢于冒险、善于投机，晚年成为拥有大片土地的大地主，还先后创办了渔场、冶铁和铝矿企业。马克思对他的经济思想给予了极高的评价，称他为"现代政治经济学的创始者""最有天才的和最有创见的经济研究家"，是"政治经济学之父，在某种程度上也可以说是统计学的创始人"。

2）著作

配第著有《赋税论》（1662年）、《献给英明人士》（1664年）、《政治算术》（1672年）和《货币略论》（1682年）等，其中最著名的经济学著作是《赋税论》。虽然他的经济学著作都是论述当时社会上存在的主要经济问题，没有形成完整的政治经济学理论体系，但他没有满足于对现实经济问题进行现象上的说明，而是力求探索经济现象产生的自然基础。他反对根据主观意愿做推断，提出要从具体的统计资料中去寻找经济现象产生的自然基础。由此，他摆脱了重商主义的影响，把政治经济学的研究从流通领域转到生产领域，考察资本主义生产的内部联系。

《赋税论》是配第在西方财政史和政治经济学史方面负有盛名的主要代表作。全书除了序言，共15章。该书主要讨论国家的财政税收问题，在探讨问题的根源时涉及商品的价格、工资、地租、货币和利息等政治经济学的基本理论问题。《赋税论》主要论述了六个方面的问题：①公共经费的各种项目及增加的原因；②人民不愿意承担税负的原因；③地租、租金和利息的性质；④各种征税筹款的方法；⑤货币价值的提高与贬低；⑥国内的消费税。

3）方法论

配第《政治算术》的问世，标志着统计学的诞生，这是一部用数量方法（"算术"）研究社会问题（"政治"）的著作。他采用了政治算术的研究方法，这是配第对古典经济学的一个重要贡献。这种方法"一方面运用数学和计量手段来描述现实，另一方面用数学推导出关于世界运行方式的论断"[1]。通过对大量感性材料和经验事实的数量考察与比较，从众多的个别事实中得出一般结论，该方法将统计学领入了收集数据和分析数据的新时代。马克思曾评价"配第的政治算术是政治经济学作为一门独立科学分离出来的最初形式"[2]。

---

[1] 普雷斯曼 S. 2005. 五十位经济学家[M]. 陈海燕，李倩，陈亮，译. 南京：江苏人民出版社：8.
[2] 马克思，恩格斯. 1962. 马克思恩格斯全集：第十三卷[M]. 中共中央马克思恩格斯列宁斯大林著作编译局，译. 北京：人民出版社：43.

4）重商主义思想主张

第一，主张自由贸易。他认为自由贸易可以避免大范围的走私活动。

第二，主张对进口商品征收关税。通过对进口商品征收关税，从而限制进口，增加出口。

第三，从增加政府财政收入和减少政府统治成本的角度赞成一国拥有大量的人口。

第四，主张充分就业。他认为政府应当雇佣那些失业的人来修路、挖河道、种树、造桥和制造商品。这是增加政府雇佣人员，以减少结构性和周期性失业的先驱思想。

5）作为古典经济学先驱的经济思想

第一，劳动价值理论。配第认为劳动是价值创造的源泉，提出了"劳动是财富之父、土地是财富之母"的思想。他在《赋税论》中提出如果收获一蒲式耳（1蒲式耳=36.368升）谷物与制造一盎司（1盎司=28.3495克）黄金的劳动是相同的，它们的价值就应当相等。他又将商品的价格区分为"自然价格"和"政治价格"，自然价格是商品的价值，政治价格是商品的市场价格。

第二，货币和利息理论。他在《献给英明人士》中提出了其货币思想和利息理论：提出货币流通速度的概念，认识到货币流通速度和货币数量一样重要；认为商品所需要的铸币应视交换的次数和支付额的大小而定；认为利息是一定时间内自己不能使用而让渡货币的报酬；认为地租是利息存在的原因；认为利息的大小不仅取决于地租的大小，而且取决于货币数量的大小。

第三，分工理论。没有明确地提出分工理论，但是认识到经济和劳动力的专业化与工作分工相关。这一思想对斯密的分工思想产生了重要的影响。

第四，地租理论。将土地的自然力看作地租的来源，同时将地租看作土地剩余的来源。提出了级差地租的初步思想，认为粗放耕作与集约耕作会产生利润差别，土地距离市场的远近导致运输费用的不同而产生了不同的地租。

第五，税收理论。在赋税的来源方面，配第认为社会财富的真正来源是土地和劳动，而课税的最终对象也只能是土地的地租及其派生收入。他把地租看成赋税的最终源泉，并在《赋税论》和《政治算术》中深刻分析了税收与国民财富、税收与国家经济实力之间的关系。他认为国民财富的增减是衡量赋税经济效果的主要标准。针对当时英国税收制度的种种弊端，他提出了税收"公平""简便""节省"三个原则。

6）思想简评

第一，配第是由重商主义向古典经济学过渡时期的经济学家，其思想带有重商主义的色彩，但是又对资本主义生产方式进行了较早的理论探讨。

第二，其理论贡献主要在于以下两点。

一是对经济学的研究方法进行了变革。配第之前的经济学家研究经济问题都是从自己的感情和前人的说教出发，配第接受培根、霍布斯等的进步哲学思想，并将其用于经济问题的分析，把研究对象从流通领域转向生产领域，还经常运用统计和数学方法来研究经济问题。他力图从实际出发，主张经济学研究应当以事实和经验为依据，应尽可能地用数字说明问题，用对现实的考察来代替经院式的诡辩，用事实与数字来代替看不见、摸不着的思想和感情尺度，从而开创了经济学使用统计学的先河。

二是最先提出了劳动决定价值的基本原理，并在劳动价值论的基础上考察了工资、地租和利息等范畴。配第把地租看作剩余价值的基本形态。他区分了自然价格和市场价格，他的自然价格相当于价值。他指出：假如一个人生产一蒲式耳小麦所用劳动时间和从秘鲁银矿中生产一盎司白银并运到伦敦所需劳动时间相等，后者便是前者的自然价格。可以看出，配第认为生产商品所耗费的劳动时间决定商品的价值。他还提出了商品的价值和劳动生产率成反比，但没有把价值、交换价值和价格明确区分开来，而是把生产白银的具体劳动当作创造价值的劳动，不懂得创造价值的是抽象劳动。他还提出了"劳动是财富之父""土地是财富之母"的观点，由此，他认为劳动和土地共同创造价值。显然，这种观点和他的劳动价值论是矛盾的，混淆了使用价值的生产和价值的创造。但是，他提出了当时最先进的价值论、工资论和利息论，成为英国古典政治经济学的先驱和创始人，对其后经济学思想的演变产生了重大影响。

2.3 重农学派的经济思想

2.3.1 重农学派的概况

重农学派是18世纪50—70年代的法国资产阶级古典政治经济学学派。重农学派以自然秩序为最高信条，视农业为财富的唯一来源和一切社会收入的基础，认为保障财产权利和个人经济自由是社会繁荣的必要因素。

1. 产生的历史背景

（1）法国资本主义经济的发展。重农学派产生的时期正是法国工业发展的时期，工场手工业得到了巨大的发展，工业资本深入纺织、冶金和煤矿部门，生产领域发展迅速。

（2）重商主义促进了法国工商业的发展，但是使农村经济遭到了破坏。法国国王路易十四和路易十五先后实行牺牲农业、发展工商业的重商主义政策，使农业遭到破坏而陷入困境，于是出现了反对重商主义政策、主张重视农业的重农主义经济学说。

（3）法国流行的自然秩序思想为重农学派提供了思想基础。自然秩序是重农学派思想的精髓，贯穿于重农学派思想的全部理论中。自然秩序包括自然规律和社会规律。"自然"包括两重含义：一是与人们的意志和愿望等主观的东西相对立；二是与历史的东西相对立。重农学派认为自然秩序是判断一个社会健康与否的标准。如果自然秩序与社会秩序一致，社会便处于健康状态。农业是自然秩序的典型表现。

（4）受中国哲学思想和重农思想的影响。重农学派理论基础的自然秩序思想的形成，也受到中国古代哲学的深刻影响。大量中国古代文化典籍通过传教士进入欧洲，当时法国的启蒙思想家非常崇尚中国文化，将中国古代文化中的人道主义价值观、民主观、平等观、自由观、博爱观等视为他们建立理想秩序的重要思想来源。同时法国重农主义思想深受中国重农思想的影响，认为土地和农业是国家财富与国民收入的唯一来源，反对农业征重税。在这样的背景下，重农学派的领袖魁奈和杜尔哥在建立重农学派理论体系的过程中受到了中国古代文化的重要影响。魁奈十分尊崇孔子，当时被尊称为"欧洲的孔子"。

2. 重农学派的信条

（1）自然秩序思想。以自然秩序作为经济学思想的哲学基础，认为人类活动应该与自然秩序相一致。自然秩序是重农主义体系的哲学基础，是在法国资产阶级大革命前启蒙学派思想影响下形成的，杜邦·德·奈穆尔在为重农主义体系下定义时，明确地称之为"自然秩序的科学"。重农主义者认为，和物质世界一样，人类社会中存在着不以人们意志为转移的客观规律，这就是自然秩序。自然秩序是永恒的、理想的、至善的。但社会的自然秩序不同于物质世界的规律，它没有绝对的约束力，人们可以以自己的意志来肯定或否定它，以建立社会的人为秩序。后者表现为不同时代、不同国度的各种政治、经济制度和法令规章等。

（2）社会纯产品理论。纯产品理论是重农主义理论的核心。重农主义理论的全部体系都围绕着这一学说而展开，一切政策也以之为基础。重农主义者认为财富是物质产品，财富的来源不是流通而是生产，因此财富的生产意味着物质的创造和量的增加。在各经济部门中，他们认为只有农业是生产的，因为只有农业既生产物质产品又能在投入和产出的使用价值中，表现为物质财富的量的增加。工业不创造物质而只变更或组合已存在的物质财富的形态，商业也不创造任何物质财富，而只变更其交易的时间和地点，二者都是不生产的。农业中投入和产出的使用价值的差额构成了"纯产品"。

纯产品学说是重农学派的剩余价值学说。重农学派实际上是以农业资本来概括一般资本，以农业资本主义经营来概括资本主义生产。租地农场主，作为产业资本的实际代表指导着全部经济运动。农业按资本主义大规模经营方式经营，土地直接耕作者是雇佣工人。生产不仅创造使用价值，而且创造价值，而生产的动机则为获得纯产品，即剩余价值，地租则是其具体的表现形式。

（3）自由放任。"自由放任"是由文森特·德·古尔内提出的，其思想是"让人们去干他们乐意干的事情而不要政府干预"。重农学派反对封建主义、重商主义和各种政府管制，倾向于国内的工商业自由政策和国内自由贸易政策。政府应当将私有财产和个人权利置于首位，驱除妨碍私有财产和个人秩序的障碍，以自由秩序指导整个社会。

（4）重视农业。反对重商主义的货币财富观，认为纯产品是社会财富，而农业是唯一生产纯产品的部门，工业及其贸易和各种其他行业都不是生产性的，从而不生产纯产品。重视农业是法国古典政治经济学的传统。法国古典政治经济学的创始人布阿吉尔贝尔自称是农业的辩护人，认为农业是一个国家富强的基础。重农主义者继承了这一传统，以纯产品学说论证了农业是一个国家财富的来源和一切社会收入的基础，并为这一传统观点提供了理论基础。

（5）对土地所有者征税。认为农业产生剩余，土地所有者以地租的形式获得了这些剩余，对土地所有者征税优于各种间接税。

（6）整体经济的关联性。从整体宏观经济角度研究了商品和货币的循环流动，开启了经济学说史上宏观经济分析的先河。

（7）资本的流通和再生产。在分析社会财富、资本的流通和再生产的尝试上，重农学派做出了重要贡献。他们既分析了资本在劳动过程中借以组成的物质要素，研究了资本在流通中所采取的形式，又在此前提下，把社会总产品的生产通过货币中介在社会三个阶级（生产阶级、土地所有者阶级和不生产阶级）间的流通过程，表现为社会总资本的再生产过程。同时，在再生产过程中，对各社会阶级收入来源、资本和所得的交换、再生产消费和最终消费的关系、农业和工业两大部门之间的流通等问题进行了分析。这些都在魁奈的《经济表》中得到了全面表达。

3. 重农学派思想的影响及意义

（1）重农学派对促进法国农业的改造和工业化的发展起到了推动作用。农民从中获得了利益，各种繁重的义务被取消，农民成了大农场的工人，为使用雇佣劳动力和先进技术的农场提供支持，这些都对法国农业的改造和工业化起到了积极作用。

（2）提倡自由放任，无意之中推动了法国大革命的爆发。反对不利于资本主义经济发展的各种障碍、主张生产而不是交换是财富的源泉等思想观点，清除了法国资本主义经济发展的各种障碍，为法国陈腐的社会积习吹过了一丝清新的风。

（3）重农学派思想的长远影响包括：一是从社会整体上考察经济活动开启了宏观经济学的先河，奠定了宏观经济分析、经济循环流图和国民收入账户的基础；二是收益递减规律对马尔萨斯和李嘉图产生了重要影响，这一思想观点长期为西方经济学所坚持；三是税收转嫁分析和税收归宿分析成为应用微观经济分析的基础；四是提倡自由放任，将经济学家的思想吸引到政府在经济中的作用上来。

（4）重农学派思想的重要意义。重农学派是中国古代文化与现代西方经济学之间的一座桥梁。斯密在游历法国期间，与魁奈和杜尔哥有过多次接触，正是在这些接触中产生对经济学的研究兴趣并着手制订《国富论》的写作计划的。与魁奈和杜尔哥的讨论对斯密构思其研究思路及形成其写作框架具有重要的帮助，而重农学派对中国文化的倾慕也对斯密产生了一定影响。

2.3.2 重农学派代表人物的经济思想

1. 弗朗斯瓦·魁奈的经济思想

1）生平

弗朗斯瓦·魁奈（Francois Quesnay 1694—1774），法国资产阶级古典经济学家，重农主义学派的创始人和领袖。他出生于地主家庭，长期行医，1744年获法学博士学位，1749年任路易十五的宫廷医师。魁奈提出"纯产品学说"，并以此为基础，研究了社会总资本的再生产与流通。他认为，财富就是物质，就是使用价值，工业只能改变财富的形态，不能增加财富的数量，只有农业才能使财富增加。魁奈是重农学派的真正创始人，他创立了一整套重农学派的经济理论体系，并提出了发展法国资本主义的经济政策。魁奈对于中国的孔子非常推崇，给《论语》以很高的评价，认为"一部《论语》即可以打倒希腊七贤"。魁奈的理论受到中国经济思想的影响，当时他的门人称他为"欧洲的孔子"。马克思曾在很多著作中提到重农学派和魁奈时，给魁奈以很高的评价，认为他是把政治经济学建立成为一门科学的人。

2）著作

魁奈在 60 岁时开始关注农业问题，在 1757 年和 1758 年两年内，一连发表了多部重要著作，提出了重农学派的思想。他在《农民论》和《谷物论》中提出了法国农业恶化的原因是沉重的赋税与低廉的谷物价格；在《赋税论》中提出了赋税改革。1758 年发表的《经济表》是其重要经济著作。魁奈的"经济表"如图 2-1 所示。

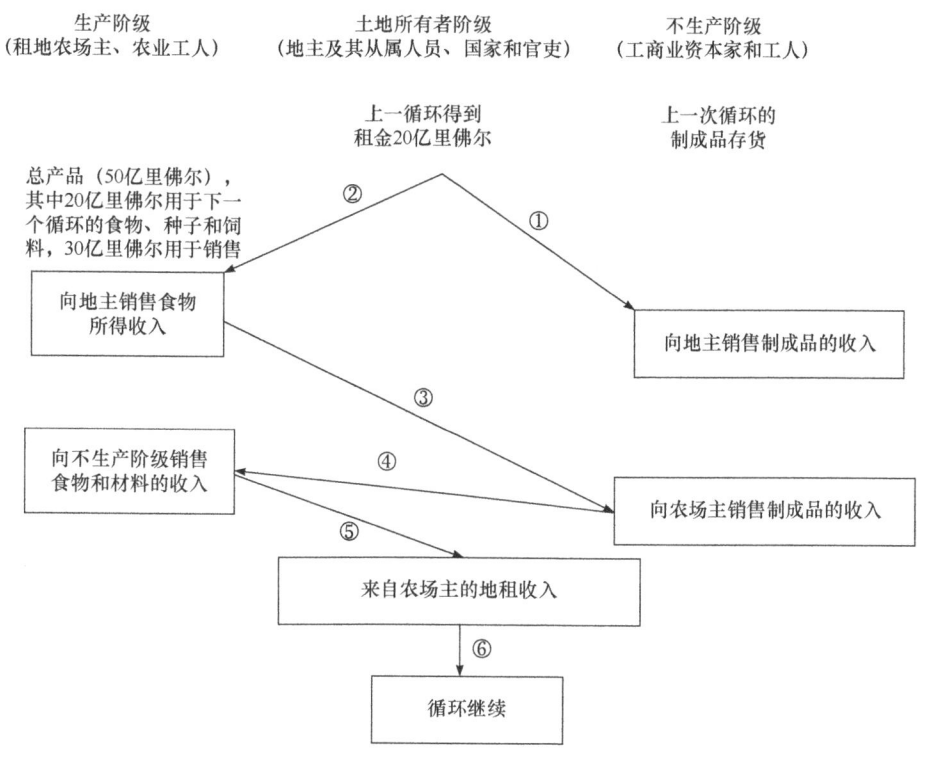

图 2-1 魁奈的"经济表"

里佛尔（Liver），1975 年法国铸造的银币，1 里佛尔=1.0125 法郎

魁奈的"经济表"对后世经济学的发展产生了重要的影响。在此基础上，弗兰克·奈特在 20 世纪 30 年代提出了财富之轮的思想，建立了"现代经济环流图"（图 2-2），描

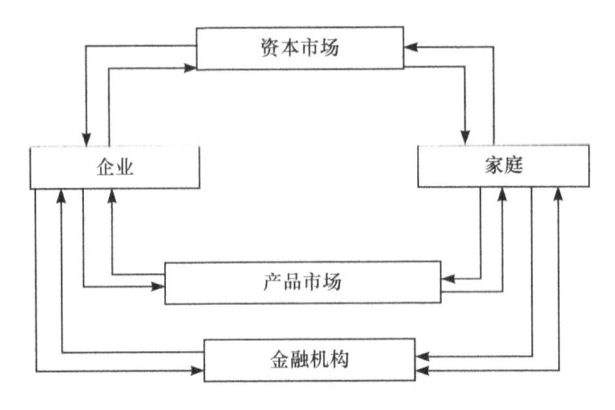

图 2-2　现代经济环流图

述了货币流和实物流，将整个社会经济分为家庭部门和企业部门，将市场分为产品市场和资本市场，提出了最早的宏观经济学的思路。

魁奈的"经济表"是对社会资本再生产与流通进行科学分析的第一个理论范式，第一次采用抽象方法将复杂的流通行为综合化为具有社会宏观经济特征的总体运动。

3）经济思想

第一，纯产品理论。这是魁奈经济思想的核心和基石。他认为纯产品是社会财富，纯产品来自生产领域，农业是生产纯产品的唯一部门，工业和贸易是不生产纯产品的。纯产品理论将社会经济的重点从流通领域转向了生产领域。

第二，赋税论。魁奈认为只有农业能生产出"纯产品"，从纯产品理论出发，主张向纯产品的占有者——土地所有者征税，反对向租地农场主收税，因为农场主的收入是用来补偿生产消费的，如果对其收税，会破坏社会生产。

第三，自由放任。他认为只有私人利益和自由才能使国家欣欣向荣，认为在不妨碍他人的情况下实行经济自由是增加社会财富与私人财富的重要条件。根据魁奈的纯产品理论，他虽然认为商业是不生产的，但却认为商业自由是符合自然秩序的要求的。

第四，社会阶级结构理论。根据在生产纯产品过程中的不同作用，他将社会成员划分为三个阶级：生产阶级、土地所有者阶级和不生产阶级。生产阶级是指从事农业的阶级，包括租地农场主和农业工人，这是全部经济流动的指导者。土地所有者阶级包括地主及其从属人员、国家和官吏。不生产阶级是指不从事农业的阶级，包括工商业资本家和工人。

第五，资本理论。魁奈的资本理论实际上是指农业资本理论，他建立了系统的农业资本理论。他把投资在农业上的资本看作唯一的生产资本，并以价值周转方式的不同为标准把农业资本分为"原预付"和"年预付"两部分，实际上相当于我们现在的"固定资本"和"流动资本"。社会资本再生产和流通理论集中反映在"经济表"中，是对资本再生产和流通规律的探索，因此，在经济学史上具有开拓性的意义。

第六，货币理论。魁奈反驳重商主义过分重视货币的思想，明确地把货币财富和一般财富加以区别，而且指出重视货币的错误。认为货币是在交易时同一切种类的商品财产的售价等价的财富。货币或金银（它们可以作为货币）本身绝不是消费性财富，因为货币可以说只是贸易的工具。

2. 杜尔哥的经济思想

1）生平

安·罗伯特·雅克·杜尔哥（Anne Robert Jacques Turgot　1727—1781）出身于巴黎一个贵族家庭，是法国重农学派的代表，早年学过神学，担任过神学院名誉院长和修道院院长，从政之后担任过法国财政部部长。是继魁奈之后的重农学派最重要的代表人物。他深受魁奈的影响但不是魁奈的门徒，也几乎没有参加"经济学家"的派系活动。马克思称他是"给法国革命引路的激进资产阶级大臣"。

2）著作

杜尔哥彻底抛弃了重农学派学说原有的封建外观，深入地阐述了资本主义生产关系，在他的努力下，重农主义发展到了最高峰。他的这些成就集中体现在1766年发表的《关于财富的形成和分配的考察》一书中。《关于财富的形成和分配的考察》在经济学说史上具有很高的地位，熊彼特认为，"它已经提出了一套完整的经济理论体系""杜尔哥的理论骨架，即使不谈它比《国富论》在时间上领先，也显然比《国富论》的理论骨架更胜一筹"。杜尔哥不仅提出了系统的重农主义理论，而且身体力行地实施重农学派的经济纲领，他试图促成国内谷物自由贸易、酒类自由贸易，并建议向特权阶级征税。

3）经济思想

第一，财富理论。杜尔哥在经济理论上集中研究了财富问题，着重考察了财富的形成和收入的分配。他根据魁奈的重农思想，系统地阐明了价值与分配、分工、货币的起源与使用、资本与利息的本质及农业的重要性等理论。杜尔哥认为农业是一国财富的唯一源泉。只有农场主才生产剩余，用来养活整个社会，并为社会提供原料。资本主义农场主能有效地耕种土地，因为他们有资本对土地进行投资，而制造业者只限于改变物品的用途。

第二，收益递减规律。这是杜尔哥经济思想的最大贡献，他认为，当一个变量的若干单位被连续地追加在土地上，收益最初是递增的，随后才开始递减。

第三，资本和利息理论。他认为资本是从土地的收入和工资中积累起来的，杜尔哥是最早把资本的产生归结为节俭的经济学家。他认为利息并不取决于借款的利润，而是通过供需平衡来决定的。

第四，工资和利润理论。杜尔哥把工资、利润、利息、地租都归结为资本主义的基本收入。他认为工资是工人必要的生活资料，决定工资高低的因素是劳动者同购买他的劳动的人双方协议的结果。工人人手过多的现象使工资必然趋向于工人最必要的生活资料。

2.3.3 重农学派思想的贡献和局限性

重农学派是近代意义上的第一个经济学流派，研究其思想根源对把握经济学流派的形成规律具有重要意义。

1. 重农学派对古典经济学的贡献

（1）重农学派是18世纪法国很有影响的经济学派，该学派不是从流通领域，而是从生产领域寻找经济剩余和社会财富的起源，对古典经济学的形成产生了重大影响，其理论是对近代经济制度与近代经济关系的第一次系统的阐明。

（2）重农学派初步构建了近代经济学的哲学基础，将自然秩序作为全部经济理论的基石，认为自然秩序不以人们的意志为转移，既是人们理解和服从的必然秩序，又是对整个社会有益的秩序。自然秩序是古希腊学者崇尚自然规律这一学术传统的发展，是近代科学研究视野与方法在经济学中的运用，给政治经济学提出了认识客观规律的任务，将经济学的研究对象引向了经济生活的内在规律。

（3）重农学派认为在社会各部门中，农业是唯一能够使社会财富增加的部门，只有农业阶级是生产阶级。

（4）重农学派用最为简单的方式，说明了社会再生产中的问题。

2. 重农学派的思想缺陷

（1）重农学派将农业看成唯一的生产部门，将剩余产品完全归结为土地自然力的产物。这是因为重农学派的思想根植于法国农业发达而工业相对落后的事实。

（2）重农学派没有探讨价值问题，缺乏有影响力的价值观，在价值理论上相比古典经济学的先驱有所倒退。

3. 关于重农学派的争论

（1）关于重农学派思想的起源。绝大多数西方经济学家认为重农主义的经济思想渊源在于欧洲古希腊的传统思想，但是很难在欧洲经济思想中找到与之类似的观点。而不少的经济学家，尤其是法国经济学家认为重农学派受到了中国哲学思想的影响，又没有指出其哪些理论受到了中国哲学思想的影响，但是从重农学派的理论体系的几乎各个方面都可以找到中国传统思想文化的印记，这是一个有待解决的问题。

（2）关于近代经济学学科的创建者。有人认为是斯密，有人认为是魁奈。

4. 中国文化对法国重农学派的影响

从16世纪起大量中国古代文化典籍通过传教士进入欧洲。到了17世纪，对中国文化的推崇和对中国商品的消费成为时尚，形成遍及欧洲的"中国热"。魁奈当时被尊称为"欧洲的孔子"。魁奈十分尊崇孔子，他曾经撰写《孔子简史》，对孔子进行了高度的评价。儒家哲学中的重农思想，显然对魁奈重农观念的建立产生过重要影响。魁奈以御医身份进入凡尔赛宫后，通过蓬巴杜夫人，敦促路易十五于1756年模仿中国古代皇帝，举行了显示重视农业的仪式"籍田大礼"。在宣扬重农学派思想观念的刊物《农业、商业、财政杂志》和《公民日志》的文章中，魁奈大量引用中国的典籍。作为重农学派理论基础的自然秩序思想的形成，也受到中国古代哲学的深刻影响。1767年，魁奈出版了《中华帝国的专制制度》，该书的第八章标题为"中国的法律同作为繁荣政府的基础的自然法则相比较"。魁奈将中国作为一个实行自然法则的理想国度，通过对中国的制度实践的考察，阐述了自由主义的经济学精神。魁奈的自然法则观念，同中国古代哲学中道家的"道法自然"和儒家的"天行健"观念一样，都体现了对自然的敬畏。可以确定，中国古代文化至少是魁奈自然秩序观念的重要来源之一。

杜尔哥是重农学派的重要代表人物，1763年，有两位留学法国的中国青年高类思和杨德望完成了学业，正准备回国，杜尔哥向他们提出了52个经济问题，这就是杜尔哥的《中国问题集》，拟让他们回国后在研究本国经济制度的基础上予以回答，以帮助法国思想家全面系统且真实地掌握中国的经济情况。杜尔哥提出的问题及做出的分析都与他所掌握的中国经济知识有着不同程度的联系，或者是希望从中国的实践中得到解释，或者是受中国情况的启发而予以发挥，或者是直接从中国古代文化中汲取了营养。所以有研究者说，杜尔哥的《关于财富的形成和分配的考察》一书，"受中国的影响最深"。

2.4 前古典经济学的总结

（1）前古典经济学是经济学的哲学时代，人们从总体上研究社会经济问题，依据感情和道德对经济学提出了一系列的猜想。

（2）经济学总是和其他学科交织在一起，经济学思想总是镶嵌在哲学、政治学和社会学的文献中。

（3）没有职业经济学家。这一时期是经济学的婴幼儿时期。大多数经济学家都是在从事其他职业的过程中，由于对经济现象的观察或者对经济学的兴趣而研究经济学问题的。

本 章 小 结

前古典经济学时期的经济思想包括古希腊、古罗马和欧洲中世纪的经济思想，以及重商主义、重农学派的经济思想。这一时期人们是从总体上研究社会经济问题，经济学总是和其他学科交织在一起，没有职业的经济学家。

古希腊时期的经济思想是从原始社会制度向奴隶制度过渡及奴隶制国家形成时期的经济思想。在这一时期产生了早期的经济学家，代表性的人物有色诺芬和亚里士多德。

古罗马共和国是罗马历史上最为繁荣的时期，这一时期产生了一系列的思想家，代表人物有加图、瓦罗和西塞罗。

欧洲从公元 5 世纪末开始进入长达 1000 年的黑暗的中世纪。这一时期西欧商品经济广泛发展，工商业城市迅速崛起，中世纪的经济思想至 13 世纪达到全盛，主要代表人物是阿奎那。

重商主义是西欧封建制度向资本主义制度过渡时期（资本原始积累时期）的经济思想，是对资本主义生产方式最早的理论探索。英、法重商主义的代表人物有托马斯·孟、科尔伯特、配第和孟可列钦。

重农学派是 18 世纪 50—70 年代的法国资产阶级古典政治经济学学派。重农学派以自然秩序为最高信条，视农业为财富的唯一来源和一切社会收入的基础。重农学派的代表人物是魁奈和杜尔哥。

➤ 关键概念

重商主义　重农学派　自然秩序　纯产品　经济表　重农学派

➤ 推荐阅读的文献资料

陈岱孙. 2014. 从古典经济学派到马克思[M]. 北京：商务印书馆.
冯·施穆勒 G. 2023. 重商主义制度及其历史意义[M]. 严鹏，译. 上海：东方出版中心.
蒋自强. 2003. 经济思想通史[M]. 杭州：浙江大学出版社.
马格努松 L. 2001. 重商主义经济学[M]. 王根蓓，陈雷，译. 上海：上海财经大学出版社.
马格努松 L. 2021. 重商主义政治经济学[M]. 梅俊杰，译. 北京：商务印书馆.
斯皮格尔 H W. 1999. 经济思想的成长[M]. 晏智杰，刘宇飞，王长青，等译. 北京：中国社会科学出版社.
谭敏. 1992. 法国重农学派学说的中国渊源[M]. 上海：上海人民出版社.
谈敏. 2014. 法国重农学派的中国渊源[M]. 上海：上海人民出版社.
沃勒斯坦 I. 1998. 现代世界体系：第二卷[M]. 罗荣渠，等译. 北京：高等教育出版社.
张人价. 1983. 重农学派的经济理论[M]. 北京：农业出版社.
赵凌云. 2002. 富国裕民的梦寻——经济学的进化与当代图景[M]. 天津：天津教育出版社.

➤ 讨论题

1. 简述古希腊时期和古罗马时期的经济思想及其对经济学的贡献。
2. 简述重商主义的思想信条对后世经济学思想的影响。
3. 简述法国重农学派经济思想的渊源。
4. 简述前古典经济学对古典经济学的影响。
5. 简评孟可列钦的经济思想。
6. 如何评价杜尔哥、托马斯·孟、科尔伯特和配第的经济思想？
7. 分析魁奈的"经济表"对现代经济学的影响。

第 3 章

古典经济学

古典经济学又称古典政治经济学，是指在 1750—1875 年这一政治经济学创立时期内的、除马克思主义经济学之外的所有政治经济学，主要成果是奠定了劳动价值论的基础。这一时期是经济学由道德哲学时代向政治经济学时代转化的时期，其起源以大卫·休谟的《政治论丛》(1752 年) 的出版为标志，以斯密 (Adam Smith) 的代表作《国富论》(1776 年) 的出版为奠基。一般来说，该学派相信经济规律（特别是个人利益和竞争）决定着价格和要素报酬，并且相信价格体系是最好的资源配置办法。古典政治经济学在英国从威廉·配第开始，经亚当·斯密的发展，到李嘉图结束；在法国从布阿吉尔贝尔开始，到西斯蒙第结束。

3.1 古典经济学概述

古典经济学始于 1776 年斯密《国富论》的出版，结束于以杰文斯、门格尔和瓦尔拉斯为代表的边际主义的兴起。古典经济学是资本主义产生与成长时期的资产阶级经济理论体系，反映着工业资本的要求。它的历史任务是代表工业资产阶级的利益，反对封建制度及其残余势力。在政治思想上，它抨击封建制度违反理性原则，是不自然的制度，认为资本主义才符合人的本性，才是自然的、合理的制度；在经济领域中，它反对封建国家干预资产阶级的经济活动，反对封建贵族特权、商业资本的各种垄断和中世纪行会的各种残余，提出"自由放任"的口号，力图为资本主义经济发展创造条件。

3.1.1 古典经济学产生的历史背景

（1）科技革命既为古典经济学的产生提供了现实背景，又提供了技术基础。
从现实背景来说，古典经济学时期的科技革命促进了生产力的巨大发展和社会财富的急剧增长，由此使经济学家要研究和探讨财富的源泉与分配问题，为经济学家的研究和经济学思想的产生提供了素材。

从技术基础来说，科技革命为经济学的研究提供了思想方法。以牛顿为代表的科学家促进了自然科学的进步，这些自然科学思想的进步在三个方面对古典经济学的思想产生了影响：一是自然科学家非常依赖实验证据，不相信依靠推理而没有经过实验得出的结论；二是推广了自然规律统治一切的观点；三是牛顿体系对宇宙的静态研究，即空间、时间与物质是相互独立的，三者不随时间的改变而改变，运动与联系都是不断循环往复的。基于科技革命在这三个方面的贡献，古典经济学认为自由放任是社会事务中最高形式的智慧，自然规律将引导经济体系及人们的各种活动。

同时科技革命提供了判断财富分配是否合理的观念体系，既然自然规律不受影响，且私人的节俭会为社会福利创造贡献，那么地租、利息和利润就仅仅是对财富的所有权与生产性使用的回报。

（2）工业革命促进了英、法等国工商业的巨大发展，与此同时，贸易、发明、教育与劳动分工取得了实质性的进展。这些经济增长的成果需要在理论上得到概括和解释。古典经济学是英国资本主义生产方式从工场手工业向机器大工业发展的反映。古典经济学代表处于上升时期的资产阶级的利益，在一定程度上研究了资本主义生产的内部联系。

（3）经济学理论需要得到升华。重商主义不能有效地解释经济增长和工业化的发展，重农学派虽然将经济学研究的重心由流通领域转向了生产领域，但是其思想也不能有效地解释工业化发展和资本主义商业发展的现实。

（4）思想文化背景。古典经济学的发展与当时所处的思想文化环境和背景是密不可分的，这一时期的思想环境从两方面对古典经济学的形成产生了影响：一是国家契约论，该理论认为，国家或社会只是个人的总和，国家与个人之间是一种自由契约关系，这一关系中的主体是个人，强调个人主义；二是"自然法"哲学思想，这种哲学思想认为，在物质世界存在某种根本秩序，遵守这种自然秩序可以达到最好的状态，自由是达到和谐的必由之路。上述两方面的社会文化思想对古典经济学的自由放任思想产生了重要影响。

3.1.2　古典经济学的基本信条

关于古典经济学有四种不同的定义。一是按马克思的定义，古典经济学是指在资本主义处于上升时期代表着进步力量的政治经济学，而那些为资本主义制度进行辩护、代表资产阶级经济利益、热衷于对经济体系的表面现象进行描绘的经济理论则是庸俗经济学。古典学派的名称本意是用来和庸俗经济学相区别，来说明庸俗经济学的非科学性和辩护性。二是按凯恩斯的定义，从斯密起到凯恩斯自己之前的理论全部为古典经济学，也就是将当代西方经济学所认为是新古典经济学的理论也划归古典经济学。凯恩斯这样做是为了突出自己理论的创新性或革命性。三是按照熊彼特的定义，斯密属于重商主义，1790—1879年的经济理论属于古典经济学。四是按照当今西方经济学中广为接受的观点，古典经济学是指从斯密《国富论》出版开始到马歇尔《经济学原理》出版之前这段时期的理论。本书坚持马克思的定义。从这种定义出发，古典经济学的基本信条如下。

（1）最低程度的政府干预。政府尽可能少地干预经济活动，自由、竞争的市场力量将引导生产、交换和分配。经济将在不受政府干预的情况下进行自我调节并自动地趋于充分就业。政府活动应该仅限于界定财产所有权、提供国家防御措施及公共教育。政府是市场经济的"守夜人"，它只需要为自由竞争的市场经济创造良好的外部条件。

（2）自利的经济行为。古典经济学家假定自利是人的本性（这是最早的"经济人假设"），将利己动机作为全部经济学理论的出发点。生产者和商人出于对获利的渴望而提供商品与服务，工人为得到工资而提供劳务，消费者为了满足各自的需要而购买商品。

（3）利益的和谐性。古典经济学家主张市场经济中利益的自然和谐，即人们通过追求自身的利益，也会为社会利益的最大化做出贡献。

（4）所有的经济资源和经济活动的重要性。所有的经济资源——土地、劳动力、资本和企业家才能，以及所有的经济活动——农业、商业、生产和国际贸易，都会对一国财富的增长做出巨大的贡献。

（5）经济规律。通过对明显的经济理论或规律的集中分析，对经济学的发展做出了贡献，如比较优势理论、收益递减规律、人口理论、地租理论、货币数量论、劳动价值理论和分工理论。它们对后世经济学思想的演变产生了重要影响。

（6）在经济学的一系列重大范畴上取得了进展。其理论思维在深度与广度上大大超越了漫长的中世纪形成的思想。利息、货币和价值等范畴已经成为独立的概念。

（7）在理论体系上，初步形成了微观分析和宏观分析两个领域。

（8）在分析方法上形成了抽象法与现象描述法的二重分析方法，而且抽象分析方法日益深入人心。

（9）以自由主义为基调，呼唤和造就了一系列的经济学巨匠，将经济学理论推向了一个新的时代，构建了自由主义经济学的理论大厦，对经济学理论的系统化进行了初步的尝试。

（10）注重经济总量研究，涉及经济增长、国际贸易、货币经济和财政问题等方面。这与1870年以后盛行的研究个人利益最大化的经济学有所不同。古典经济学关心的是国家经济问题，虽然当时的学者也非常强调必须尊重个人利益，但他们更强调的是如何使个人利益与社会利益保持协调。斯密在讲到这一点时，总是谆谆地教导人们，国家大事比个人的事更重要。

（11）古典经济学的理论核心是经济增长，认为经济增长产生于资本积累和劳动分工的相互作用，即资本积累进一步推动了生产专业化和劳动分工的发展，而劳动分工反过来通过提高总产出使社会可生产更多的资本积累，并让资本流向最有效率的生产领域，从而形成发展的良性循环。因此，古典经济学似乎是想告诉人们，顺从市场对资源的配置，保持资本积累的良性循环，会更好地促进经济增长。但他们又看到劳动分工是受条件约束的，资本的积累会使现有的劳动分工以更大的规模出现，并表现出工资的随之上涨，而劳动分工却不易实现，这将使资本积累受到劳动分工发展跟不上的影响。古典经济学的分析产生了自身的矛盾。李嘉图特别强调过这种矛盾，不过他的解释也不能消除这种核心思想中的矛盾。

后来创立的马克思主义经济学产生于对古典经济学的批判的基础上。马克思曾这样概括地评价道："古典政治经济学是属于阶级斗争不发展的时期的。它的最后的伟大的代表李嘉图，终于有意识地把阶级利益的对立、工资和利润的对立、利润和地租的对立当作他研究的出发点，因为他天真地把这种对立看作社会的自然规律。这样，资产阶级的经济科学也就达到了它不可逾越的界限。"[1]但正是由于存在着这种理论的批判关系，古典经济学成了马克思主义经济学的重要来源[2]。

3.2 古典经济学的方法论与分析范式

"近代哲学的经验论和唯理论对古典经济学思想的兴起与发展有着直接的关系和重要的影响。"[3]个人主义影响了古典经济学的经济自由思想，机械力学自然观及宇宙和谐的思想与"看不见的手"支配下的"市场出清"密切相关。经验论与唯理论的创新组合是古典经济学基本的方法论选择，人本主义是劳动价值论深层的潜意识态度和伦理判断。

3.2.1 个人主义的方法论基础

古典经济学以个人主义作为经济思想分析的出发点，导引出自由与自由选择的经济体制和经济制度的合理性、科学性及人道性。近代经济学家以个人主义为基础，论证了自由经济，把公平与效率统一起来。在一个完整的政治经济框架中分析问题是古典经济学的基本路线和学术优势。斯密认为，市场机制犹如一只"看不见的手"，会把杂乱无章的、表面上偶然的个体行为整合为有序系统，市场不仅产出福利，也产出秩序；市场不仅能实现个人利益，也会不自觉地推进集体和公共利益，因此个人利益和公共利益可以较好地统一起来。

3.2.2 经验主义和唯理主义

经验主义认为，科学认识的基础是在观察和实验中得到的事实与数据，科学开始于观察，科学发展的过程就是在经验平台上不断归纳数据、提升知识并促使科学进化的过

---

[1] 马克思.1975.资本论：第一卷[M].中共中央马克思恩格斯列宁斯大林著作编译局，译.北京：人民出版社：16.
[2] 张卓元.1998.政治经济学大辞典[M].北京：经济科学出版社：638-639.
[3] 杨建飞.2004.近代哲学方法论与古典经济学思想的兴起[J].山东社会科学，（2）：36-40.

程。归纳就是从个别中发现一般原理的基本方法，归纳虽然是不完全的，但没有更好的替代方法，而且归纳方法本身是可信的、有效的，其归纳结论也是可以检验、修改的。无论自然科学还是社会科学，都是在这种方法和机制的引导下不断进步的。经验主义和归纳法对于物理学、地质学、医学、古典经济学、社会学和历史学等都有着重大影响。但是，唯理主义认为，经验是靠不住的。配第有着工程技术和统计学的知识基础，他把经验归纳方法与抽象分析方法结合起来，开创了货币价值、收入乘数效应研究的新领域。他第一次把政治经济学称为"政治算术"，用数据、数目、权数和测试等概念来表达自己的思想，并在变量选择中只考虑那些可以观测到的因素。

3.2.3 以人本主义作为价值判断的规范分析方法

古典经济学偏爱劳动主题，以劳动为本体，建立价值理论，并将此作为经济学和政策主张的基石，表现了古典经济学的人道主义倾向和人文关怀。劳动价值在此不仅有事实判断的科学意义，而且有价值判断的人文伦理意义。古典经济学早期的研究者约翰·洛克、大卫·休谟、斯图亚特和霍布斯等都不同程度地关心劳动及劳动价值理论，配第系统地提出了劳动价值论。

3.3 古典经济学的先驱代表

3.3.1 达德利·诺思

达德利·诺思（Dudley North 1641—1691），生活在古典经济学的发展时期，对重商主义的基本观点进行了批判。他倡导自由贸易，是世界上第一位自由贸易的倡导者。其代表作是1691年出版的《贸易论》。其思想观点如下。

（1）提出了有关自由贸易的新观点，认为贸易不仅能使出口盈余国家获得利益，而且能使贸易双方获得共同利益。贸易的目标不在于积累金银，而在于交换盈余。在自由贸易中，贸易双方与国际贸易活动也会增加国家的财富。

（2）强调工商企业及资本积累，批判一个国家用贵金属来衡量财富，认为工商业是生产性的活动，强调工商业的重要性。

（3）将自由贸易作为取得最大化的国内与国际贸易利润的途径，认为自由贸易对国家和贸易商都有所帮助。

3.3.2 理查德·康替龙

理查德·康替龙（Richard Cantillon 1680—1734），爱尔兰人，在法国生活多年，是一个富有的银行家和成功的股票、外汇投机商。其代表作是1755年在法国出版的《商业性质概论》。该书是《国富论》出版之前关于经济原理最系统的著作，杰文斯认为该书是"政治经济学的摇篮"。其经济思想和贡献如下。

（1）首次阐述了一些经济问题。一是把人口增长看作经济过程的一个组成部分；二是阐发了一种对城市位置和生产分布的经济解释；三是对市场价格和内在价值（均衡价格）做了区分，并表明二者如何随着时间的推移而趋同；四是证明了货币流通速度的变化等于货币存量的变化；五是探讨了货币存量的变化影响价格的渠道；六是描述了国际贸易中价格调整的机制；七是分析了经济主要部门之间的收入流动。

（2）关于市场及其运作的观点。康替龙将经济设想为相互联系的市场组成的有机系统，而这些相互联系的市场以实现某种均衡的方式运作。经济中的居民也是相互联系的，该系统的制度随着时间的变化对"需要"做出反应并进行调整。实现自我利益的企业家自由发挥作用，因为企业家操纵着一国所有的交换和流通。他认为经济制度的结构是等级结构，地主居于经济和社会秩序的顶部，私人财产权是市场制度成功运作的基本条件，企业家在等级制度中居于中间位置。

（3）关于竞争和企业家的观点。康替龙认为竞争不是市场结构的一组条件，而是争夺同样一些顾客的竞争者之间的竞争过程。在这一竞争过程中产生了企业家。企业家是一国居民中除君主、土地所有者以外的、与工资收入者并列的两大类之一，企业家拿的是不确定的工资，在不确定的情况下生活。

（4）对社会产品流通的初次说明。他认为从土地所有权的角度看有三个自然阶级，即土地所有者、农场主和工人。在不考虑对外贸易的条件下，社会产品的流通在城乡之间进行，社会各阶级的收入构成了他们支出的基础。他关于社会产品流通的第一次描述，为魁奈的"经济表"的诞生奠定了基础。

3.3.3　大卫·休谟

大卫·休谟（David Hume 1711—1776），苏格兰人，著名的哲学家，晚年因其《政治论丛》中的经济学论文的贡献而成为古典经济学的先驱。其贡献如下。

（1）提出了"价格-铸币流动机制"。他认为货币量的变化会引起价格水平的变化，但是价格水平的变化滞后于货币量的变化，即 $MV=PT$。其中，M 是货币量，V 是货币流通速度，P 是价格水平，T 是交易的商品数量，V 和 T 保持不变。在一定时期内，货币量的一次性增加将促进消费、生产与就业。最终，价格水平的上升将削减货币量增加的全部影响。同样，货币供给量的一次性减少在降低价格水平之前也将最先抑制消费、产出和就业。"价格-铸币流动机制"是自动调节机制，依赖于经济均衡的假设，一旦经济偏离均衡，就会有力量促使其自动恢复均衡。

（2）提出了对经济有贡献的一系列观点：一是将国际贸易看成一种正和博弈，即支付总和是一个正数；二是研究了在国际贸易中富强国家的优势是否会长期保持的问题；三是提出了需求弹性的概念，这一概念后来被引用到了经济学的分析中。

本 章 小 结

古典经济学注重经济总量研究，涉及经济增长、国际贸易、货币经济和财政问题等方面。古典经济学的理论核心是经济增长产生于资本积累和劳动分工相互作用的思想，即资本积累进一步推动了生产专业化和劳动分工的发展，而劳动分工反过来通过提高总产出使社会可积累更多的资本，并让资本流向最有效率的生产领域，从而形成发展的良性循环。

古典经济学理论产生与发展的重心在英国和法国。在英国，从配第开始，到李嘉图结束；在法国，从布阿吉尔贝开始，到西斯蒙第结束。其中，最具有代表性的人物是英国的斯密和法国重农学派的创始人魁奈。

➢ 关键概念

古典经济学　自利的经济行为　经济规律　个人主义　经验主义

➢ 推荐阅读的文献资料

陈岱孙. 2014. 从古典经济学派到马克思[M]. 北京：商务印书馆.
亨特 E K. 2007. 经济思想史——一种批判性的视角[M]. 2 版. 颜鹏飞，译. 上海：上海财经大学出版社.
纪明山. 1993. 古典经济学数量分析概论[M]. 天津：南开大学出版社.
季陶达. 2019. 英国古典政治经济学[M]. 天津：南开大学出版社.
赖秀林，刘盛睿，邓庆玲. 2020. 西方古典经济学思想产生及演进过程研究[M]. 沈阳：辽海出版社.
罗斯巴德 M N. 2012. 古典经济学：奥地利学派视角下的经济思想史[M]. 张凤林，等译, 北京：商务印书馆.
米尔斯 J. 2007. 一种批判的经济学史[M]. 高湘泽，译. 北京：商务印书馆.
宋承先. 2005. 西方经济学名著提要[M]. 南昌：江西人民出版社.
唐正东. 2002. 斯密到马克思——经济哲学方法的历史性诠释[M]. 南京：南京大学出版社.
晏智杰. 2022. 古典经济学[M]. 北京：商务印书馆.
张旭昆. 2007. 西方经济思想史 18 讲[M]. 上海：上海人民出版社.

➢ 讨论题

1. 简述古典经济学解体的原因。
2. 简评古典经济学的基本信条。
3. 简述古典经济学方法论的基本特征。
4. 简述达德利·诺思的经济思想。
5. 简述理查德·康替龙的经济思想。
6. 大卫·休谟提出了哪些具有先驱意义的经济思想？

第 4 章

古典学派的集大成者：亚当·斯密

亚当·斯密（Adam Smith 1723—1790）是英国古典时代最杰出的经济学家之一，是公认的古典经济学的奠基者，在人类经济思想史上具有重要的地位。他的经济思想是当代西方主流经济学的重要渊源，并对马克思主义经济学产生过重要的影响。斯密在对重商主义批判的基础上，吸收了早期古典政治经济学的成果，形成了完整的古典政治经济学理论体系，实现了西方经济学演进中的第一次伟大变革。其经济思想的革命性主要表现在自由竞争、自由放任的经济体系及自我调节的市场机制、经济增长等方面。今天人们称斯密是经济学之父，是因为他是一个体系的创造者，该体系从经济学的视野描述了农业、制造业与商业的特征。

4.1 斯密的概况

4.1.1 斯密所处的时代

斯密所处时代的特点是：①工业革命的发展，促进了英国资本主义经济的巨大进步；②英国通过海外殖民，夺得了大量的殖民地，成为世界头号的对外贸易和殖民强国。

4.1.2 思想渊源

（1）启蒙时代的学术氛围。斯密生活的时代是启蒙运动时期，该时期的知识进步有两大支柱，即人们的分析能力和自然秩序的概念。

（2）重农学派的魁奈和杜尔哥的思想。从他们那里，斯密获取了如下思想：一是财富的概念，财富是社会劳动每年再生产出来的可供消费的商品；二是政府干预最小化；

三是生产和分配的循环过程的概念。

（3）大卫·休谟的思想。休谟的观点有：社会的不断发展依赖于成员的解放，不受外来干涉；发展商品经济；财富由储藏的劳动构成；货币是劳动的代表。

（4）哈奇森的思想。哈奇森是斯密在格拉斯哥大学的老师，是功利主义的创始人，斯密的世界观深受哈奇森的影响。《国富论》的一些观点可以追溯到哈奇森1755年的《道德哲学体系》一书。哈奇森强调分工、一切价值和价格的自然基础是物质的有用性，以及财富通过劳动同使用价值区别开来。

4.1.3 生平和著作

1. 生平

斯密出生于苏格兰的寇克卡迪，先后在格拉斯哥大学和牛津大学学习，毕业后在爱丁堡大学讲授法学、政治学和修辞学，后来到格拉斯哥大学讲授逻辑学和道德哲学，曾担任该大学的校长。他早年从事哲学教学与研究工作，1759年出版的《道德情操论》使其名声大噪。斯密是古典经济学体系的主要创立者、西方古典政治经济学派的代表人物，他于1776年出版的著作《国富论》，为资本主义经济的发展奠定了理论基础。他的主要观点是"市场经济是有效的"，市场有一只"看不见的手"在发挥作用，主张自由放任的政策。《国富论》与当年的《独立宣言》分别在经济和政治两个方面对资本主义社会产生了深远的影响。

2. 著作

著作之一：《道德情操论》（1759年）。在其一生中，该书共再版了六次。该书讨论道德力量限制人们的自私，并把人们组合成为一个可以运转的社会。《道德情操论》的主题是讨论同情心，认为同情可以战胜自私，使别人的成功与我们的利益相关，并且别人的幸福对我们是必要的。

该书认为人们存在于社会中，他们可能受到相互的伤害，但也需要别人的帮助。当人们出于爱心、感激、友谊和尊重而提供必要的帮助时，社会就会繁荣和幸福。该书还认为社会存在着自利和自私行为，但是人们的道德力量制定了各种规则来限制这种行为。

著作之二：《国富论》（1776年）。该书奠定了斯密在经济思想史中的杰出地位。

（1）《国富论》经济体系的性质。人们将斯密看作经济学之父，是因为他是一个体系的创建者。在这部巨著中，斯密将人性论与历史理论相结合，说明了农业、制造业和商业活动的特征。在其体系中，应用货币使交换方便了，且生产以分工为特征。其基本分析的特征有三个，即分工、价格和分配、经济增长的性质。该书提出了一个严肃的、独立的经济学体系，标志着古典经济学时期的开始。

（2）《国富论》的微观经济基础。该书的基本论题与重农学派一样都是经济增长，但是斯密胜于重农学派的是，其经济增长是建立在价值理论的基础之上的，其价值理论是经济增长问题分析的微观基础。斯密指出价值一词具有两个不同的含义：有时是指特定物品的效用，有时是指占有某物品而取得的对其他物品的购买力。前者叫使用价值，后者叫交换价值。使用价值大的东西往往具有较小的交换价值，而交换价值大的东西往往具有较小的使用价值。劳动是衡量一切商品交换价值的真实尺度。

（3）《国富论》的哲学基础。在《道德情操论》中，斯密从同情心出发讨论了道德伦理问题。在《国富论》中，他则用利己心研究了人们互通有无、相互交换的倾向。他认为利己心不仅为人类所共有，而且为人类所特有。在经济生活中，一切行为的原动力均来自利己心，而不是同情心或者利他主义。

（4）《国富论》的基本思想主要有以下几点。

第一，政治经济学的目标。《国富论》指出"政治经济学提出了两个目标：一是为人们提供足够的收入或生计；二是为国家或社会提供足够的收入，以便公共事务得以开展。总之，它的目的是富国富民"。

第二，劳动分工。他在开篇就提出"劳动生产力上最大的增进，以及运用劳动时所表现的更大的熟练、技巧和判断力，似乎都是分工的结果"，并运用制针业的例子加以说明。他认为分工提高产出数量的原因有三个方面：一是每个工人重复完成一项工作提高了熟练程度；二是如果工人不需要从一项工作转向另一项工作，可以节省劳动时间；三是各项工作由于分工而被简化和程序化，有可能产生提高生产率的机械发明。

第三，经济利益的和谐。他认为经济生活的参与者倾向于追求他们个人的利益：商人追求利润，工人追求工资。表面混乱的经济生活中隐藏着一种自然秩序，有一只"看不见的手"引导着个人的自利行为，从而促进社会福利。"看不见的手"的关键是竞争，雇主为了得到最好的工人而竞争，工人为了获得最高的工资而竞争，消费者为了消费商品的权利而竞争，竞争的结果是资源被配置到最有价值的方面，使经济运行富有效率。从经济和谐出发，斯密主张国际贸易中的自由放任。

第四，有限政府。利益的和谐意味着政府对经济的干预是不必要的和不受欢迎的。认为国家干预私人经济活动只会阻碍经济发展和国民财富增长。只有实现经济自由，才能充分体现"经济人"的利己本性，满足自然秩序的要求。

第五，市场价格和自然价格。斯密区分了市场价格和自然价格，认为市场价格是指商品出售时的实际价格，自然价格是低于这个价格时企业家不再出售这种商品的长期价格。市场价格取决于短期供给和需求的偏差，而自然价格取决于长期成本，并且市场价格围绕自然价格波动。

第六，工资理论。斯密认为工资有三个方面，即工资的总水平、工资随时间的增长和工资的结构。对于前两个方面，斯密用工资基金理论来说明，即工资基金从短期来看是固定的，但从长期来看是逐步增长的。最低的工资率必须使一个工人和他的家庭生存下去，并且能不断地提高劳动供给。他同时提出了效率工资，将工资和工作表现结合起来，认为高工资可以增强工人的健康和体力，激励工人努力工作。

第七，经济增长和经济发展。斯密将经济看作一个整体而强调经济增长和经济发展，此外斯密认为经济增长与发展是一个前进的过程，并以分工为起点。

第八，国民财富的来源。斯密批判了重商主义认为只有对外贸易才是财富来源的错误观点，克服了只有农业创造财富的片面观点，强调所有生产部门都创造财富。他强调，劳动是国民财富的源泉，增加国民财富有两种途径：一种是提高劳动者的劳动生产率；另一种是增加生产性劳动者数量，减少非生产性劳动者数量。前者依靠加强分工，后者依靠增加资本。

（5）国富论的体系结构。斯密将《国富论》分为五大部分。第一部分是"论劳动生产力增进的原因，并论劳动生产物自然而然地分配给各阶级人民的顺序"，分析了增进财富的主要因素——分工，并分析了交换、货币与交换价值，以及产品的分析工具。第二部分是"论资财的性质及其蓄积和用途"，考察了财富增长的第二个因素——资本，研究了资本的构成（固定资本与流动资本）、资本的作用、资本积累的条件和资本的多种形态。第三部分是"论不同国家中财富的不同发展"，研究了财富的决定因素、分工在历史上的消长。第四部分是"论政治经济学体系"，探讨了不正确的政策和学说如何妨碍国家财富增长，批评了重商主义。第五部分是"论君主或国家的收入"，研究了财政对国民财富增长的影响。

4.1.4 亚当·斯密问题

"亚当·斯密问题"（Adam Smith-problem）是熊彼特于19世纪末用德语最先提出的，具体指斯密在《道德情操论》中提出的同情心（sympathy）原理与在《国富论》中提出的利己心原理相互矛盾。因此，他认为斯密是受了法国唯物论的影响导致了从前者到后者的思想上的转变。但是，问题的提出者忽视了《道德情操论》在《国富论》出版后还在修订的事实，并且将同情心与利他心的概念混淆等同，这样的误解导致了该问题的提出。

对于斯密在强调同情心的《道德情操论》与强调私利的《国富论》之间是否存在矛盾一直存在很大争论。在《道德情操论》一书中，斯密似乎强调人类在慈善动机下的意图与行为的同步性，而在《国富论》里则被分裂为"看不见的手"。斯密宣称，在资本主义体制里，个人依照他们自己的利益行动时也会提升共同体的利益，于是便解除了私利的矛盾。他也多次指出对于利己和人类动机的狭窄定义所可能引发的矛盾，不过这并不表示斯密的《道德情操论》一书否定了私利的重要性。他写道：

> "因此，物种自我保卫和繁殖的机能架构，似乎是自然界给予所有动物的既定目标。人类具有向往这些目标的天性，而且也厌恶相反的东西；人类喜爱生命、恐惧死亡、盼望物种的延续和永恒、恐惧物种的完全灭绝。虽然我们是如此强烈地向往这些目标，但它并没有被交给我们那迟缓而不可靠的理性来决定，相反，自然界指导我们运用原始而迅速的天性来决定实现这些目标的方式。饥饿、口渴、寻求异性的情欲、爱情的快乐和对于痛苦的恐惧，都促使我们运用这些手段来达成其本身的目的，这些行动都将实现我们原先所未料想到的结果——伟大的自然界所设定的善良目标。"

斯密并不认为这两者存在矛盾,在《国富论》一书出版后,他又推出了经过修订的《道德情操论》。他或许认为道德情操和私利最终都将达成相同的目标。

4.2 斯密经济学的方法论

斯密的《国富论》的出版被称为经济学说史上的"第一次革命"(对重商主义的革命)。《国富论》将经济学研究的中心由流通领域转向了生产领域,研究了国民财富的增长问题,使经济学开始成为一门有独立体系的科学。研究《国富论》的方法论基础和方法论特征对理解《国富论》的经济思想及古典经济学时期的方法特色都具有十分重要的意义。

4.2.1 《国富论》的方法论基础

斯密的《国富论》虽然奠定了其现代经济学的祖师地位,但由于斯密曾是道德哲学教授,他的许多著作都是作为哲学著作来构思与完成的,他"侧重于运用哲学方法的经济学研究,即经济哲学的研究"[1],在其《国富论》中便突出地体现了这一特点。他受到了当时流行的自然哲学学派的影响,以自然学派的自然秩序作为方法论的基础,构建了《国富论》的理论体系。因此,要完整、准确地理解这部巨著的经济思想,就必须理解其方法论基础。

自然哲学是斯密所处时代的一个主要的哲学思想流派。这种哲学思想源于古希腊的斯多亚派,这一学派承认自然的客观性,"认为自然万物是有组织、有系统、不断运动的活生生的东西"[2]。这一学派认为"人人皆为自然之子,皆秉有一份自然宇宙中的小宇宙,是大宇宙神圣火焰飞溅出来的一朵火花"[3],而且认为人性的自然不在于感性,而在于理性。这一理性要求人类要依自然而生活,依道德而生活,在经济生活中人类要隶属于政治秩序和道德秩序。政治秩序是反自然的,而道德秩序是符合自然的,因而人类的经济活动要遵循道德法则,专注于伦理的关怀。这一思想后来经过培根、霍布斯和洛克等的阐发,形成了新的形态,对文艺复兴运动产生了重要的影响。自然哲学认为世界上存在一种自然秩序,这种秩序比人创造的秩序优越得多,体现着一种合理性,具有不可抗拒的力量。这一哲学思想影响了经济学上的重农学派。重农学派笃信自然法则,认为"在自然秩序中,亦即在这种思想状态下,和谐的个人主义才能达到充分发展的状态,在真实世界的现实秩序中,个体力量的自由较量极可能受挫,并伴随由经济冲突而不是由经济和谐所导致缺点的出现"[4]。当现实秩序偏离自然秩序时,自然秩序的有益效果

---

[1] 廖士祥.1991.经济学方法论[M].上海:上海社会科学院出版社:242.
[2] 全增嘏.1983.西方哲学史:上册[M].上海:上海人民出版社:248.
[3] 于海.1996.西方社会思想史[M].上海:复旦大学出版社:43.
[4] 斯皮格尔 H W.1999.经济思想的成长:上册[M].晏智杰,刘宇飞,王长青,译.北京:中国社会科学出版社:160.

便不能充分地显现。

重农学说对斯密产生了很大影响,斯密在其《国富论》中以自然哲学中的自然秩序作为自己分析经济问题的出发点和依据来探索经济运动过程的规律。在《国富论》中体现的自然秩序是从人的本性产生而又合乎人的本性的一种自然秩序,"他所理解的人的本性就是利己主义"[1],因而利己主义是合乎自然秩序的。在斯密看来,每个人只有他自己关心个人的私利。他认为人是利己主义者,这是人的本性,因此斯密在《国富论》中处处讲利己主义,讲个人利益。按照这种逻辑,既然个人利益是从人的本性产生的,那么就是合法的,每个人的利益只受到他个人的限制。《国富论》的这一方法论基础"反映了他那个时代的精神,即相信自然界有牛顿式的秩序"。

在这种方法论的基础之上,斯密认为人类的行为都是由自爱、同情、追求自由的欲望、正义感、劳动习惯和交换六种动机所推动的。因此,每一个人在追求自己利益的同时,都被一只无形的手引导着去促进并非属于他原本意图的目的。政府的作用不完全是"守夜人",而是为了让市场机制更好地发挥作用,每个人都在市场机制的作用下追求自我利益的最大化,并在自然规律的约束下,对公共利益做出贡献。从这一方法论基础出发,斯密认为在经济生活中,一切行为的原动力是利己心,而不是同情心或利他主义。而且他认为利己心符合自然秩序,是人的天性,是自然所赋予的,"既然利己心是人的天性,是自然赋予的,追求个人利益便成为自然之理,追求个人利益的活动就不应该受到限制"[2]。也就是说,斯密认为符合人类利益要求的一切措施都会适应自然的发展,是符合自然秩序原理的。反之,违背人类利益要求的一切措施都不是适应自然发展的,是不符合自然秩序原理的。基于这种认识,斯密在经济上主张自由主义,反对国家干预。

斯密认为"自然法则意味着限制国家的作用,符合个人自由的利益"[3]。但是需要说明的是,"斯密在《国富论》中所强调的是自然的自由、生产者之间的自由竞争、旁观者的监督、自然的调和、有利于国家繁荣的自由"[4]。斯密将利己心看成符合自然秩序的,认为符合自然秩序的这种利己心不仅是一国经济增长的原动力,而且是一国交换活动产生的基础。由于利己心的存在,从别人那里取得自己所需要的东西时,就需要给予别人所需要的东西。同时人的本性是利己主义,人作为利己主义者,必须在互利的基础上互相帮助。人们互相帮助最合理的办法就是交换,既然交换是从人的本性产生的,所以它也是自然的现象,从交换又引出了分工。这样,分工、交换、价值、货币等经济现象便应运而生了。在符合自然秩序的利己心的推动下人们进行各种劳动,劳动从而成为私人财富和社会财富的源泉。然后,斯密得出"增加劳动数量,提高劳动质量,就成为国民财富增进的原因"的观点,并且把劳动质量提高所形成的"劳动的熟练程度和技巧"看成国民财富增进的主要原因。他指出:"劳动生产力上的最大增进,以及运用劳动时所表现的更大的熟练、技巧和判断力,似乎都是分工的结果。"[5]

---

[1] 季陶达. 1962. 英国古典政治经济学[M]. 上海:生活·读书·新知三联书店:57.
[2] 胡寄窗. 1991. 西方经济学说史[M]. 上海:立信会计出版社:74.
[3] 埃克伦德 R B Jr, 赫伯特 R F. 2001. 经济理论和方法史[M]. 4版. 杨玉生,张凤林,译. 北京:中国人民大学出版社:66.
[4] 朱绍文. 2004. 经典经济学与现代经济学[M]. 北京:北京大学出版社:51.
[5] 斯密 A. 1972. 国民财富的性质和原因的研究:上卷[M]. 2版. 郭大力,王亚南,译. 北京:商务印书馆:1.

虽然斯密以自然秩序作为《国富论》的方法论基础，把利己心看作符合自然秩序的，但是他又认为在利己心驱使下的个人利益与社会利益并不是冲突的，反而是一致的。因为个人需要比较多，不能完全通过自身的经济活动来直接满足，需要与他人发生交换，在与他人的交换中又需要考虑他人的利益。因为社会是由个人构成的，社会利益也是由个人利益产生的，这样又形成了《国富论》方法论上的原则：分析社会和社会整体利益应当以分析个人、个人本性与个人利益为基础。社会的一切现象是所有个人活动的结果，个人利益的追求可以推动社会整体利益的增进。因此，追求个人利益的结果是整个社会福利的增进，人们在从事经济活动时，"经受着一只'看不见的手'的指导，去尽力达到一个并非他本意想要达到的目标"①。在这一点上，斯密的思想体现了他所处时代的哲学思想特点。"斯密，和那个时代许多的哲学家一样，假定存在着社会利益与私人利益的自然统一。如果每个人都关心他自己的利益，社会就会得到最好的服务，这是一条很符合人意的信念。"②

总体来看，斯密以自然哲学为其方法论的基础，把符合自然秩序的利己心作为出发点。他在《国富论》中认为激发人类行为的利己心是经济行为的原动力，以追求利润为中心的经济活动将推动经济发展和国民财富的增长，最终也带来社会福利的增长。这一思想认识不仅体现了斯密《国富论》的方法论基础，同时也加强了古典经济学的理论基础。正如巴克豪斯所指出的："说到底，古典经济学没有李嘉图还是可以理解的，然而没有斯密和《国富论》，古典经济学便不可理解了。"③

4.2.2 《国富论》的方法论特征

对于斯密《国富论》方法论特征的研究，不论是经济学说史的研究，还是经济哲学的研究，都着重强调其方法论内容的二重性，即抽象法与现象描述法。其实《国富论》的方法论特征除了内容的二重性以外，还有思维方式的二重性（历史性维度与社会性维度）及思考因素的二重性（经济因素与非经济因素）。把这三方面有机地结合起来，才能完全理解《国富论》方法论的二重性特征。

1. 方法论内容的二重性：抽象法与现象描述法

从其方法论基础出发，斯密在其《国富论》的研究中形成了方法论内容的二重性。

一方面，斯密采用抽象法来研究当时的资本主义经济，从总体上把握资本主义经济的运动。抽象法又叫逻辑抽象法，这一方法在使用时先挑出一系列主要的起始范畴，把它们相互依赖的根本关系联系起来，进而分析更加复杂和具体的社会现象。斯密把工农业统一起来考察，通过抽象分析，寻找资本主义经济运动中的本质因素——价值，并初步形成了劳动价值理论。他从价值概念出发，形成了工资、利润、地租、资本、分工、

---

① 斯密 A. 1972. 国民财富的性质和原因的研究：下卷[M]. 2版. 郭大力，王亚南，译. 北京：商务印书馆：27.
② 索利 W R. 1992. 英国哲学史[M]. 段德智，译. 济南：山东人民出版社：198.
③ 朱国宏. 1999. 经济社会学[M]. 上海：复旦大学出版社：48.

交换、生产、生产性劳动和非生产性劳动等一系列概念。但是需要说明的是，斯密的抽象法是初步的，是存在缺陷的，表现为"他重分析而轻综合，定义概念不完善，有时不能揭示其本质，对概念之间的联系也不够全面"[①]。

另一方面，斯密采用现象描述法来描述资本主义经济外部所表现出来的外部现象之间的联系，而不做深入具体的分析。他使用经济学的术语、概念、统计数字和数学公式对经济现象的表面现象进行分析，把表面现象的联系看成最终的本质结论。例如，在价值分析中，他运用抽象法区分了使用价值与交换价值，用劳动对价值做了规定。但是他用其劳动价值理论去分析经济现象时却运用了现象描述法，他所提出的"购买到的劳动"决定价值的观点，就把"产品和工人的生活资料或工资的表面联系说成价值的来源"。这种方法论内容的二重性贯穿于斯密《国富论》的始终，是由其研究任务的二重性所决定的。他以自然秩序作为方法论基础，力求把经济知识纳入《国富论》体系，不仅分析其内在的联系，而且描写资本主义经济的外部表现，"他既用抽象法探索各种经济现象的内在联系，又用描述法论述各种经济因素变化的现象，他的双重任务决定了其方法论内容的二重性"。正如马克思所指出的："斯密本人非常天真地活动于不断的矛盾之中。一方面，他探索各种经济范畴的内在联系，或者说，资产阶级经济制度的隐蔽结构。另一方面，他同时又按照联系在竞争现象中表面上所表现的那个样子，也就是按照它在非科学的观察者眼中，同样在那些被实际卷入资产阶级生产过程并同这一过程有实际利害关系的人们眼中所表现的那个样子，把联系提出来。这是两种理解方法，一种是深入研究资产阶级制度的内在联系，可以说是深入研究资产阶级制度的生理学，另一种则只是把生活过程中外部表现出来的东西，按照它表现出来的样子加以描写、分类、叙述并归入简单概括的概念规定之中。这两种理解方法在斯密的著作中不仅安然并存，而且相互交错，不断自相矛盾。"[②]

2. 方法论思维方式的二重性：历史性维度与社会性维度

在《国富论》的研究方法中，斯密在思维方式上表现出了历史性维度思维方式与社会性维度思维方式的二重性。

斯密在阐述其经济学原理的部分时主要采取的是比较静态的分析方法，但在某些部分的研究中也使用了"历史性"的思考方法。针对《国富论》中是否有历史性维度思维方式的争论，唐正东先生指出，"以我之见，斯密的经济学研究中是有'历史'的，他不但从起源和发展过程的角度对当代市民社会进行了探讨，而且把经济的线索放到社会发展的背景之中，提出了经济因素与政治和道德因素之间的决定与被决定关系的思想"[③]，但是，"'历史'在斯密的经济学思想中必然只是一种思想前奏，而不可能与其他经济理论融为一体，成为其有机的组成部分"[②]。

---

① 董瑞华，傅尔基. 2001. 经济学说方法论[M]. 北京：中国经济出版社：32.
② 马克思，恩格斯. 1972. 马克思恩格斯全集：第二十六卷[M]. 中共中央马克思恩格斯列宁斯大林著作编译局，译. 北京：人民出版社：181.
③ 唐正东. 2009. 从斯密到马克思——经济哲学方法的历史性诠释[M]. 南京：凤凰出版传媒集团，江苏人民出版社：19.

但无论怎样，斯密在其《国富论》中的确使用了历史性的思维方式。该书第三篇研究了历史上的各种经济政策，说明人们采用和规定这种政策的背景。其中：第一章研究财富的自然发展时，运用历史分析方法举例分析了财富在获得发展之前的各种状态；第二章同样运用历史性的思维方式研究了罗马帝国崩溃之后农业在欧洲旧状态下所受到的阻碍；第三章又运用历史性的思维方式研究了罗马帝国崩溃之后城市的勃兴与进步。该书第四篇讲述了历史上出现的不同经济学流派，指出它们在各个时代和各国所产生的重要影响。第五篇"论君主或国家的收入"，从历史分析的维度，分析了经济线索、政治的政权形式和司法形式发展之间的关系，同时还对财产的发展与政权形式发展的关系展开了论述。

在《国富论》中，斯密除了从历史性维度分析经济问题，还运用社会静态的分析方法来研究问题，即运用伦理学意义上的社会性思维方式来研究当时的社会关系与经济关系。"斯密的道德观本身就是对伦理学意义上的社会性的研究，'社会'在斯密那里，既不是简单的直观唯物主义所认同的那种孤零零的个人的机械组合，也不是法国或德国的主要启蒙思想家所认为的那种先验性的人性内涵的反映，而是由现实社会中真实的人与人之间的伦理关系所构建而成的。可以说，斯密是站在当时的社会发展水平上，从伦理学的角度对那一时代的社会关系进行了刻画。"[1]也就是说，在《国富论》中，斯密是从人与人之间关系的社会维度方面来思考经济问题的，这主要表现为斯密是从分工与交换两个方面来展开其社会性的思维方式的。在第一篇的第一章"论分工"中，斯密一开始就把"劳动生产力上最大的增进"归结为"分工"的结果，然后为了说明"社会一般业务分工所产生的结果"，他从"个别制造业分工状况"开始讨论，分析了分工的好处及其形成原因，并由分工的讨论引入交换。他指出：在一个政治修明的社会里，各行各业的产量由于分工而增长。各劳动者，除自身所需要的以外，还有大量产物可以出卖。同时，因为一切其他劳动者的处境相同，个人都能以自身生产的大量产物，换得其他劳动者生产的大量产物，换言之，都能换得其他劳动者大量产物的价格。别人所需要的物品，他能充分供给；他自身所需要的，别人也能充分供给。于是，社会各阶级普遍富裕。

由此可见，斯密的《国富论》以人与人之间的分工及与此相关联的交换关系所构成的社会性思维方式构建了思想体系，并以人与人之间的交换关系反映了当时以交换为内容的工业资本主义社会的经济现实。同时，他还正确把握了个人与社会之间的辩证关系，认为每一个人都在尽力追求自己的利益，由于"社会"是由这些个人之间的交换关系所构成的，因而他认为对个人利益的直接追求就是对社会利益的间接促进。

总体来看，《国富论》的思维方式兼具历史性维度与社会性维度。但他以社会性维度为主体，把经济学层面上单个的人与人之间的关系和哲学层面上人与人之间的社会关系相联系，把社会看成社会关系的客观存在，以此作为《国富论》思想分析的视点，使其经济学思想中的"社会"完全达到了彻底的经验主义，即经验性的交换关系是斯密经济学中"社会"的全部内容。在此基础上，他又运用历史维度的思维方式，把社会性思维方式与历史性思维方式相联系，较好地处理了静态的原理性分析（社会维度）与

---

[1] 马克思,恩格斯.1972. 马克思恩格斯全集：第二十六卷[M]. 中共中央马克思恩格斯列宁斯大林著作编译局,译. 北京：人民出版社：181.

动态的历史性阐述（历史维度）之间的关系，形成了《国富论》思维方式的二重性。

3. 方法论思考因素的二重性：经济因素与非经济因素

《国富论》方法论的二重性，不仅表现为方法论内容的二重性和思维方式的二重性，而且表现为方法论思考因素的二重性。也就是说，《国富论》在经济问题的研究中是从经济因素与非经济因素两方面来研究国民财富及其增长这一经济问题的。《国富论》一开始是从国民财富及其形成的原因等问题入手的，采取抽象法建立了《国富论》分析问题的基本概念，如价值、分工、交换和货币等，进而研究财富的性质、蓄积和用途、不同国家中财富的不同发展及政治经济学体系等。从这些方面看，他在《国富论》中是以经济因素为主体来研究国民财富及其增长的。

但事实上，他在研究经济问题时并没有脱离非经济因素。第五篇"论君主或国家的收入"较好地体现了这一特点，在研究中涉及经济因素与政权形式、司法形式发展等非经济因素的关系时，论述了政府保障国家安全、保护人民大众安全及维持公共机关和公共工程三方面的职能，同时还论述了社会分工、社会阶级结构和社会不平等等问题。这种关注非经济因素的方法论特征体现了古典经济学家方法论的普遍特征，在古典经济学时代，一个经济学家同时又是哲学家、政治学家，他们的著作中既有经济学思想，又有哲学思想和政治学思想，这种总体综合分析的方法显示出古典经济学的方法论特征。因此，柳欣博士指出："在人类认识自然界的最初阶段，曾经经历过一个哲学时代，那些具有深邃思想的哲学家们面对混沌的世界提出了大胆的猜想和假说，他们集今天分离的物理学、化学和天文学于一体，把整个世界作为一个整体来说明各种事物之间的相互关系，这种总体论的认识揭开了研究自然规律的序幕。经过多少代人的探索，当人们把这种总体论认识分离为各个学科的微观世界加以研究之后，越发感到了古代思想家们这种总体论认识的巨大意义。""如果能够在某种程度上与自然科学发展的进程相类比的话，作为经济学最初发展的古典经济学正是经济学的哲学时代。"[①]这种研究方法从斯密、李嘉图到马克思的著作中都一直延续着，在他们的著作中体现着在研究经济问题时对非经济因素的深切关怀。

但是现代西方经济学却日益脱离非经济因素，走向了"纯化"的地步，他们借助于高深的代数、严密的统计和精确的计算建立了经济模型，但是在这些模型中，"所有的变量及变量之间的关系都是纯经济的，见不着社会生活中的非经济变量，特别是与经济变量密切相关的政治变量"，从而导致了经济学脱离现实的悲哀。

4.2.3 《国富论》的方法论对经济学方法论演变的影响

《国富论》的方法论在经济思想史和哲学史上占有十分重要的地位。一方面，《国富论》的方法论以自然哲学为基础，形成了经济学方法论的第一个系统形式；另一方面，它承前启后，为后来经济学的方法论开启了先河，并对其后的经济学方法论和经济学思想的演变产生了重大影响。抽象法与现象描述法的二重性，引起了其后世经济学方法论

---

① 柳欣. 1994. 资本理论——价值分配与经济增长理论[M]. 西安：陕西人民出版社：6.

和经济思想的分化。在斯密《国富论》的影响下,经济学方法论和经济思想逐渐形成了两大理论流派。

一派是从李嘉图到马克思,他们逐步完善了斯密的抽象法。斯密虽然第一个使用了抽象法,但他的抽象法本身是具有缺陷的,"主要表现是他虽然注意分析,但对综合注意不够,往往把一个概念按不同的因素单独规定为几个定义,而且往往是互相矛盾的"[1]。此后,李嘉图和西斯蒙第继承并坚持了抽象法,发现了斯密方法论的矛盾,批判了其现象描述法,他们沿着斯密抽象法的思路,对抽象法的系统化起到了重要的推动作用。马克思对斯密二重方法论的矛盾和抽象法的缺陷也进行了系统的批判,在更深层次的研究上运用了抽象法,把抽象法建立在历史唯物主义的基础之上,使抽象法更加完美并系统化,形成了科学抽象法。斯密的初级形态的抽象法,经过李嘉图与西斯蒙第,在马克思那里得到成熟。马克思从实际出发,主张在研究中详细占有材料,实现了各思维形式的辩证统一,以概念运动为主体,定性研究与定量研究相结合,逻辑与历史相统一,使斯密在《国富论》中有缺陷的抽象法完成了向科学抽象法的转变。继马克思之后,考茨基、卢森堡、希法亭、列宁等都充分地运用了科学抽象法,对社会主义经济理论进行了系统的探讨,从而形成了经济学方法论和经济思想理论的一大流派。

另一派是从马尔萨斯和萨伊开始至今的西方经济学,他们继续和发展了现象描述法,在经济学研究中全面运用了现象描述法,并借助数学工具使其不断现代化。他们抛弃了斯密在《国富论》中所使用的抽象法,而又继续发展了现象描述法,他们否认抽象法的作用,强调现象描述法的重要性,在19世纪末20世纪初基本形成了系统的现象描述法,把现象描述法发挥到了极致。萨伊抛弃了斯密的抽象法,片面强调现象材料的归纳,把表面现象看成本质规律,把经济学的研究对象看成财富的生产、分配与消费,抽去了经济现象背后人与人之间的关系,只强调物与物的关系。萨伊之后的詹姆斯·穆勒、麦克库洛赫、西尼尔、约翰·斯图亚特·穆勒和巴师夏又进一步发展了现象描述法。以戈森、门格尔、庞巴维克和马歇尔为代表的心理学派,以杰文斯、瓦尔拉斯和帕累托为代表的数理学派在方法论上都是现象描述法的进一步延伸。此后的凯恩斯主义、自由主义等各经济流派受到了实用主义和逻辑实证论的影响,在新的背景下,运用新的工具发展现象描述法,最终形成了经济思想成长过程中的一个方法论和思想理论流派。

本 章 小 结

斯密是英国古典时代最杰出的经济学家之一,是古典经济学的奠基者,是古典经济学的集大成者和古典经济学体系最杰出的代表。

斯密的《国富论》的出版被称为经济学说史上的"第一次革命"。

斯密的《国富论》在方法论上具有:①内容的二重性,即抽象法和现象描述法;②思维方式的二重性,即历史性维度与社会性维度;③思考因素的二重性,即经济因素与非经济因素。

---

[1] 刘永佶.1992. 政治经济学方法论[M]. 上海:上海人民出版社:58.

斯密的方法论以自然哲学为基础，形成了经济学方法论的第一个系统形式，并承前启后，为后来经济学的方法论开启了先河。

➤ 关键概念

利己心　同情心　劳动分工　有限政府　市场价格　自然价格　工资基金
自然秩序　抽象法　现象描述法　历史性维度　社会性维度

➤ 推荐阅读的文献资料

布坎 J. 2007. 真实的亚当·斯密[M]. 葛文聪，满海霞，郑坚，译. 北京：中信出版社.
季陶达. 1962. 英国古典政治经济学[M]. 上海：生活·读书·新知三联书店.
雷 J. 2008. 亚当·斯密传[M]. 周祝平，赵正吉，译. 北京：华夏出版社.
罗伯茨 R. 2020. 亚当·斯密如何改变你的生活[M]. 贾拥民，译. 北京：华夏出版社.
任保平. 2003. 论亚当·斯密《国富论》的方法论基础与特征[J]. 经济评论，(2)：81-84.
斯图尔特 D. 1983. 亚当·斯密的生平和著作[M]. 蒋自强，朱钟棣，钦北愚，译. 北京：商务印书馆.
沃哈恩 P. 2006. 亚当·斯密及其留给现代资本主义的遗产[M]. 夏镇平，译. 上海：上海译文出版社.
朱绍文. 2000. 经典经济学与现代经济学[M]. 北京：北京大学出版社.
袁贤能. 2016. 亚当·斯密前经济思想史[M]. 郑州：河南人民出版社.

➤ 讨论题

1. 简述斯密对后世经济学具有影响的观点。
2. 如何理解斯密《国富论》的哲学基础？
3. 如何理解斯密经济学方法论的二重性？
4. 简述斯密之后分工理论的发展。
5. 如何理解"亚当·斯密问题"？

第 5 章

古典学派的杰出代表：托马斯·马尔萨斯和大卫·李嘉图

马尔萨斯和李嘉图是古典经济学的两位杰出代表。马尔萨斯是英国人口学家和政治经济学家，他的学术思想虽悲观但影响深远。李嘉图继承和发展了斯密的理论，并主要在劳动价值论和分配理论的丰富与完善上取得了成功。其奇妙之处在于，他的理论得到了资产阶级和无产阶级经济学者的共同赞赏。马克思曾给予他高度评价：李嘉图的研究方法具有科学的合理性和巨大的历史价值。

5.1 马尔萨斯

5.1.1 马尔萨斯的生平、著作及其理论产生的背景

1. 生平

托马斯·罗伯特·马尔萨斯（Thomas Robert Malthus 1766—1834），英国经济学家，出生于英格兰的一个土地贵族家庭。他于 1784 年进入剑桥大学学习，1798 年加入英国教会的僧籍并任牧师，1799 年到欧洲一些国家调查人口问题，1805 年任黑利伯瑞学院历史和政治经济学教授，1819 年当选为皇家学会会员。马尔萨斯是人口理论的创立者，他认为人口以几何比率增加，生活资料以算术比率增长，人口增长有超过生活资料增长的趋势，抑制人口增长分为人口供给方面的抑制和预防性抑制。他用抽象的人口规律，企图把苦难和罪恶归结为人口增加，以掩盖资本主义社会失业和贫困问题的真正根源。他站在土地贵族立场上反对废除《谷物法》。此外，他反对李嘉图的劳动价值论，并从有效需求不足角度论证了经济危机，但他的危机理论说明的是不生产的消费阶级必须永远存

在和扩大，地租要永久存在和增长，反映的是土地贵族的经济利益。他的人口理论和有效需求不足论都被后来的资产阶级经济学家以新的形式加以发展。

2. 著作

马尔萨斯著述丰富，有《人口原理》、《地租的性质和增长及其调节原则的研究》、《价值尺度，说明和例证》及《政治经济学定义》。其成名作为《人口原理，人口对社会未来进步的影响，兼评戈德温先生、孔多塞先生和其他著述家的推测》（《人口原理》第一版的书名）。在这个版本的基础上，他于1803年对其进行增订再版，就此赢得了良好的声誉。其在世的68年里，该书共再版6次。

马尔萨斯的经济理论分为两部分：一部分致力于人口问题研究，体现在其《人口原理》一书中；另一部分则主要讨论总需求不足，体现在其1820年出版的《政治经济学原理的实际应用》一书中。

3. 理论产生的历史背景

在马尔萨斯人口理论的形成阶段，英国的两大论战为其提供了思想基础。

（1）关于贫困增加及其解决问题的论战。工业革命和城市化的发展，导致失业和贫困问题日益严重，迫切需要得到解决。为此，英国颁布了一系列的《济贫法》，规定穷人不论收入多少，国家都要为其提供最低收入保障。这一做法在乡村很流行，但是在生产地区却饱受争议，遭到了富人的强烈反对。

（2）关于《谷物法》的争论。这些法令要求对进口的谷物征收关税，并对英国从国外进口谷物设置一个最低价格。这一做法得到了地主的赞成，但遭到商人和资本家的强烈反对，后者呼吁废除《谷物法》。

4. 理论产生的知识背景

从知识背景上说，马尔萨斯的理论建立在戈德温和孔多塞的基础之上，其《人口原理》来源于他与父亲针对戈德温和孔多塞关于社会未来可完善性的争论。其父亲赞成戈德温和孔多塞的观点，而他本人则反对。

戈德温是无政府主义的哲学家，在人口问题上持乐观态度，认为人口的增长不是一个严重的问题，达到极限之后，人类将不再继续繁衍。

孔多塞认为消除财富、遗产及教育方面的差异可以实现人与人之间的平等，这些有益的改革措施将使人口增加。他主张对出生率进行控制，以限制人口的增加。

马尔萨斯在吸收和批判上述思想的基础之上，形成了其人口理论。

5.1.2 马尔萨斯的人口理论

1. 关于人口理论的两个性质

马尔萨斯的人口理论是从议论人具有食欲和性欲这两个本性开始的。他认为："一是食物为人类生存所必需；二是两性间的情欲是必然的，且几乎保持现有状况。"①他认为这是其人口理论的两个公理。

2. 关于人口理论的两个基本命题

（1）当人口增长不受限制时，人口是按几何数增长的，即按照"1,2,4,8,16,32,…"这样的比率增加。在两个世纪以内，人口与生活资料的比例将会是 256:9，在三个世纪以内，将会是 4096:13。对于这个命题，马尔萨斯试图以美国的人口经验使其精确化，但是统计学没有为此命题提供更多的经验支持。

（2）生活资料以算术级数增长，即按照"1,2,3,4,5,6,…"这样的方式增加。即使在最好的情况下，生活资料也不可能以快于算术级数的速度增加。但需要指出的是，这个命题也难以得到事实的支持。

这两个命题提出了潜在人口增长和食物供给之间不协调的问题。通过对这两个命题的比较，他断言人口增长必然超过生活资料的增长。

3. 人口控制的措施

马尔萨斯认为人口增长与生活资料的增长是不平衡的，因为生活资料的增长受到土地有限性的限制，所以保持两者平衡的措施是控制人口增长。

（1）预防性抑制，主要是从减少出生的因素方面进行限制，马尔萨斯认为这是道德的抑制，包括延迟结婚和不结婚。

（2）人口供给方面的抑制，主要是从增加死亡的因素方面进行限制。

5.1.3 马尔萨斯的其他经济理论

1. 价值理论

在斯密关于价值和交换价值的基础上，马尔萨斯进一步区分了"相对交换价值"和"内在交换价值"，前者是指交换的比例，后者是指一般购买力，两者的变动比例不一致。

区分了相对交换价值和内在交换价值之后，马尔萨斯进一步探讨了价值的决定，认为价格通常取决于需求和供给的相对状况。

马尔萨斯关于价值论的这些认识为马克思分析价值与价格问题提供了基础。

2. 财富理论

马尔萨斯批评斯密虽然说明了财富的来源，但是没有弄清楚究竟什么是财富，马尔萨斯将财富定义为："财富是个人或国家自愿占有的，对人类必需的、有用的与合意的物质的东西。"在界定了财富的定义以后，他又进一步分析了财富的增长。他试图证明，财富增长的因素除了生产供给以外，还需要考虑消费者的需求，即是否有足够的、有效的

---

① 马尔萨斯 T R. 1992. 人口原理[M]. 朱泱，胡企林，朱和中，译. 北京：商务印书馆：6-7.

需求。这一认识于20世纪30年代由凯恩斯进一步扩展,形成了需求理论。

3. 市场过剩理论

马尔萨斯在其《政治经济学原理的实际应用》第二册中提出了潜在有效需求不足的理论,用需求不足来解释危机问题。他认为危机的避免有赖于一种既能增加需求又不增加供给的因素。

生产性工人不能解决全部产品的实现问题,他们既是生产者,又是需求者。资本家有消费能力,但是缺乏消费欲望,积累是资本家的追求,投资的结果是增加了供给,提供了难以实现的产品。

危机的避免需要有一个只消费而不生产、只增加需求而不增加供给的阶级,如地主、仆役和军队。

这些认识与凯恩斯的观点有相似之处,但是凯恩斯强调有效需求,马尔萨斯则注重供给与需求的对比。

5.1.4 对马尔萨斯理论的评价

1. 进步性

(1)马尔萨斯在其所涉及的各种问题上几乎都有自己独到的见解,对经济问题的直觉常常可以与斯密相媲美。

(2)马尔萨斯对许多问题进行了系统的论述。没有马尔萨斯的《人口原理》,就不会有系统的人口理论。没有马尔萨斯关于相对交换价值和内在交换价值的区分,就不会有马克思关于价值和交换价值的分析。

(3)在主流经济学体系中,他发现并指出了许多业已忽视的矛盾,并提出了足以引起争论的解决办法。迄今东西方经济学界对马尔萨斯及其理论仍然褒贬不一、毁誉参半。

2. 局限性

(1)马尔萨斯的理论站在地主阶级的立场上,被地主阶级广泛接受,其理论使富人免除了对穷人的任何责任和义务,穷人要对自己的处境负责。对《谷物法》与非生产消费的辩护也迎合了地主阶级的利益。

(2)马尔萨斯高估了地租和地主消费的重要性。其对生产性消费和非生产性消费的区分是不正确的。在经济体系中,从消费创造了对产品和劳务的需求从而使这些产品与劳务被生产出来这一意义上来说,所有的消费都是生产性的。对这一问题深入研究的结果在20世纪30年代被凯恩斯所认可,并加以充实和发展。

(3)马尔萨斯高估了人口对于生活资料的增长率的影响,对此他做出了一个看似合理的解释,但是后来的事实并没有支持这一理论的预测结果。

(4)马尔萨斯提出了农业上的收益递减规律,其基础是对某一块土地进行改良,随着投入的不断增加，其产量增加的幅度会越来越小。他低估了扩大农业生产的可能性。由于现代科技的更新与资本积累，在农业中只要投入较少的劳动就可以生产出较多的粮食。

5.2 李嘉图

5.2.1 生平与著作

1. 生平

大卫·李嘉图（David Ricardo 1772—1823）是英国产业革命高潮时期的资产阶级经济学家，他继承和发展了斯密经济理论中的精华，使古典政治经济学达到了最高峰，是英国资产阶级古典政治经济学的杰出代表，并被认为是最具影响力的古典经济学家。他也是成功的商人、金融和投机专家，并且积累了大量资产。

李嘉图是古典经济学思想的发展者，他论证了利用抽象推理方法形成经济理论的可能性，扩展了经济学的研究范围，对收入分配问题进行了研究。

李嘉图1772年出生于伦敦的一个富裕的犹太家庭。他与马尔萨斯处于同一时代，但比马尔萨斯更富有声望，继斯密之后执英国经济学之牛耳。他是一位天生的金融家，14岁协助其父经营证券买卖，后与其父分裂，独自进行交易所业务，成为百万富翁和伦敦证券交易所的台柱。1799年，李嘉图度假时偶然翻阅了斯密的《国富论》，由此引起了他对经济学的兴趣。10年之后，他开始发表自己的著述，其代表作《政治经济学及赋税原理》使其在经济学界名声大噪。从18世纪末期至19世纪末期，他与斯密、马克思一起成为活跃在古典经济学领域的三位伟大的经济学家。

2. 著作

李嘉图在其代表作《政治经济学及赋税原理》中强调政治经济学的主要任务是阐明和研究财富在社会各阶级间分配的规律，他认为全部价值都是由劳动生产的，它在三个阶级（劳动者、资本所有者、土地所有者）之间进行分配。工资由工人必要生活资料的价值决定；利润是工资以上的余额；地租是工资和利润以上的余额。由此阐明了工资和利润的对立，工资、利润和地租的对立，触及了资本主义社会阶级对立的经济基础。他还论述了货币流通量的规律及对外贸易中的比较成本学说等。贯穿于该书的中心思想是发展资本主义生产力，该书在经济科学中的主要功绩是对价值决定于劳动时间的原理进行了比较透彻的记述，并在劳动价值论的基础上，阐述了资本主义社会国民收入在工资、利润与地租之间的分配比例的规律。

李嘉图在世时，该书共出版了三版，当时流行的是第三版。该书建立了以劳动价值论为基础，以分配论为中心的理论体系。李嘉图坚持商品的价值由生产中耗费的劳动决定的原理，批评了斯密价值论中的二元观点。他第一个提出了决定价值的劳动不是实际的个别劳动而是社会必要劳动，他还指出了决定商品价值的不仅有直接投入生产的活劳动，还有投在所耗费的生产资料上的劳动。

该书除序言以外共32章，大体上包括三个部分。第一部分是1—7章，主要涉及政治经济学原理本身。李嘉图在该书第1章阐述了劳动价值论，然后论证了价格不反映价值。在其有生之年，李嘉图一直在对价值论进行研究。该书第7章则引入了比较优势理论。根据李嘉图的理论，即使一个国家在所有制造业中比其他国家更加高效，它也能够通过专注于其最擅长的领域，与其他国家进行贸易交往而获取利益。李嘉图认为，工资应该自由竞争，同理也不应该限制从国外进口农产品。比较优势的好处体现在分配和增加实际收入上。在李嘉图的理论中，分配体系包括了对外贸易的影响，对外贸易并不直接影响利润，因为利润只随工资水平变动。对外贸易对收入的影响是良性的，因为它不改变商品价值。比较优势学说构成了现代贸易理论的基石。第二部分是8—19章，主要运用第一部分的理论讨论政府的各种税收对国民产品的生产、商品价格及各阶段收入的影响。第三部分为其余各章，主要依据第一部分的理论来评论斯密、萨伊和马尔萨斯等的观点。

5.2.2 李嘉图的方法论

李嘉图是一位善于推理的思想家，他发明了推理的分析方法，从基础的假设出发，用逻辑的方法推理出一般的结论。他将这些一般的结论称为经济规律，认为这些规律在经济学方面的作用如同物理学规律在自然科学方面的作用一样有效。

李嘉图在斯密之后首次且更严谨地使用了抽象法，使抽象法成为一种独立的研究方法。此外，他发现了斯密二重法的矛盾。为了探讨资本主义生产关系与生产力的矛盾，他选择了抽象法作为自己经济理论的研究方法,运用抽象法来探讨经济运行的内在联系，在斯密的基础上把抽象法发展到了一个新的阶段。这种方法的特点是从一般的假设前提出发，从而推理出结论。例如，李嘉图在分析商品价值问题时，抽象掉了供给与需求关系的影响，也抽象掉了影响供给的其他要素的作用，从而把价值定义为劳动。

5.2.3 李嘉图的经济思想

李嘉图思想体系有三大立足点：斯密的资本积累理论与增长理论、马尔萨斯的人口原理与级差地租理论，以及边沁的经济自由主义。在此基础上，李嘉图形成了如下具有代表性的经济思想。

1. 货币理论

李嘉图的货币问题是针对英国黄金价格的上升和纸币的不可兑换提出来的。1797年，英、法二十余年战争的中期，黄金外流耗尽了英格兰银行的黄金储备，人们持有的纸币不能兑换成黄金，黄金价格逐步上升。人们迫切地想知道黄金价格持续上升的原因及阻止进一步上升趋势的办法。

对于英国的货币问题，李嘉图肯定了曾经被洛克和休谟提到过的货币数量论观点，认为银行不再受对黄金的支付需求的控制，导致了纸币的发行过量。印刷纸币与向银行借入银行券可以为政府开支提供有效的融资渠道，但这不利于黄金或商品价格的稳定。

2. 地租理论

（1）收益递减规律。这一规律是在关于《谷物法》的论战中提出的，它最早是由杜尔哥提出的，李嘉图重新表述了这一原理，并将其应用于地租理论的研究。

（2）粗放地租。李嘉图认为土地资源丰富的时候没有人支付地租，当次等肥力的土地投入耕种时，头等土地就有了地租，地租的数额取决于土地在质量上的差别。三等土地投入耕种时，二等土地就有了地租，头等土地的地租就会提高。这实际上说明了级差地租第一形态产生的条件和数量规定，以及农作物的价值是由在最差的土地上进行生产的每单位产量所需要的劳动决定的，在较好的土地上进行生产所获得的剩余就以地租的形式被土地所有者占有。

（3）集约地租。这是指对土地集约经营可以获得的地租。由于存在边际收益递减规律，如果在技术水平不变的前提下对一块土地连续追加劳动和资本，每一个单位的产出就是递减的。但是，对不同土地的投入不同，其产生的地租是有差别的。

李嘉图的集约地租实际上说明了地租是由价格决定的，地租是高出劳动与资本成本部分的差别报酬和剩余，较高的地租可以由较高的谷物价格来解释。

李嘉图对地租理论的贡献主要是研究了级差地租，其粗放地租理论实质上是级差地租的第一形态，集约地租理论是级差地租的第二形态。

3. 劳动价值理论

李嘉图继承和发展了斯密的价值理论，坚持生产中耗费的劳动决定商品价值的原理，建立了较为全面的劳动价值理论。李嘉图的劳动价值理论主要论述了交换价值，不同的资本-劳动比率，劳动质量的差别，工资、利润与地租的决定和相对价格。

（1）交换价值。李嘉图认为一件商品必须具有使用价值才具有交换价值，效用（使用价值）对交换价值是至关重要的，但不是衡量交换价值的尺度。交换价值是由两种因素决定的。

一是商品的稀缺程度。例如，珍贵的艺术品、经典著作和古钱币等不可再生商品，其交换价值取决于稀缺性，这些商品的供给是不变的，需求是决定交换价值的主要因素，其价值与最初制造它们的劳动无关。这类商品在商品总额中只占极少的部分，可以不去研究。

二是劳动时间。一般可再生商品的价值是由其劳动时间决定的，如工业品等。一件商品的交换价值取决于生产其所需劳动时间的长短，这一劳动时间既取决于生产商品本身所需要的劳动时间，也取决于生产原材料及生产资料所需要的劳动时间。这类商品在商品总额中占据绝大部分，可以随人类劳动而无限增加。

（2）不同的资本-劳动比率。斯密曾经提出，不同的资本-劳动比率意味着所有的商品都按照生产它们的劳动价值出售，那么资本回报率在各个行业间是不同的。李嘉图认为资本-劳动比率对商品价值的作用是微不足道的，如果一件商品在生产过程中投入的资本高于平均资本，它会以高于其劳动时间的价值被出售。反之，如果一件商品在生产过程中投入的资本低于平均资本，它会以低于其劳动时间的价值被出售。决定商品价值的更为重要的因素是商品所需要的劳动时间。

（3）劳动质量的差别。在价值量的决定上，李嘉图认为并非所有的劳动都是同质的，劳动存在复杂程度的差异。不同复杂程度的劳动在同一时间内创造的价值是不相等的，但是生产不同的商品有着各种不同的工人熟练程度的组合方式，不同的组合方式将不会影响交换价值。

（4）工资、利润与地租的决定。在工资决定方面：交换价值不取决于工资水平，而取决于劳动的数量。熟练工人的工资高于非熟练工人的工资，这是因为熟练工人代表了更多的劳动。在利润决定方面：李嘉图认为不用考虑利润的升降，利润不会影响商品的相对价格。在地租决定方面：李嘉图认为地租不能计入一件商品的交换价值，地租的支付不会影响商品的价格。但是商品的价格是决定地租的要素之一。

（5）相对价格。李嘉图认为劳动是决定商品价值的基础，但是商品的市场价格也会因为供给与需求的波动而偏离价值或者自然价格。如果市场价格上升到自然价格以上，利润将会增加，从而会有更多的资本投入该商品的生产中来。如果市场价格下降，资本就会流出该行业，个人寻求利益最大化的行为将使利润趋于一致。短期价格取决于供给与需求，长期价格则取决于生产的实际成本。

4. 分配理论

在劳动价值论的基础上，李嘉图提出了他的分配理论，这是李嘉图思想体系的核心。

（1）工资理论。李嘉图的工资理论包含了对工资性质及其变动规律的认识。他认为劳动力具有自然价格和市场价格，劳动力的自然价格是使工人生存与延续的价格，自然价格取决于劳动者本身及其家庭所需要的生活必需品的价格，如果生活必需品的价格上升，名义工资也要上升，以便保持其真实工资水平，劳动力得以延续。劳动力的市场价格取决于供给与需求，但是劳动力的市场价格将随着商品价格的波动，而围绕其自然价格波动。

（2）利润理论。利润的来源与性质不是李嘉图关心的核心问题，他认为利润是支付工资和地租以后的余额。他全力研究的是利润率的变动规律。他认为一个国家内不同领域的利润将趋于一致，企业家将通过比较一个行业与另一个行业的优势或者劣势来寻求最高利润率。价格的变动会影响利润率，从而影响资本的流动。他还认为，国民收入的利润率及利润份额会因企业家之间的不断竞争而下降。

（3）地租理论。首先，他分析了产生地租的两类条件：一是土地数量有限而质量不同，这类地租额同土地的级差相适应；二是在同一块土地上增加投资，由于土地收益递减，等量资本效益不同，形成多种级差地租收入。其次，他对地租的来源做了坚实的证明，认为土地产品同其他产品的价值一样，都是由生产它们所需的劳动量来决定的。最后，他分析了级差地租的形成。他认为地主与其他社会阶层之间存在激烈的冲突，随着人口的增加，食物需求也抬高了粮食的价格，价格的上升，将使更差的土地投入耕作中，并使高级土地以集约的方式耕作。

5. 比较成本理论

李嘉图用比较成本理论揭示了国际贸易发生的原因，这种理论为自由贸易提供了坚实的理论基础。其前身是斯密的绝对成本理论，斯密将国际贸易发生的原因归结为商品成本和价格的绝对差异。

李嘉图的比较成本理论认为，一国即使在商品生产中无绝对利益，仍然可以在生产某些商品中具有比较利益，并通过生产和出口具有比较利益的商品获取利益。

李嘉图的比较成本理论是在分析英国与葡萄牙两个国家生产特定的布与酒所必需的劳动数量时提出的。他模仿斯密关于个人劳动分工的理论来分析两个国家间贸易的好处。假定制一单位布，英国需要50个劳动日，葡萄牙需要25个劳动日；制一单位酒，英国需要200个劳动日，葡萄牙只需要25个。可以看出，葡萄牙制酒、制布所需的成本都比英国绝对低，即都处于绝对优势。不过，葡萄牙在酒的生产中表现出的优势更大，葡萄牙的制酒成本相对低，处于比较优势，制布成本相对高，处于比较劣势。而英国制布成本相对低，处于比较优势。在这种情况下，英国放弃生产处于比较劣势的酒，专门生产处于比较优势的布。如此分工，两国合起来不仅可以生产出更多的酒和布，英国还可以用布换到较多的酒，而葡萄牙用酒可以换到更多的布。两国同时获得国际分工与国际交换的好处。

6. 失业理论

李嘉图在机器与失业关系理论上，由于受斯密思想的影响，最初认为机器的使用与普及不会导致工人的失业，工资也不会下降。后来李嘉图改变了观点，提出了机器驱逐工人，造成人口过剩的原理。李嘉图提出了技术失业的可能性，认为机器的使用使所有的商品变得更便宜，工人的利益将遭受极大的损害，更多的资本将被投入机器上，导致用于支付工资的"工资基金"变少。

7. 税收理论

根据他的劳动价值理论，李嘉图认为税收来自劳动产品的价值，将税收来源归纳为资本和收入两个方面。如果税收的征收使得人们增加生产或减少消费，那么税收来源于收入；如果人们没有增加生产或减少消费，则税收来源于资本。在税收原则上，李嘉图强调税收公平和税收对生产的影响。在赋税对经济影响方面，李嘉图认为：税收可以通过改变利润水平来影响产品供求；税收可以通过改变国民的收入投向，变个人所得为政府收入，引导资源配置；税收可以通过减少资本，减少劳动的实际需求，从而减少工人的就业机会；税收还可以通过出口退税、进口课税，发展对外贸易，促进本国经济发展。

5.2.4 李嘉图学派的形成与解体

1. 李嘉图学派的形成

在西方经济学中，作为经济学一般理论基础的劳动价值论，经历过一个长期演变和发展的过程，它同早期的效用价值论几乎同时出现在西方古代思想家的著作中，又同效用价值论一起经历了漫长的中世纪。一直到18世纪下半叶，随着工业资产阶级的兴起，劳动价值论终于在同效用价值论的长期较量中胜出，占据了英国古典经济学的领地，并在对抗封建贵族势力的思想和政策斗争中发挥了非同寻常的历史作用。这种作用在斯密的著作中已经得到了明显的体现，在随后19世纪初期李嘉图的经济学理论和政策主张中达到了它的极致，以至于凯恩斯说："李嘉图征服了英国。"这种理论在英国拥有一批追随者，他们甚至形成了一个学派，即马克思所说的李嘉图学派。但是没过多久，这个盛极一时的学说就在一场围绕李嘉图价值论的论战中破产了，信奉这种理论的李嘉图学派也随之解体。

2. 李嘉图学派解体的原因

斯密和李嘉图的劳动价值论都以"原始的实物交换"为分析的起点与前提，就是说，他们分析的交换是指没有货币、更没有资本，且土地等其他各种资源都是不索取报酬的纯粹实物交换，分析的结论都是说交换的依据或交换价值的源泉是体现在被交换物品中的劳动。

斯密对此有明确的论述，他在《国富论》中指出："在资本积累和土地私有尚未发生以前的初期野蛮社会，获取各种物品所需要的劳动量之间的比例，似乎是各种物品相互交换的唯一标准。例如，狩猎民族捕杀一头海狸所需要的劳动，若二倍于捕杀一头鹿所需要的劳动，那么，一头海狸当然应换两头鹿。所以，一般来说，二日劳动的生产物的价值二倍于一日劳动的生产物，两点钟劳动的生产物二倍于一点钟劳动的生产物，这是很自然的。"[①]

李嘉图继承和发展了斯密的价值论，实际上他也认为价值理论有两个阶段：一个是原始阶段，另一个是现代阶段。不过他认为现代条件下的价值规律虽然与原始阶段有所不同，但这种区别是次要的，原始条件下得出的价值论才是主要的。李嘉图价值论的逻辑层次和基本论点是：斯密的"价值悖论"表明，效用虽是交换价值的不可缺少的条件，但不能成为交换价值的尺度；具有效用的商品，其交换价值是从两个源泉得来的，一个是它们的稀少性，另一个是获取时所必需的劳动量；在社会的早期阶段，商品的交换价值几乎完全取决于生产各商品的劳动量；斯密所谓交换来的劳动决定价值的提法不妥当；

[①] 斯密 A. 1972. 国民财富的性质和原因的研究：上卷[M]. 2版. 郭大力，王亚南，译. 北京：商务印书馆：47.

劳动报酬不同不会影响商品相对价值的变动；影响商品价值的不仅是直接投在商品上的劳动，还有投在协助这种劳动的器具、工具和工场建筑物上的劳动；等等。

可是，这种原始的实物交换的分析前提显然不同于自由竞争资本主义的市场条件，从中引出的劳动价值论必然也就同资本主义条件下的交换法则相抵触。在资本主义自由竞争条件下，平均利润率规律的存在，使商品交换比例或商品价值通常不是取决于产品中所包含的劳动量，而是取决于生产商品所需要的资本量，等量资本获得等量利润成为一种趋势和通则。

斯密看到了这种矛盾，可是这个矛盾的存在对他来说似乎没有构成认识上的障碍。他的解决办法就是如实地描述现象，修改原先的理论，从劳动价值论走向收入价值论。他说："资本一经在个别人手中积聚起来，当然就有一些人，为了从劳动生产物的售卖或劳动对原料增加的价值上得到一种利润……在这种情况下，劳动者对原材料增加的价值就分为两部分，其中一部分支付劳动者的工资，另一部分支付雇主的利润……一国土地，一旦完全成为私有财产，有土地的地主，像一切其他人一样，都想不劳而获……劳动者必须把他所生产或采集的产物的一部分交给地主……总之，无论什么商品的全部价格，最后必由那三个部分或其中一个部分构成……工资、利润和地租，是一切收入和一切可交换价值的三个根本源泉，一切其他收入归根到底都是来自这三种收入中的一个。"①

李嘉图以收入分配变动是现有价值的分配而不影响价值的决定为由，批判并摒弃了斯密的收入价值论；李嘉图也承认稀缺性是商品价值的一个决定因素，但他坚持认为绝大多数商品的价值取决于生产商品所花费的劳动。李嘉图也看到了这种价值规定同现实之间存在某种冲突，他对这种矛盾与冲突的认识和表述比斯密还要明确。他指出，由于各部门使用机器及其他固定资本，即耐久资本的比例不等，以及在这些部门中工资涨落的影响不等，劳动价值原理有了很大的变更。他说："我们可以看出，在机器或耐久资本还没有大量使用的早期社会，等量资本所生产的商品的价值是接近相等的，彼此之间的相对价值只会由于生产所需的劳动量的增减而有涨有跌。但在采用了这些昂贵而耐用的工具之后，使用等量资本所生产的商品的价值就极不相等了。彼此之间的相等价值虽然仍旧会由于生产所需的劳动量的增减而有涨有落，但同时也会由于工资和利润的涨落而发生另一种次要的变动。由于售价五千镑的商品所用的资本量可能等于售价一万镑的其他商品生产所用的资本量，所以两者的制造利润也会相等。但如果商品的价格不随利润率的涨落而变动，其利润就会不相等了。"②李嘉图认为需要对劳动价值原理做出一定的修正，但他坚持认为，工资和利润的涨落对商品价值的影响是次要的，主要还是由劳动量决定商品的交换价值或相对价值。

李嘉图的劳动价值理论引起了反对论者的攻击，他们所攻击的正是这种理论同现实的两大矛盾：一是它无法解释劳动与资本的交换，因为不能说劳动的价值取决于劳动；二是它无法解释等量资本必然获得等量利润这个资本主义社会的现实。

---

① 斯密 A. 1972. 国民财富的性质和原因的研究：上卷[M]. 2版. 郭大力，王亚南，译. 北京：商务印书馆：67.
② 李嘉图 D. 1972. 政治经济学及赋税原理[M]. 北京：商务印书馆：34.

3. 李嘉图学派解体的后果

李嘉图劳动价值论破产与李嘉图学派解体的主要后果和必然结局是生产成本价值论的兴起。这种理论在萨伊的生产三要素论中已见端倪，其间，经过马尔萨斯等的加工有了一定进展，到詹姆斯·穆勒研究时更趋完备。按照生产成本价值论，商品的价值取决于生产商品所花费的成本，即各项生产支出的总和，其中包括生产资本支出、劳动工资、资本利息和企业家收入等。这种理论还指出，商品价值会随着市场供求关系的变动而变动，它的水平和状况受到多种因素的影响。但这还不是李嘉图学派解体的全部后果，在从李嘉图劳动价值论完全转向生产成本论的同时，客观价值论也开始向主观价值论转变。前者为李嘉图追随者持有，后者则为李嘉图学说的修正论者或反对论者持有。不过后者在当时还是很初步的，直到19世纪70年代初期发生了"边际革命"，主观价值论才正式登上理论舞台。

5.2.5 对李嘉图理论的评价

1. 贡献

李嘉图对经济学的分析做出了影响深远的贡献，包括比较优势理论、对推理方法的应用、对边际分析的应用及对农业边际收益递减规律的应用，拓展了经济学的分析范围，将收入分配纳入了经济分析。他的学说奠定了劳动价值论的基础，并在此基础上研究了资本主义的分配问题，揭示了工人、资本家和地主三个阶级之间阶级对立的根源，为马克思主义经济学说的产生提供了重要的思想来源。

2. 局限性

尽管李嘉图对古典政治经济学做出了积极的贡献，但其理论也有一定的局限性，主要表现在：过于强调收益递减在农业中的应用；不切实际地假设土地只有一种用途，其实土地和资本一样都具有竞争性用途；新机器的使用对就业造成冲击的观点也容易使人产生误解。新机器的使用既可以增加对劳动力的需求，也可以减少对劳动力的需求，因为资本和劳动力是互补性资源。

本 章 小 结

马尔萨斯和李嘉图是古典经济学的两位杰出代表。马尔萨斯以其人口理论而著称，同时在价值理论、市场过剩理论方面做出了贡献。

李嘉图是英国产业革命高潮时期的资产阶级经济学家，他继承和发展了斯密经济理论中的精华，使古典政治经济学达到了最高峰。他是英国资产阶级古典政治经济学的杰出代表，并被认为是最有影响力的古典经济学家。他的理论同时赢得了资产阶级和无产阶级经济学者的赞赏。

▶关键概念

预防性抑制　人口供给方面的抑制　相对交换价值　内在交换价值　收益递减规律　粗放地租　集约地租　交换价值　相对价格　比较成本理论

▶推荐阅读的文献资料

阿诺德 R A. 2009. 像经济学家一样思考[M]. 李宝元，等译. 北京：人民邮电出版社.
陈冬野. 1984. 李嘉图的经济理论体系[M]. 上海：上海人民出版社.
付利. 2006. 马尔萨斯[M]. 北京：中国财政经济出版社.
黄进. 2006. 李嘉图[M]. 北京：中国财政经济出版社.
霍兰德 J H. 1979. 大卫·李嘉图百年评价[M]. 刘震东，译. 北京：商务印书馆.
李晗. 2008. 影响世界历史的 100 名人[M]. 武汉：武汉出版社.
刘晓华. 2010. 马尔萨斯学说新论[M]. 成都：西南财经大学出版社.
罗宾斯 L. 2008. 经济思想史：伦敦经济学院讲演录[M]. 杨玉生，译. 北京：中国人民大学出版社.
希克斯 J. 1987. 经济史理论[M]. 厉以平，译. 北京：商务印书馆.
朱彤书，蒋伏心，章先春. 1990. 第一位剑桥经济学家：T. R. 马尔萨斯思想研究[M]. 上海：上海三联书店.

▶讨论题

1. 简述马尔萨斯人口理论的地位。
2. 简述马尔萨斯对后世经济学的影响。
3. 简述李嘉图经济学说的内容及其对经济学的贡献。
4. 简述李嘉图学派解体的原因。
5. 简述李嘉图的《政治经济学及赋税原理》的主要内容。

第6章

古典经济学中斯密体系的各国后继者

古典经济学理论产生和发展的重心在英国与法国。在英国，从配第开始，到李嘉图结束；在法国，从布阿吉尔贝尔开始，到西斯蒙第结束。其中，最具代表性的人物是英国的斯密。在斯密之后，各国出现了许多后继者。本章主要介绍古典经济学中斯密体系的各国后继者的经济思想。

6.1 詹姆斯·穆勒及其经济思想

6.1.1 生平与著作

1. 生平

詹姆斯·穆勒（James Mill 1773—1836）是19世纪英国著名的功利主义经济学家、功利主义伦理学家和功利主义教育思想家。他是李嘉图的密友，也是李嘉图学派中富有声望的人物。詹姆斯·穆勒与李嘉图之间的友谊，建立在他们对经济自由的共同信仰及对真理的共同追求上。《政治经济学及赋税原理》的出版，使李嘉图被公认为一流经济学家并成为以他为核心的学术团体的宗师。这时，詹姆斯·穆勒与李嘉图的关系发生了转变，由以李嘉图为学生和以詹姆斯·穆勒为教师的师生关系发展为以李嘉图为导师和以詹姆斯·穆勒为信徒的门徒关系。詹姆斯·穆勒就自称他和麦克库洛赫是李嘉图的仅有的两个地地道道的信徒。

2. 著作

为了传播李嘉图的思想，1821年，詹姆斯·穆勒出版《政治经济学要义》一书，第一次系统地阐述了李嘉图的理论。在该书中，詹姆斯·穆勒在经济学说史上首次提出了将政治经济学划分为生产、分配、交换和消费的"四分法"。但该书在解释李嘉图体系的矛盾时，背离了劳动价值理论，成为李嘉图学派解体的标志。遗憾的是，对李嘉图的学术崇拜阻碍了詹姆斯·穆勒对科学的探讨和对真理的追求。

6.1.2 经济思想

1. 对李嘉图体系的辩护

李嘉图体系存在两个其自身无法克服的矛盾：劳动价值论同劳动和资本相交换的矛盾；劳动价值论同等量资本获取等量利润的矛盾。19世纪20年代，李嘉图体系遭到了马尔萨斯和贝利的猛烈抨击。李嘉图去世后，作为李嘉图学说的坚定信仰者和继承者，怀着对李嘉图及其学说的深厚感情，詹姆斯·穆勒担当起为李嘉图学说辩护的责任。但是，基于信仰而不是科学的辩护注定是缺乏力量的，放弃了科学实际上就是选择了失败。在对第一个矛盾的解释中，詹姆斯·穆勒混淆了劳动和劳动力，实际上是取消了李嘉图一贯坚持的劳动价值论；而在对第二个矛盾的解释中，詹姆斯·穆勒关于新葡萄酒和陈葡萄酒的解释最终成为学说史上的一个笑话。詹姆斯·穆勒的解释丝毫没有解决李嘉图体系的矛盾，反而将李嘉图学说庸俗化，并最终导致李嘉图体系的解体。

2. 政治经济学内容的"四分法"

詹姆斯·穆勒的《政治经济学要义》，以最为简明和抽象的形式复述了李嘉图的理论，仿照萨伊的《政治经济学概论》（1803年）的模式，划分政治经济学的内容。詹姆斯·穆勒提出应把政治经济学划分为生产、分配、交换和消费四个部分，即"四分法"。他指出，政治经济学有四大问题需要探究：什么是决定商品生产的规律？什么是社会劳动所生产的商品进行分配的规律？什么是商品彼此进行交换的规律？什么是决定消费的规律？

3. 价值理论

詹姆斯·穆勒认为商品价值是由劳动决定的，直接劳动与蓄积劳动都是劳动，都创造价值，价值是由这两种劳动共同决定的。价值通常取决于供给与需求，但最终取决于生产费用。生产费用由资本与劳动构成，其中劳动是指直接劳动，资本是指蓄积劳动。

4. 关于经济学研究主题

詹姆斯·穆勒认为生产要素主要有三个：劳动、土地和资本。而经济学理论体系则由生产论、分配论和消费论三部分构成。

6.2 麦克库洛赫及其经济思想

6.2.1 生平与著作

1. 生平

约翰·雷姆赛·麦克库洛赫（John Ramsay McCulloch 1789—1864），生于苏格兰的威格敦郡，毕业于爱丁堡大学，先学习法律，后改而研究经济学。1817—1827年他经常投稿于《苏格兰人》，并曾于1818—1819年担任该杂志的编辑职务。从1818年起，他成为《爱丁堡评论》的主要经济评论家达20年之久。1828年他被聘为伦敦大学学院政治经济学教授，1832年辞职，1838年起任英国文书局的主计官，直至逝世。麦克库洛赫与詹姆斯·穆勒同是李嘉图学派的成员。

2. 著作

主要著作有《政治经济学原理》(1825年)、《论赋税和公债制度的原理及实际影响》(1845年)、《政治经济学文献》(1845年)。此外，他写了大量的文章专论，编辑了商业、统计等词典；编注了亚当·斯密的《国富论》和大卫·李嘉图的著作集。

6.2.2 经济思想

（1）对李嘉图学说进行解释。麦克库洛赫是这样解决李嘉图体系中第一个矛盾的：他指出工人以工资形式得到的物化劳动恰好等于他在交换时以直接劳动形式还给资本家的劳动，所以资本和劳动的交换是等价交换。但利润的现实存在只得用让渡利润来加以解释。对于李嘉图体系的第二个矛盾，麦克库洛赫的解释比詹姆斯·穆勒走得更远，他提出，劳动包括人的活动、动物的活动、机器的活动和自然力的作用四项，它们共同创造价值。陈葡萄酒之所以比新葡萄酒贵，是因为酒在窖藏期间，自然力发挥了作用，但他的解释最终却瓦解了李嘉图体系。

（2）交换理论。麦克库洛赫在《政治经济学原理》一书中分析了交换带来的利益，批判了重农学派认为交换是同等价值的交换因此不能增加财富的观点。他写道："英国商人生产布匹以换取葡萄牙的酒,其成本可能等于甚至超过葡萄牙人生产酒所需要的成本。但是必须看到，在交换过程中，葡萄酒的价值是依照有特殊天然生产能力的葡萄牙所需的生产成本来估计，而不是依照英国的生产成本来估计，否则贸易就无从进行。同样布匹的价值是依照英国生产它所需要的成本来估计，而不是依照在葡萄牙生产它的成本来估计。这两个国家商业交往的利益，在于它们都能得到一种在最有利的条件下用最少的费用生产的商品，而这种商品，在它们没有自然能力的条件下，直接在本国生产，其耗费要大得多。一方的所得，并不是另一方的所失。它们双方都因这种交往而得到好处，因为这使它们双方在商品生产中都节省了劳动和费用。结果，两个国家的财富不仅更好地分配了，而且也因两国建立起来的地区分工，而大大地增加了。"

6.3 边沁及其经济思想

6.3.1 生平与著作

1. 生平

杰里米·边沁（Jeremy Bentham 1748—1832），英国功利主义哲学的创立者、经济学家、法学家、哲学家，更是司法和政治制度的批评家，对19世纪思想改革有显著影响。他出生于律师家庭，1763年在牛津大学女王学院毕业。边沁学说的中心是功利主义，包括两个原理：一是功利原理或最大幸福原理，二是自利选择原理。他力图把所想到的基本概念说成伦理学的基本概念。边沁生活在古典经济学时代，他不仅是古典经济学的追随者，而且对古典经济学做出了原创性的贡献。

2. 著作

1776年边沁出版《政府片论》，1811年以法文出版《赏罚原理》，后分为《奖赏原理》和《惩罚原理》，并以英文出版。他在俄国时用书信体裁写成《为利息辩护》一书，1789年他在英国出版其杰作《道德和立法原则概述》，因而闻名于世。

6.3.2 经济思想

1. 边沁功利主义的价值判断

边沁功利主义是建立在一定价值判断基础上的，这些价值判断包括：①社会利益是社会成员利益的总和；②每个人都是自己利益的最佳判断者；③每个人的幸福容量都和其他人的一样大。

2. 边沁的功利主义思想

功利主义是边沁思想的核心，功利主义的思想可以概括为最大幸福原理。功利主义的哲学基础是古希腊哲学中的享乐原则，也就是人们追求带来快乐的东西，而避免带来痛苦的东西，所有个人都追求幸福的最大化。

功利主义在享乐主义的基础上，克服了享乐主义的极端个人色彩，而增添了伦理学基础，认为社会应引导大多数人的幸福，而制止在追求个人幸福的过程中，损害社会的整体幸福。

国家的法律、道德、各种社会制裁和宗教制裁可以帮助协调享乐主义的个人私利和保证大多数人幸福的功利主义原则。

边沁的思想与斯密相比较，具有一致之处，也具有不同之处。从一致的方面来看，经济思想史上解释效用原理的方式有两种：一是利益天然一致的信条，二是利益人为一致的信条。斯密是在自然秩序和谐的基础上用天然一致的信条来解释效用原理，认为个人的自我利益是人类的本性，在自由经济中自我调节，其思想基本上促进了自由放任的政策。边沁基本上承认个人是利己的，但他否认利己主义任何自然的和谐，他用利益的人为一致解释效用，认为集体的利益是个体利益的加总。

3. 幸福的计算方法

边沁试图用科学的方法来测量经济福利，在描述快乐和痛苦借以计量的环境基础上，提出了幸福的计算问题。

（1）计算幸福环境的7个因素：①强度；②持续的时间；③确定性或不确定性；④远近性；⑤丰度；⑥纯度；⑦广度。在此基础上，他列举了：14种幸福，包括财富、能力、权力、声誉、回忆、想象力和仁慈等；12种痛苦，包括失望、遗憾和欲望等。

（2）在环境分析的基础上，边沁提出了幸福的计算，他认为应当计算以下方面。①该活动第一次产生的每种特别的快乐的价值。②该活动第一次产生的痛苦的价值。③该活动第一次之后产生的每一种快乐的价值，这是第一次产生的快乐的持续的丰饶。④该活动第一次之后产生的每一种痛苦的价值，这是第一次产生的痛苦的持续的丰饶。⑤一方面是所有快乐的价值的总和，另一方面是所有痛苦的价值的总和。两者相比较，如果平衡偏向痛苦的方面，该活动总的给出坏的趋势；如果平衡偏向快乐的方面，该活动总的给出好的趋势。⑥考虑涉及其利益的人数。

4. 边际效用递减

边沁认为财富是幸福的尺度，但是随着财富的增长其边际效用递减。他指出，如果两个人拥有的财富数量不相等，财富数量更大的人拥有更强的幸福感。但是，幸福的数量不会随着财富的数量以任何相近的比例一直增长，每一特定部分的财富所产生的幸福感是不断减弱的。

5. 边沁思想值得肯定之处

（1）边沁的思想为社会的改革和民主起到了思想启示作用。他认为不论人们的社会地位如何，人们在幸福的追求方面都是相同的。政府干预应当增加大多数人的福利，关注大多数人的幸福，倡导民主改革。

（2）边沁强调立法者应当积极地提高社会的总体福利，不是人民服务于国家，而是国家服务于人民，认为现存的大多数政府控制与管制都是无益的。

（3）边沁关于货币效用递减的思想为进行收入再分配提供了一个论据。一元钱对富人的效用最小，对穷人的效用最大。

（4）边沁对现代经济分析的贡献：边沁关于人类本性的分析为边际主义提供了思想基础，他所提出的效用最大化原理和效用递减法则是边际主义需求原理的核心。

6. 对边沁思想的评价

（1）边沁对幸福的评价在内容上是主观的，其对福利的测量面临着一系列的困难，人们之间的效用不可比较。对于快乐的测量也有困难，即身体快乐和精神快乐哪一个更重要，边沁不能解决这样的问题。

（2）边沁的福利理论存在着逻辑上的错误。经济学家称其为"合成谬误"，认为集体利益是个人利益的加总是一种逻辑错误。

（3）边沁关于人性的基本观点是被动的。边沁认为人的行为是由对痛苦的避免和对快乐的追求推动的，人没有坏的动机和道德缺陷。

（4）边沁的理论在探讨人类行为的方法上过于狭隘，对并非追求快乐和避免痛苦的其他行为动机很少留有余地。

6.4 萨伊及其经济思想

6.4.1 生平与著作

1. 生平

让·巴蒂斯特·萨伊（Jean Baptiste Say 1767—1832），法国经济学家，生于里昂的一个商人家庭，少年时代即开始经商，曾在英国伦敦附近一所商业学校学习，在此期间了解到英国工业革命的进程并接触到斯密的学说。法国大革命时他拥护大资产阶级执政，雅各宾派上台后他转而反对革命，1794—1799 年任《哲学、文艺和政治句刊》主编，后受拿破仑一世重视被委任为法官，后被派往财政委员会工作，不久因拒绝支持拿破仑关税保护政策而被解职。他于 1805—1813 年与人合伙办纱厂。1815 年波旁王朝复辟后，他先后在法国阿森尼大学、法国国立工艺学院和法兰西学院讲授政治经济学。

萨伊是 19 世纪初欧洲大陆最重要的经济学家之一，他使斯密的经济学说通俗化和系统化，但同时也抛弃了斯密学说中的科学因素。他提出效用价值论，认为生产只创造效用（物品满足人类需要的内在力量），物品的效用是物品价值的基础，劳动、资本、土地（自然力）共同创造了产品的效用，从而创造了产品的价值。他还用工资、利息、地租这三种收入组成生产费用来构成价值。他断言工资、利息、地租分别来源于劳动、资本、土地，并建立起三位一体公式的分配论，利润则被看作企业家才能的报酬，否定资本主义剥削。他还提出供给创造需求的原理（萨伊定律），全面否认资本主义经济危机产生的必然性。萨伊的这些理论多被后来的资产阶级经济学家接受，在经济思想发展史上产生了重大影响。

在经济学史上,争议最大的经济学家莫过于萨伊了。李嘉图称他为"大陆经济学家中首先正确认识并运用斯密原理的人",他的功绩"大于所有其他大陆经济学家的全部功绩"。马克思认为,他是法国庸俗经济学的创始人。在现代,凯恩斯经济学的建立是从批判萨伊定律开始的,而20世纪80年代的美国供给学派又把萨伊定律奉为真理。

2. 著作

萨伊的代表作有:《政治经济学概论》(1803年)、《政治经济学问答》(1817年)和《实用政治经济学全教程》(1828—1829年)。在《政治经济学概论》一书中,萨伊首创政治经济学理论的"三分法",即把政治经济学的体系划分为生产、分配、消费三个相互独立的部分。该书分为绪论、第一篇"财富的生产"、第二篇"财富的分配"和第三篇"财富的消费"四部分。

6.4.2 经济思想

1. 政治经济学的研究对象和体系

(1)研究对象。萨伊在《政治经济学概论》中提出,政治经济学是研究财富是怎样生产、分配和消费的科学。在经济学研究对象与方法上,萨伊提出政治经济学研究财富的生产、分配和消费。这在经济学史上是首创,并为以后的经济学家所认同。其思想体系以财富的生产表现为起点、财富的消费为终点、财富的分配为两者的媒介,这样生产、分配与消费就形成了一个严谨的逻辑体系。

(2)研究体系。萨伊根据研究对象将政治经济学分为三部分(生产、分配和消费),形成了"三分法",从而成为近代经济学体系的首创者。在其"三分法"基础上,詹姆斯·穆勒加上了"交换",形成了"四分法"。

(3)经济学的性质。萨伊将科学分为两类:一是叙述的科学,告诉人们物体和现象的性质与特征;二是实验的科学,说明事件如何发生,阐明事物之间的因果关系。他认为经济学是"实验科学的一部分",认为政治经济学是阐明事件及其怎样发生的实验科学。

(4)主张实证研究方法。萨伊主张以实证方法研究这些问题,抛弃价值判断,从事实出发,即"事物怎样存在或怎样发生,构成事物本质,而对于事物本质的仔细观察,则构成一切真理的唯一依据"。萨伊与英国经济学家西尼尔都是经济学实证化的建立者。经济学实证化是经济学科学化之始,萨伊为此做出了积极的贡献。

(5)政治经济学的重要性。政治经济学的重要性在于既能使国家得到良好的利益,又能提高企业生产经营管理的水平。

2. 价值理论、垄断成本理论和企业家精神

(1)价值理论。萨伊反对古典经济学的价值理论,代之以供给和需求理论,认为供给和需求受生产成本和效用的制约。其价值理论的思想如下。第一,生产及三要素。

生产是通过各种生产要素的协同作用使自然界已有的物质适合于满足人们的需要。因此，生产不是创造物质，而是创造效用，生产效用必须有三个要素，即劳动、资本和土地。第二，物品的价值因用途而产生，效用是价值的基础。第三，生产的三要素是价值的源泉。第四，供求关系是决定商品价值量的尺度。第五，生产费用是价格的基础和最低限度。

（2）垄断成本理论。萨伊认为垄断者不仅造成了效率损失，而且在竞争中使用各种稀缺资源来获得和保护他们的垄断地位，萨伊为现代垄断成本理论做出了贡献。

（3）企业家精神。萨伊将企业家精神作为第四个生产要素。

3. 寻租理论的思想源泉

李嘉图认为租金是"使用原始的、不可毁灭的生产力而付给地主的来自土地的产出"。早期的租金是指使用资源的报酬。李嘉图之后，经济学家扩展了租金的含义，认为租金是超出使用任何资源保持其现有使用所需基金之上的报酬。詹姆斯·布坎南和戈登·塔洛克等经济学家指出政府经常是经济租金的一个重要分配者，为了获得政府的支持，租金获得者会给政府提供一些有价值的东西，以讨好政府。萨伊认为政府授权保护垄断的成本包括两个方面：传统的效率损失和寻租活动的社会成本。这为当代寻租理论提供了思想基础。

4. 萨伊定律

萨伊定律又被称为萨伊市场定律或者总体生产过剩不可能定律。这一定律归结为：供给可以创造自己的需求。这一思想最早由哈奇森提出，斯密也暗示过这种思想。凯恩斯将其归结为萨伊定律：生产者会创造自己的需求，在市场上每一个生产者既是商品的买者，又是商品的卖者。买卖是一致的，一种商品总是用另一种商品来购买的，生产本身就为产品创造了需求。

萨伊定律包括四个要点：①一种产品的生产给另一种产品创造了需求；②货币交换的实质是产品与产品之间的交换；③某种产品过剩是因为另一种产品供给不足，因此造成生产过剩的原因是供给不足；④局部的产品失调可以通过价格来调节。由以上观点又引出了四个结论。①在一切社会中，生产者越多，产品越多样化，产品便销得越快、越多、越广，生产者得到的利润也越多，因为价格随需求而上升。这就是供给决定需求。②每一个人都与全体的共同繁荣有利害关系，一个企业越成功，就越可以帮助别的企业也获得成功。这就是个人私利的追求可以实现社会的公益。③购买和输入外国的货物绝不损害本国的产业和生产，因此主张自由贸易。④鼓励生产是贤明的政策，鼓励消费是拙劣的政策。这就是以发展生产来实现经济发展的主张。萨伊定律重视供给、主张自由放任、强调实物经济和充分就业均衡，是新古典宏观经济学的思想基础。因此，凯恩斯的宏观经济学的建立就是从批判萨伊定律开始的。

萨伊定律自提出以来受到了马尔萨斯和马克思的挑战，但是其思想一直统治着经济学，成为新古典经济学的一个基本理论，直到凯恩斯理论的提出，其缺陷才日益暴露。

6.5 西斯蒙第及其经济思想

6.5.1 生平与著作

1. 生平

西斯蒙第（Sismondi 1773—1842），法国政治经济学家，经济浪漫主义的奠基人，法国古典政治经济学的集大成者。西斯蒙第原籍意大利，生于瑞士日内瓦，后移居法国，曾在巴黎上过大学，后中途退学到里昂一家银行当职员，法国大革命时回到瑞士，曾移居英国、意大利。1800年西斯蒙第重返瑞士，之后一直从事著述活动。1803年出版《论商业财富》一书时，他还宣传斯密的学说。但法国大革命后小生产者的破产分化和英国的经济危机使他成为英国古典政治经济学的强烈反对者。

西斯蒙第是古典政治经济领域的一位特殊人物。他批判斯密及李嘉图的学说，然而却是古典经济学的完成者。他对所处的时代有着强烈的现实感，在经济学说史上最早写下了批判资本主义的进步篇章，但他的复古思想、改良主义的政策主张，又使他被视为小资产阶级浪漫主义的奠基人。他反对空想社会主义，不主张公有制，却因为为工人阶级的事业辩护，被马克思称为小资产阶级社会主义的代表。同时，他在方法论上反对英国古典经济学的科学抽象法，强调经济研究从人的主观愿望出发，强调人的良心、感情与愿望；在理论上反对英国古典经济学的主要思想，提出了消费先于生产的思想。因此，他被称为经济浪漫主义思想的代表。

2. 著作

1819年出版的《政治经济学新原理》是西斯蒙第的代表作，该著作以"论财富同人口的关系"为副标题，突出了两种思想：一是强调政治经济学应该研究人和人的需要；二是强调研究消费，要求生产适应消费和人的需要。该书分为七篇：第一篇"政治经济学的对象及其起源"，分析了政治学与政治经济学的关系、政治经济学的研究对象及起源；第二篇"论财富的形成和发展"，着重阐述了消费决定生产的思想，研究了财富的形成，社会人的需要的增长和生产的无限性，收入与资本、国民财富的分配，生产和消费、支出和收入的关系，货币简化为财富的交换，商业对财富形成的作用，非生产性劳动的收入；第三篇"论领土财富"，主要研究了领土财富的意义及其产品的分配、领土所有权及各种土地经营方式；第四篇"论商业财富"，主要研究了市场的知识、卖者怎样扩大他的市场、商业财富的增加与收入的增加、成本价格的构成因素；第五篇"论货币"，阐述了货币与资本的区别，以及铸币、纸币和银行券货币金融政策；第六篇"论赋税"，阐述了单一制税制、土地税、消费税及公债等问题；第七篇"论人口"，阐述了收入调节人口的思想。

6.5.2 经济思想

1. 政治经济学的研究对象

西斯蒙第从小生产者的立场出发，批评英国古典政治经济学以财富为研究对象，忽视了人本身及人的享受，认为经济自由主义给社会带来灾难，要求依靠国家政策调节社会经济生活。他强调消费先于生产、生产服从消费，反对李嘉图为生产而生产的思想。西斯蒙第在批评只把财富作为研究对象的英国古典经济学时，提出要研究人的物质福利和幸福，同时把国家作为研究和经济实践活动的主体，反对自由竞争和自由放任。在对英国古典经济学进行批判的基础上，他认为政治经济学是研究一个国家绝大多数人能够最大限度地享受该国政府所能提供的物质福利方法的科学，认为政治经济学的研究对象应该是人本身及人的解放，而不是财富。

2. 价值学说

价值学说是对古典经济学的继承和发展。财富是劳动创造的，物品的交换价值由劳动时间决定，而且是社会必要劳动时间。和自斯密以来的一切古典经济学家一样，西斯蒙第在价值学说方面承认商品的交换价值由生产商品时所耗费的劳动量来决定的原理，在剩余价值的问题上，他把利润和地租看作工人劳动产品的扣除，是额外价值。

3. 经济危机理论

根据收入决定生产的观点，年收入的总量必须用来交换年生产的总量，如果年收入的总量不能购买全部年生产的总量，生产超过收入或消费，这种矛盾的发展就必然导致经济危机。危机的根本原因是消费不足，这是资本主义特有的现象。例如，小生产者和工人的收入与消费萎缩；追求利润的生产无限扩张；不公平分配制度使财产集中到少数人手中。西斯蒙第还指出，资本家因为利润拼命扩大生产，但小生产者的破产和社会分配不公使广大人民收入不足，收入不足引起消费不足，并导致一部分产品不能实现其价值，从而必然产生经济危机。他最早论述了资本主义生产过剩危机的必然性，这是他的科学功绩。但他的经济危机理论仅归结为生活资料消费不足，并未真正认识到危机的原因。西斯蒙第作为经济学说史上系统论述经济危机问题的第一人，他的分析方法及所阐述的内容对马克思产生了重要影响。马克思批判地继承了西斯蒙第的有关论述，并将经济危机理论推进到一个新的发展阶段。

4. 财富理论

西斯蒙第认为财富就是积累起来不予消费的劳动果实。从单个人来说，其财富的源泉是劳动，劳动创造财富的目的是满足消费，而且单个人创造财富的方式和目的同样适用于社会财富。

5. 浪漫主义的思想体系

西蒙斯第赞美中世纪行会手工业和宗法式农业的原则与规范，他的改革建议实际上未超出小生产者的眼界，从而形成了小资产阶级经济浪漫主义的思想体系。

6.6 西尼尔及其经济思想

6.6.1 生平与著作

1. 生平

纳索·威廉·西尼尔（Nassau William Senior 1790—1864），英国经济学的后继者，被马克思称为资产阶级庸俗经济学家。西尼尔出生于乡村牧师家庭，1811年毕业于牛津大学，是古典经济学向新古典经济学过渡时期的一位经济学家。其思想远远脱离了古典经济学，而逐渐向新古典经济学方向发展。

2. 著作

《政治经济学大纲》是西尼尔的代表作。该书除绪论以外，分为三部分：一是财富的性质，二是政治经济学的四个基本命题，三是财富的分配。该书提出了以节欲论为特色的一套理论。

6.6.2 经济思想

1. 财富的性质

西尼尔认为财富是一切可交换的或有价值的事物。价值必须具备三个要素，即效用、供给的有限性与可转移性。其中，供给的有限性是最重要的因素。

2. 实证经济学

西尼尔认为经济学应当与所有的价值判断、政策宣传和提高福利分离开来。他认为经济学是实证的，应当关注对生产和财富分配的分析，认为提供建议、考虑促进社会总体福利的是政治家，经济学家的职责不是建议、劝阻，而是阐明基本原理。

3. 四个基本命题

第一，效用最大化原理：每个人都希望通过尽可能少的牺牲来获取额外的财富。这一命题是西尼尔一切经济理论的基本假设。

第二，人口原理：世界上的人口数量受精神上和物质上的不利条件的限制，各阶层居民的习惯引导他们追求不同种类的财富。

第三，资本积累原理：创造财富的劳动和其他设备的产品可以作为进一步生产的手段，而这些手段是可以提高的。

第四，如果农业技术不变，对土地追加额外的劳动会有较小的回报。随着投入的提高，回报也会提高，但是回报和投入不成比例。

4. 节欲论

西尼尔在价值论基础上提出了节欲论。节欲是指节制欲望。节欲论认为资本是资本家的一种牺牲，资本家为提供生产资料，牺牲了个人消费所给予的享乐和满足，这种牺牲应获得报酬，就是利润；认为价值是由劳动和节欲两方面的生产费用所决定的；从享乐主义出发，认为资本和劳动的使用是牺牲，生产成本是工人的劳动和资本家的节欲。

5. 生产性劳动

斯密认为服务是非生产性的，而西尼尔则认为律师、医生和教师都是生产性的，他们促进了财富的增长。他认为正确的划分不是在生产性劳动和非生产性劳动之间进行，而是要对生产性消费和非生产性消费进行划分。

6. 纯粹经济学理论

西尼尔认为应把政治经济学改造成纯经济学，只以财富为研究对象。其基本命题有：①每个人都希望以尽可能少的牺牲取得更多的财富；②在文明社会，人的社会本能会限制人的生理本能，从而限制人口增长；③工业生产力不断提高的规律；④农业报酬递减规律。西尼尔以纯粹理论来建立经济科学，是实证经济学的先驱。

7. 价值理论

西尼尔是边际效用价值论的先驱。对于劳动价值论，他认为价值由效用、供给的有限性和可转移性三个因素构成。效用是直接或间接产生快乐和避免痛苦的能力。一种物品随供应量增加，效用越来越小。价值生产三要素中，劳动和资本的供给是有限的。劳动者的劳动是对快乐与自由的牺牲，资本家的资本是资本家欲望的节制，个人消费的牺牲价值就是由这两种牺牲生产出来的。

8. 经济政策主张

西尼尔提出"最后一小时"理论，为利润辩护。"最后一小时"理论是指：在西尼尔所在的时代，劳动者每天的劳动时间不得超过 11.5 小时。西尼尔认为工人只有在最后 1 小时才能生产出纯利润，如果减少 1 小时劳动时间，纯利润消失；如果减少 1.5 小时，总利润消失。因此，工人劳动时间绝对不能缩短为 10 小时。

6.7 巴师夏及其经济思想

6.7.1 生平与著作

1. 生平

弗雷德里克·巴师夏（Frédéric Bastiat 1801—1879），法国经济学家，是阶级利益和谐论的创立者。他出生于法国巴约讷附近的一个大商人家庭，1825 年继承祖父遗产成为酒业资本家，1830 年法国革命后当选为当地法官，七月王朝后期迁居巴黎。1846 年巴师夏建立法国争取自由贸易协会，1848 年法国革命期间当选为制宪会议和立法会议的代表。

2. 著作

巴师夏著有《经济学诡辩》和《经济和谐论》等，代表作是《经济和谐论》。在该书中，他对经济和谐论做了系统的论证。他认为资本主义作为一种"和谐的社会组织"，其根据来自商品的"交换"。他认为任何"交换"都是"互相帮助、互相替代对方工作、互相服务"的过程。这种以对等利益为基础的交换，使整个资本主义社会的分配保持了"和谐性"。土地所有者、资本家、工人都分别通过提供服务，得到地租、利息和工资，并且随着社会生产的发展，各自的收入会同时增加。因此，在"和谐的社会组织"里，是没有阶级矛盾和阶级冲突的。

6.7.2 经济思想

1. 经济和谐论

巴师夏是自由贸易思想的热情宣传者，同时也是社会主义思潮的反对者。他赞美资本主义社会是一种和谐的社会，认为社会组织是建立在人类本性的普遍规律之上的。巴师夏的"经济和谐论"从他所提出的资本主义制度本身的"分配规律"出发，认为资本家和工人的利益是注定会和谐一致的，资本主义社会就是一个资本家和劳动者共同合作的、美好的社会。巴师夏论证说："比例于资本的增加，社会总产品中分配给资本家的那部分产品的绝对量也就会增加，但是相对量却会减少；相反，分配给劳动者的那部分产品的绝对量和相对量则都会增加。"他认为，这是资本主义经济制度下"劳动和资本在其合作成果的分配方面的重要规律"。他将其称为"伟大的、奇妙的、保险的、必要的和不变的资本规律"①。可见，巴师夏竭力证明资本主义社会各个阶级之间在利益关系上是和谐一致的，资本主义社会是一个和谐、美好的社会。马克思曾经称巴师夏是"庸俗经济学辩护论的最浅薄因而也是最成功的代表"。②

2. 交换理论

社会就是交换，交换是相互提供服务，两种互相交换的服务决定价值。价值，即服务的尺度，就是服务提供者所做的努力的紧张程度和服务接受者所节省的努力的紧张程度。在自由放任下，二者趋于一致。交换以等价为基础，等价交换是公道的交换，这样的社会当然是和谐的。

3. 分配理论

他还认为，随着社会的进步，社会总产品中分配给资本的部分会减少，分配给劳动的部分会增加，人们的状况会不断改善，社会会更加和谐。

6.8 经济学的第一次"折中大综合"：约翰·斯图亚特·穆勒

6.8.1 生平与著作

1. 生平

约翰·斯图亚特·穆勒（John Stuart Mill 1806—1873），英国著名哲学家和经济学家，19世纪影响力很大的古典自由主义思想家。他支持边沁的功利主义。

约翰·斯图亚特·穆勒是古典经济学的集大成者，是继李嘉图之后被认为非常有影响且对古典经济学做出原创性贡献的经济学家。

约翰·斯图亚特·穆勒是李嘉图学说体系的追随者，他自少年时起就接触李嘉图学说，这完全得自其父詹姆斯·穆勒的教诲。其父就是李嘉图的密友和学生，并对李嘉图学说的传播和最终的解体起到了很大作用。在父亲的教导下，约翰·斯图亚特·穆勒3岁开始学希腊文，8岁开始学拉丁文，并开始接触几何与代数，9岁开始阅读古希腊文学与历史作品，10岁读完古希腊哲学家柏拉图和德摩斯梯尼的原著，12岁开始学习逻辑学，熟读亚里士多德的逻辑学著作。尤其有重要意义的是，13岁时，在父亲的指导下，他开始阅读李嘉图的《政治经济学及赋税原理》，接着又阅读了斯密的《国富论》。自学过程中，他经常同父亲在散步时就政治经济学的各种问题进行探讨，并将这些学习和谈话的

---

① 季陶达. 1963. 资产阶级庸俗政治经济学选辑[M]. 北京：商务印书馆：218-220.
② 马克思，恩格斯. 1972. 马克思恩格斯全集：第二十三卷[M]. 中共中央马克思恩格斯列宁斯大林著作编译局，译. 北京：人民出版社：18.

内容写成笔记。据他说,他父亲所著的《政治经济学原理》(1825年)就是以他的笔记和其他资料整理而成的。父亲的教育成为约翰·斯图亚特·穆勒接触当时最先进的经济学的最初来源。

2. 著作

约翰·斯图亚特·穆勒的著作有很多,主要有《逻辑体系》(1843年)、《政治经济学原理及其在社会哲学上的若干应用》(1848年)和《功利主义》(1863年)。《政治经济学原理及其在社会哲学上的若干应用》是约翰·斯图亚特·穆勒的代表作,他写作此书的目的在于把斯密之后的多种新的经济思想吸收进经济学中,并在理论上协调这些思想。全书除绪论以外共分为5篇:生产共13章,分配共16章,交换共26章,社会进步对生产和分配的影响共7章,论政府的影响共11章,另外还有39条与全书内容有关的附录。

6.8.2 思想贡献

作为一个政治思想家和社会思想家,约翰·斯图亚特·穆勒的贡献主要体现在以下方面。

(1)社会科学的研究方法。约翰·斯图亚特·穆勒对经济政策和经济理论做出了惊人的贡献,他是明确论述经济学应用的主流经济学方法的第一位经济学家。在《逻辑体系》中他首次清楚地解释了经济科学的性质。他明确支持由归纳法和演绎法构成经济学决定论的方法,反对极端的经验研究。他主张经济学是独立的科学,并为政治经济学重建了哲学和方法论基础。他认为在社会科学领域中不能仅仅依赖经验法或者归纳法,因为社会现象是极其复杂的,演绎法是对经验主义的合理约束,应在归纳法和演绎法之间建立一种平衡。

(2)对古典经济学理论的折中综合。他的《政治经济学原理及其在社会哲学上的若干应用》是经济学说史上的第一次折中综合,具体体现在他把斯密的劳动价值论、生产费用论、供求论,马尔萨斯的人口论,李嘉图的地租论,萨伊的销售论,西尼尔的节欲论和自己的工资基金理论等进行了大综合,并主张对反映资本利益的政治经济学与反映无产阶级要求的空想社会主义思想进行折中调和。

6.8.3 经济思想

1. 生产理论

在生产理论中,约翰·斯图亚特·穆勒对生产要素、生产劳动和非生产劳动及资本进行了系统的说明。

(1)生产要素。约翰·斯图亚特·穆勒认为任何生产都必须具备两个要素:劳动和相应的自然载体。劳动是指脑力劳动与体力劳动。自然载体是现实中已有的或自然成长的物体，可以用来满足人们的需要。

（2）生产劳动和非生产劳动。约翰·斯图亚特·穆勒认为生产劳动只包括那些能够生产体现在物质产品中的效用的努力，非直接生产产品的劳动也是生产性的，教育家和政府官员也是生产性的，因为他们的服务也创造了物质生产所必需的各种条件。非生产劳动是那些最终不创造物质财富的劳动，以及直接享乐而不增加积累的存货或者永久的享乐手段。但他同时认为非生产劳动是有用的。

（3）资本。约翰·斯图亚特·穆勒认为资本和资本积累有重要的作用，提出了关于资本的五个命题。

命题一：资本作为储蓄的结果是劳动产品的积存，它的总量限制着工业的规模。

命题二：资本的增加能引起劳动的额外雇佣，劳动的额外雇佣通过为穷人创造就业而削减富人对非生产性支出的需求。

命题三：如果资本家在奢侈品上的消费支出减少而增加了投资，工资基金对劳动力的需求就会上升。

命题四：如果人口增加了，靠工资收入的人对必需品的需求的增加将会抵消资本家对奢侈品的需求。

命题五：如果资本的增长与人口的增长不成比例，工资将会上升，工人的奢侈消费将会取代资本家的奢侈消费。

他总结认为：对财富的限制永远不是缺乏消费者，而是缺乏生产者和生产能力。资本的每一次增加给劳动者带来的要么是额外的就业，要么是额外的报酬，要么是整个国家的富裕，要么是劳动阶级的富裕。

约翰·斯图亚特·穆勒认为资本的增长依赖于两个要素：①从事生产的人获得生活必需品以后的剩余产品；②储蓄倾向。从资本中得到的利润越大，资本积累的动机就越强。

2. 供给和需求理论

（1）静态均衡价格理论。约翰·斯图亚特·穆勒是英国第一个对现代意义上的静态均衡价格形成做出显著贡献的经济学家。他运用纯粹的文字描述，采取抽象法，提出几个方面的均衡价格理论，抽象的结果是正确地形成了需求曲线和供给曲线。这些曲线表明了在其他情况不变的前提下价格和供求数量之间的函数关系。在约翰·斯图亚特·穆勒的基础上，1870年弗莱明推出了《关于供给和需求的图形表示》的文章。

（2）联合供给。约翰·斯图亚特·穆勒提出的联合产品供给理论是对价值理论所做出的一个富有成果的重要贡献。约翰·斯图亚特·穆勒在《政治经济学原理及其在社会哲学上的若干应用》的第十六章"论价值的若干特殊情形"中严密地阐述了这个理论。联合供给是指两种商品具有联合生产成本，它们是同一生产过程或者同一组生产活动的产品，其支出是为了二者共同的需要，如煤炭和煤气，牛肉、牛皮、牛脂和乳制品等。生产成本不决定它们各自的价格，只决定它们的价格总额。

（3）相互需求理论。约翰·斯图亚特·穆勒将对供给和需求的深刻理解扩展到了国际价值的领域，建立了包括国际价值成本决定因素和需求决定因素的模型，以考察国际价格的决定。

3. 分配理论

约翰·斯图亚特·穆勒认为生产规律与分配规律是相互独立的。生产规律是建立在物质基础上的自然规律，而分配规律则是与人类天性相联系的社会规律。据此，他提出了以下分配理论。

（1）财富分配规律。他认为财富分配规律与财富生产规律不同。财富的分配源于人类制度的问题，财富可以按个人愿望，也可以按集体愿望进行处理。约翰·斯图亚特·穆勒没有认识到生产和分配的关联性，对一方面的干预会涉及另一个方面。

（2）他认为一个有利于实现扩大平等目标的手段是再分配，这个"再分配"不是收入的再分配，而是财富的再分配，二者的区别是非常重要的，应当允许个人获得自己的产业成果，对额外的遗产应当予以限制。

（3）赞同以私营企业和利润驱动为基础的经济，鼓励以"利润分享"和"生产者合作"作为提高工人财富的手段。

（4）依据工业社会生产所必需的三个要素及其形成的来源，划分出地主、资本家和工人三个阶级，这三个阶级都是生产产品的一部分。他认为工资是工人劳动的报酬，工资决定于竞争因素和习惯因素，利润是资本家节欲的报酬。

4. 交换理论

（1）价格是以货币的形式表示的物品的价值，一种商品的价值以其能够购买其他商品的总的生产能力来衡量。

（2）实际需求和购买能力是决定价值的因素，一件商品的价值不可能高于买主估计的使用价值。需求数量随着价格变动，市场价值由供给与需求的相互作用而确定。他通过引入需求表来说明这一问题。

（3）运用供给和需求弹性来分析供给与需求对价格的影响。他按照需求弹性将商品分为三类。一是在数量上绝对有限的产品，如古代的雕塑和古董。这类产品供给完全无弹性，价格的变化不会引起供给数量的变化。二是供给完全有弹性的产品。这类产品的价值完全依赖于供给或者生产成本，价格的变化总会引起供给的变化。三是供给相对有弹性的产品，如农产品和矿产品。这类产品如果成本不变，只能生产有限数量。如果需要的多，只能以更高的成本进行生产。

5. 国际价值规律

约翰·斯图亚特·穆勒赞同李嘉图的比较成本理论，认为两个国家之所以发生贸易，从而形成国际交换，是因为两国的比较成本不同。但是他将产品的需求弹性应用到国际经济分析中，建立了国际价值规律，认为国际贸易可以促进全世界的生产效率。

他运用贸易国之间相互的供给与需求关系来回答国际贸易中商品价值的决定。他认为一件进口商品的价值就是出口用来支付它的那件商品的价值。一个国家出售到国外的各种物品成为它从其他国家购买物品的手段。因此，出口商品的供给是对进口的需求。这就是相互需求原理。

6. 经济的动态分析方法

约翰·斯图亚特·穆勒的《政治经济学原理及其在社会哲学上的若干应用》前3篇主要是静态的分析方法，从第4篇开始加入了动态分析，具体如下。

（1）该书预测了生产和人口的不断增长，社会对自然的控制不断增强，个人财产安全保障的不断加强与合作作用的加强问题。

（2）该书分析了工业生产的发展将减小农业和矿业中的收益递减。

（3）该书分析了利润率不断下降的趋势。他和斯密、李嘉图一样，认为利润率将不断下降，因为不断增长的人口导致生产食物的成本不断上升。

7. 政府的作用

（1）提出了最小政府的理论。人们对自己的事务和利益的理解与关心要超过政府做到的或者被期望做到的。

（2）政府应当运营自然垄断部门，如自来水和天然气公司。这些部门的利润率应由政府来规定。

（3）政府要做那些能够促进所有人的整体利益而对私人无利可图的事情。

（4）政府的职能定位。政府职能包括征税的权利、铸币、建立统一的度量衡、反对强权和诈骗、对弱者利益的保护和精神补偿、提供公共物品和服务。

6.8.4　对其经济思想的评价

约翰·斯图亚特·穆勒是古典经济学的最后一位经济学家，又是古典经济学向新古典经济学过渡时期的经济学家。其对现代经济的发展做出了突出的贡献。

（1）在经济学研究方法上，形成了归纳和演绎相结合的分析方法，提出了经济学的应用问题，将经济理论与经济政策结合起来。

（2）他的《政治经济学原理及其在社会哲学上的若干应用》是经济学说史上的第一次"折中大综合"。

（3）他的理论对古典经济学思想进行了全面的总结，又对新古典经济学给予了诸多方面的启示。

本 章 小 结

斯密体系的各国后继者包括詹姆斯·穆勒的经济学、边沁的功利主义和萨伊的政治经济学理论等。

詹姆斯·穆勒是 19 世纪英国著名的功利主义经济学家、功利主义伦理学家和功利主义教育思想家。1821 年，他出版了《政治经济学要义》一书，为李嘉图体系进行辩护，但他的解释丝毫没有解决李嘉图体系的矛盾，反而将李嘉图学说庸俗化，并最终导致了李嘉图体系的解体。

麦克库洛赫与詹姆斯·穆勒同是李嘉图学派的成员，他也试图对李嘉图学说进行解释，但他的解释最终却瓦解了李嘉图的体系。

边沁学说的中心是功利主义，包括两个原理：一是功利原理或最大幸福原理，二是自利选择原理。他力图把所想到的基本概念都说成伦理学的基本概念。

萨伊是 19 世纪初欧洲大陆最重要的经济学家之一，他使斯密的经济学说通俗化和系统化，但抛弃了斯密学说中的科学因素。他建立了政治经济学的"三分法"，把政治经济学划分为财富的生产、财富的分配和财富的消费三部分。他提出效用价值论，认为生产只创造效用（物品满足人类需要的内在力量），物品的效用是物品价值的基础，劳动、资本、土地（自然力）共同创造了产品的效用，从而创造了产品的价值。

西斯蒙第批判斯密及李嘉图的学说，却是古典经济学的完成者。他在经济学说史上最早写下了批判资本主义的进步篇章，但他的复古思想、改良主义的政策主张，又使他被视为小资产阶级浪漫主义的奠基人。

西尼尔是古典经济学向新古典经济学过渡时期的一位经济学家，其思想远远脱离了古典经济学，而逐渐向新古典经济学方向发展。他认为经济学应当与所有的价值判断、政策宣传和提高福利分离开来；认为经济学是实证的，应当关注对生产和财富分配的分析；认为提供建议、考虑促进社会总体福利的是政治家，经济学家的职责不是建议、劝阻，而是阐明基本原理。

巴师夏是社会主义思潮的反对者，他赞美资本主义社会是一个和谐的社会，认为社会组织是建立在人类本性的普遍规律之上的。他的"经济和谐论"从他所提出的资本主义制度本身的"分配规律"出发，认为资本家和工人的利益是注定会和谐一致的，资本主义社会就是一个资本家和劳动者共同合作的、美好的社会。

约翰·斯图亚特·穆勒是古典经济学的集大成者，是继李嘉图之后被认为是非常有影响且对古典经济学做出原创性贡献的经济学家，是经济学说史上第一次"折中大综合"时期的经济学家。

➤ 关键概念

功利主义　边际效用递减　垄断成本理论　萨伊定律　节欲论　联合供给
"最后一小时"理论　相互需求理论　国际价值规律

➤ 推荐阅读的文献资料

季陶达. 1963. 资产阶级庸俗政治经济学选辑[M]. 北京：商务印书馆.
穆勒 J S. 2023. 政治经济学原理[M]. 李风华，等译. 北京：中国人民大学出版社.
舒远招，朱俊林. 2005. 系统功利主义的奠基人：杰里米·边沁[M]. 保定：河北大学出版社.
斯考森 M. 2006. 现代经济学的历程[M]. 马春文，等译. 长春：长春出版社.

西斯蒙第. 2020. 政治经济学新原理[M]. 何钦，译. 北京：商务印书馆.

➤ 讨论题

1. 如何正确理解萨伊定律？
2. 简述约翰·斯图亚特·穆勒对古典经济学和新古典经济学的贡献。
3. 比较边沁功利主义与斯密的经济思想。
4. 简述西斯蒙第的经济思想及其贡献。
5. 简评巴师夏的经济和谐论。
6. 简评西尼尔的节欲论。

第二篇

古典经济学的挑战时期

第 7 章

古典经济学的第一次挑战：空想社会主义思潮与马克思主义经济学

社会主义理论和马克思主义经济学对古典经济学进行了第一次批判，对古典经济学的基本思想进行了挑战，抛弃了古典经济学的利益和谐思想，反对自由放任的思想。在社会主义思想中，除无政府主义的思想之外，其余都主张政府是社会利益的代表。本章主要介绍社会主义和马克思的经济思想。

7.1 社会主义的经济思想

7.1.1 空想社会主义的经济思想概述

1. 空想社会主义的背景

空想社会主义思潮是以批判资本主义制度、主张以想象的社会制度取而代之为特征的一种社会政治学说，是资本主义生产方式产生和成长时期剥削者与被剥削者间对立的反映，是在社会主义理论基础上建立起来的现代无产阶级先驱者的思想体系，也是古典经济学思想体系的挑战者。工业革命后，资本主义社会出现了诸多问题：经济不稳定；对工人家庭贫困、疾病、工伤的补偿不足；收入分配的两极分化，随着社会财富的增加，一部分人发财，广大民众贫困加剧。空想社会主义由此应运而生，并分为三个阶段。

（1）16、17 世纪空想社会主义的主要特点是：对未来的理想社会制度只是一种文学描述；提出社会主义（或共产主义）的基本原则，如公有制、人人劳动和按需分配等，但还是一个粗糙且简单的轮廓；在设计未来理想社会方案时以手工工场为原型。这一时期的空想社会主义者以莫尔、闵采尔为代表。

（2）18 世纪的空想社会主义的主要特点是：认识进入理论探讨和论证阶段，并用

"法典"的形式做出明确的规定；对人类社会发展规律的探索、对私有制特别是资本主义私有制的批判、对私有制引起的经济上的不平等进而导致政治上的不平等的论述、对过去所有的国家制度都是建立在私有制基础上并为富人服务的分析等，已经接近历史的实际；在设计未来理想社会的蓝图时以农村公社和手工工场为原型。这一时期的空想社会主义者以摩莱里和巴贝夫为代表。

（3）19世纪初期是社会主义发展到顶峰的时期，其主要特点是：批判矛头直接对准资本主义制度；理论上提出了经济状况是政治制度的基础、私有制产生阶级和阶级剥削等观点，并用这种观点去分析历史和现状，从而揭示了资本主义制度的剥削本质；在设计未来社会蓝图时以大工厂为原型，使社会主义成为一种具有高度的物质文明和精神文明的社会。这一时期的空想社会主义者以圣西门、傅立叶和欧文为代表。

2. 社会主义思想的类型

（1）空想社会主义思想。代表人物是圣西门、傅立叶和欧文。他们深刻揭露了资本主义的罪恶，对未来的理想社会提出许多美妙的天才设想，鼓吹广泛的精神团结，主张与资本家进行社会合作。他们企图建立"人人平等，个个幸福"的新社会。这些思想对启发和提高工人觉悟起到了重要的作用。但是空想社会主义只是一种不成熟的理论，反映了正在成长中的无产阶级最初的、不明确的愿望。他们不能揭示资本主义的根本矛盾和发展规律，不懂得阶级斗争，不明确无产阶级的历史使命，因此他们的社会主义只能是一种无法实现的空想。

（2）国家社会主义。从全社会目标出发，主张国家对某些特定部门或者某些特定经济拥有所有权和经营权。布朗是其代表人物。

（3）基督教社会主义。主张通过宗教安慰来缓解工人的苦难，并通过宗教给工人以希望，提倡卫生改革、教育、工厂立法和合作社。英国的金斯利是主要的倡导者。

（4）无政府主义。认为所有的政府都是压迫性的，应该取消。蒲鲁东是主要的代表人物，其思想主张：一是提倡社会的秩序性，认为社会秩序应该通过自愿与共同努力组成的自我团体来形成，对资本的私人占有应该被集体占有所取代；二是通过与农业生产者、工业生产者、知识分子和艺术家的联合，使社会能够从事生产性活动；三是鼓励个人的积极性，所有统一的、集中的政权将被制止。

（5）科学社会主义。马克思的科学社会主义以剩余价值理论为依据：一是主张阶级斗争，用社会主义制度代替资本主义制度；二是土地和资本归中央政府所有；三是主张生产和投资的计划性，利润动机和自由市场的作用将被取消；四是主张各尽所能，按劳分配。

（6）修正主义。以波恩斯坦为代表，抛弃了马克思的阶级斗争理论，否认国家是富裕阶级的必要手段，将社会发展的希望寄托在教育、竞选和投票之上。政府的作用是管制垄断，控制工厂的工作条件。

（7）工团主义。代表人物是索雷尔，他主张建立大工会，并指出工会及其组织工人罢工是阶级斗争的主要武器。每一个行业组成一个自治团体，由工人自己管理。这些团体联合起来形成一个管理中心。

（8）行会社会主义。代表人物是牛津大学的科尔教授，他认为国家是代表全体消费者利益的机构。真正的行业管理应该交给雇员，由雇员组成行业工会。每个工人都应该成为企业的股东。生产者与消费者应形成合作关系。

7.1.2 社会主义思想的共同特征

（1）对资本主义制度进行批判。所有社会主义者都批判了资本主义制度，揭露了资本原始积累的秘密，认为经济自由必然会导致这一状态，抨击了资本主义私有制，认为私有制是一切阶级之间纷争的根源。

（2）对古典经济学的基本思想进行了挑战，抛弃了古典经济学的利益和谐思想。

（3）反对自由放任的思想。除无政府主义的思想之外，其余都主张政府是社会利益的代表。

（4）反对萨伊定律，认为资本主义不仅带来经济周期，而且使经济全面停滞。

（5）提倡改善大众的生活状况，提倡集体行动与企业的公共所有权。公共所有权归中央政府、地方政府或者合作性企业所有。

7.1.3 空想社会主义思想的代表

1. 欧文的经济思想

罗伯特·欧文（Robert Owen 1771—1858）是近代著名的空想共产主义思想家和实践家。恩格斯称"欧文是社会主义者运动的创始人"，他和马克思在《德意志意识形态》中又称"欧文是英国共产主义的代表"。1823年，欧文以全部财产在美国印第安纳州建立了一个"新和谐村"，进行共产主义"劳动公社"的实验。欧文的代表作有：《新社会观，或论人类性格的形成》（1816年）、《论全新社会状态的讲演》（1830年）及《人类思想和实践中的革命》（1849年）。

其经济思想有如下几点。

（1）对资本主义的批判。他认为资本主义制度不适应新的生产力，必须进行改革，并从发展生产力和培养人类性格的角度论证了改革的必要性；认为为了"人类理性"得到解放，必须改造资本主义制度；认为阻碍社会改造的三大障碍是私有制、宗教和当时的婚姻制度。

（2）主张建立合作公社。他认为理想的社会基础组织是合作公社，合作公社是以生产资料公有制为基础的集体劳动的生产与消费单位，生产的目的是满足公社成员与全体成员的物质需要。

（3）对未来社会提出了天才的设想。他主张在未来社会实行公有制，各尽所能，按需分配，消灭工农差别、城乡差别、体力劳动与脑力劳动的差别。

2. 傅立叶的经济思想

沙利·傅立叶（Charles Fourier 1772—1837），法国空想社会主义者。1772年4月7日，傅立叶诞生于法国东部贝桑松的一个富商家庭。中学毕业后，他就遵照父亲的遗嘱学习经商，在里昂独立经营一家商店。1792年，20岁的傅立叶继承了他应得的遗产，第二年，吉伦特派策划反雅各宾派叛乱。不久，雅各宾派攻克里昂，傅立叶被逮捕。从此，他由对革命冷漠到否定革命，坚决主张用改良的手段来改造社会。傅立叶通过刻苦自学，积累了丰富的自然科学和社会科学知识。从19世纪初开始，他先后推出了《世界和人类的命运》（1808年）、《论家务农业合作社》（1822年）和《新世界》（1827年）等著作，揭露了资本主义制度的罪恶，主张以他设计的"和谐制度"来代替资本主义制度。他理想中的"和谐社会"是由一个个有组织的合作社组成的，名为"法朗吉"。1832年，他和几个门徒一起创办了一个"法朗吉"。

其经济思想主要包括以下几点。

（1）对资本主义的认识。他认为资本主义是一种"每个人对全体和全体对每个人的战争"的制度，资本主义的文明就是奴隶制的复活。他从资本主义生产的分散性与无政府状态中推论出资本主义制度下危机的不可避免性。他认为生产的分散性与无政府状态必然引起企业主之间的竞争，这不仅会造成物质财富的浪费，而且会造成生产与消费比例的失调，从而导致经济危机。

（2）关于当时社会的主张。他不主张废除私有制，幻想通过宣传和教育来建立一种以"法朗吉"为其基层组织的社会主义社会。他已有关于消灭脑力劳动和体力劳动的对立及城市和乡村的对立的思想萌芽，还首次提出妇女解放的程度是人民是否彻底解放的准绳。在教育上，他主张对儿童从小实施劳动教育和科学教育。

（3）对未来社会的设计。傅立叶为自己的理想社会设计了一种名为"法朗吉"的"和谐制度"。"法朗吉"通常由大约1600人组成。在"法朗吉"内，人人劳动，男女平等，教育免费，工农结合，没有城乡差别、脑力劳动和体力劳动的差别。他还为"法朗吉"绘制了一套建筑蓝图。建筑物名为"法伦斯泰尔"，中心区是食堂、商场、俱乐部和图书馆等。中心区的一侧是工厂区，另一侧是生活住宅区。"法朗吉"是招股建设的，收入按劳动、资本和才能分配。傅立叶幻想通过这种社会组织形式和分配方案来调和资本与劳动的矛盾。

3. 圣西门的经济思想

克劳德·昂利·圣西门（Claude-Henri de Rouvroy, comte de Saint-Simon 1760—1825），生于贵族家庭，法国哲学家、经济学家、空想社会主义者。早年受启蒙运动影响，他曾参加北美人民反对英国殖民统治的独立战争，1781年在约克镇任炮兵上尉。1803年推出《一个日内瓦居民给当代人的信》，主张应由科学家代替牧师的社会地位，圣西门拥护法国大革命，主动放弃伯爵爵位，为研究和宣传社会主义学说倾注了毕生精力。

1805年圣西门开始著书立说。他虽然常把人类历史的发展看作先验的人类理性的发展，但又认为社会变革是从低级到高级发展的。现存制度只是从封建制度转向理想制度的一个过渡阶段，并初步意识到经济状况是政治制度的基础。圣西门承认历史的发展是有规律的，在发展的总过程中，每一次新旧社会制度的更替，都是历史的进步。其代表著作有：《人类科学概念》(1813年)、《论实业制度》(1821年)和《实业家问答》(1823—1824年)等。

其经济思想主要包括以下几点。

(1) 社会发展的原因与动力。他认为理性发展是社会发展的动力，理性发展包括理智、科学、道德、宗教和哲学在内的意识形态。社会生活中的变化归根结底是因为人类理性的进步而产生的。

(2) 对资本主义的批判。他认为资本主义存在诸多弊病，形成这些弊病的主要原因是利己主义。

(3) 主张实业制度。他把未来理想社会称为实业制度，在实业制度中掌握领导权的是实业家与科学家。在实业制度中，国家的任务是组织生产。

7.2 马克思及马克思主义经济学

马克思主义经济学的产生与发展有其深刻的社会背景和理论背景。从社会背景来看，马克思主义经济理论的创立具有社会历史发展的充分条件。当时欧洲许多国家的社会经济进入了资本主义高度发展阶段，生产力、阶级斗争和科学均发展到了历史最高水平，工业无产阶级成为历史发展的最伟大的动力。从理论背景来看，马克思主义经济理论深受斯密价值理论和李嘉图利润理论的影响，是对斯密与李嘉图理论的扩展、完善和具体化。马克思是古典经济学领域独具影响的经济学家。"在理论和实践方法上都有建树，且能与卡尔·马克思媲美的思想家，历史上寥寥无几。"[①]他自称是一个爱挑剔的批评家，他以古典经济学挑战者的身份出现，认为古典经济学家"未能区分所有生产方式的共有特征和资本主义的特有特征，导致了无数的混淆与歪曲"[①]。

7.2.1 生平与思想来源

1. 生平

卡尔·亨利希·马克思（Karl Heinrich Marx 1818—1883），诞生于德国莱茵省南部特利尔市一个犹太族律师家庭。他于1835年秋在特利尔中学毕业后，先后在莱茵-弗里德里希-威廉-波恩大学和柏林大学法律系学习，参加了青年黑格尔派的活动，并接受了黑格尔哲学。其哲学博士论文《德谟克利特的自然哲学和伊壁鸠鲁的自然哲学的差别》

---

① 亨特 E K. 2007. 经济思想史———种批判性的视角[M]. 2版. 颜鹏飞，译. 上海：上海财经大学出版社：171-172.

显露了初步的革命民主主义思想和无神论思想,含有唯物主义思想的萌芽。1841年夏,他接受了费尔巴哈唯物主义哲学。

马克思的代表性经济学著作是《资本论》(1867年),这是马克思主义经济学的伟大文献,是以资本主义生产关系为研究对象的。《资本论》共四卷,以剩余价值为中心贯穿全书,是一个不可分割的整体。第一卷阐述了资本主义的生产过程,核心问题是剖析剩余价值的生产,考察了剩余价值的生产、剩余价值的来源和实质及剩余价值生产的发展趋势。第二卷阐述了资本主义的流通过程,核心问题是剖析剩余价值的实现,考察单个资本的流通与社会总资本的流通过程中剩余价值的实现。第三卷阐述了资本主义生产的总过程,核心问题是剖析剩余价值的分配问题,该卷从整体上考察了剩余价值的生产和实现,以及剩余价值转化成利润与利润分割成各种具体的形式,即平均利润(产业资本、商业资本、银行资本)、利息和地租等。第四卷阐述了剩余价值理论的发展史,由考茨基以《剩余价值学说史》为名,于1904年、1905年和1910年分三卷编辑出版。

2. 思想来源

马克思主义的产生不是偶然的,而是有着深刻的社会经济背景和阶级根源的。19世纪40年代,资本主义生产方式在英、法等西欧先进国家取得统治地位,资本主义社会的固有矛盾开始暴露,经济危机不断发生,这为人们科学地认识资本主义本质及其发展规律提供了可能。这一时期工人运动蓬勃发展,爆发了法国里昂工人起义、英国宪章运动和德国西里西亚纺织工人起义三大工人运动。但由于没有革命理论的指导,无产阶级对自己的历史地位和历史使命还认识不清,致使三大工人运动都以失败告终。这说明无产阶级迫切需要指导自己革命实践的科学理论,创立科学社会主义理论成为时代的要求和历史发展的必然。马克思和恩格斯在参加革命实践和总结革命斗争经验的同时,吸取了人类的一切先进思想和优秀成果。

(1)英国的古典政治经济学。他们在研究英国古典政治经济学家斯密和李嘉图的劳动创造商品价值理论的基础上,创立了"剩余价值学说",揭穿了资本家剥削工人的秘密,形成了马克思主义的政治经济学。"马克思对英国古典政治经济学并不是简单地继承,而是通过细致而又精密的科学分析,从而形成了政治经济学的伟大革命。"[1]

(2)法国的社会主义思想。在批判地吸取了空想社会主义者圣西门、傅立叶和欧文等对未来社会的合理设想后,创立了马克思主义的科学社会理论。

(3)德国的古典哲学。在德国的古典哲学中,马克思和恩格斯批判地吸取了黑格尔的辩证法的"合理内核"和费尔巴哈唯物论关于物质第一性、意识第二性的"基本内核",创立了辩证唯物主义,并把它应用于研究社会历史,从而创立了唯物史观。

3. 马克思对古典经济学的批判

古典经济学是马克思主义思想的来源,但是马克思的经济学并不是简单地继承古典

---

[1] 季陶达. 1962. 英国古典政治经济学[M]. 上海:生活·读书·新知三联书店:226-227.

政治经济学,而是批判地继承,他对古典经济学的批判体现在以下三个方面。

(1)他认为古典经济学家缺乏历史观,对马尔萨斯、边沁、西尼尔、萨伊和巴师夏进行了批判,认为古典经济学家如果能认真研究历史,就会发现生产是一种社会性活动,其可能会呈现多种形式与模式。

(2)古典经济学家未能区分生产方式的共同特征与资本主义的特定特征,导致了无数的混淆与歪曲。最重要的混淆有两个:一是资本在所有生产过程中是一种普遍要素;二是经济活动可以简化为交换。

(3)把财产等同于资本主义和私有财产的现存形式。马克思认为存在无数的财产形式,每一种具体生产方式都有其特定的财产形式,并且这种财产形式决定分配。他认为古典经济学家忽视了财产的一般形式与特殊形式,因而认为资本主义是永恒的。

7.2.2 方法论

马克思和恩格斯在研究政治经济学时,运用唯物辩证法的科学抽象法,克服了古典学派的缺陷。古典经济学家曾经运用抽象法在一定限度内考察资本主义生产的内部联系,但是他们的抽象法不彻底,抽象时不能完全摆脱唯心主义形而上学的羁绊,他们的研究偏重量的分析而忽视事物的本质,因而他们的研究只停留在承认经济规律的存在上,而没有说明经济规律是怎样产生和发展的。马克思认为经济学与物理学、化学等自然科学一样,都是研究事物之间的稳定联系与规律的,但在经济学研究中不能使用自然科学那种实验方法,"分析经济形式,既不能用显微镜,也不能用化学试剂,二者都必须用抽象力来代替。"[1]马克思借助科学的抽象,在分析经济现象时,由低级到高级、由简单到复杂、由个别到一般、由抽象到具体,再由具体返回抽象。马克思运用科学的抽象法,深刻地揭示了生产关系的内在联系,阐明了经济现象的本质、内部矛盾和运动规律,以及经济制度及其经济规律的产生和发展的必然性。马克思和恩格斯所运用的科学的抽象分析是与历史分析紧密结合的,逻辑过程和历史过程是统一的。

7.2.3 思想观点

马克思在经济理论方面的杰出贡献是:①完成了劳动价值论体系;②创建了剩余价值理论;③对社会资本再生产问题进行了独到的和天才的研究。

(1)劳动价值理论。劳动价值理论是马克思主义经济学的基础。马克思的劳动价值学说是他长期研究和批判地吸收古典经济学成果的结晶。其劳动价值理论的内容包括以下两点。①商品的二因素——使用价值和价值。物品的有用性或它能够满足人们某种需要的属性就是物品的使用价值,是交换价值的物质承担者。他区分了交换价值和价值,指出"交换价值首先表现为一种使用价值同另一种使用价值相交换的量的关系或比

---

[1] 马克思.1975.资本论:第一卷[M].中共中央马克思恩格斯列宁斯大林著作编译局,译.北京:人民出版社:7.

例"①，而价值是凝结在商品中的一般人类劳动。价值是交换价值的基础，交换价值是价值的表现形式。价值是内在的，交换价值是外在的。商品是使用价值和价值的对立统一物。②劳动二重性理论，即具体劳动和抽象劳动。具体劳动是指人们在具体形式下的劳动。具体劳动与自然物质共同构成使用价值的源泉。抽象劳动是撇开劳动的特定性质和具体形式的一般人类劳动。生产商品的劳动是具体劳动与抽象劳动的对立统一，它们决定了商品的二重性——具体劳动创造了商品的使用价值，抽象劳动形成商品的价值。马克思的劳动二重性理论完成了劳动价值论的伟大变革，劳动二重性学说是理解其政治经济学的枢纽。

（2）剩余价值理论（剥削理论）。剩余价值理论是马克思主义经济学的基石。马克思在科学的劳动价值论基础上建立起的剩余价值理论，既克服了古典经济学的缺陷与局限性，又大大丰富了其内容。剩余价值理论分析了剩余价值的生产过程本身，揭示了剩余价值生产的手段。马克思把剩余价值生产的方法归结为绝对剩余价值生产和相对剩余价值生产，并从理论上和历史上做了精辟阐述。他认为剩余价值的源泉是雇佣工人的剩余劳动，无止境地追求剩余价值是资本主义生产的唯一目的和动机。

（3）资本积累理论。资本积累理论是马克思主义经济学的重要组成部分之一。这一理论的创立是对政治经济学理论的重要贡献。资本积累，就是将剩余价值转化为资本，因此，剩余价值是资本积累的唯一源泉，而资本积累又是扩大再生产的重要源泉。剩余价值转化的追加资本不仅是过去剥削工人劳动的结果，而且是现在进一步扩大剥削工人劳动的手段。资本家将剩余价值不断地转化为追加资本，不断地榨取剩余价值，使资本越来越快地增长。在资本主义产生和发展的过程中，资本积累和资本有机构成的提高对无产阶级的命运产生了深远的影响。马克思从资本积累对无产阶级命运的影响的详尽考察中，论证了资本主义积累的一般规律。

（4）再生产理论。马克思通过对社会资本再生产的分析，揭示了资本主义再生产的剥削本质及其运行规律。他指出，再生产过程，不仅是物质资料的再生产，同时也是资本主义生产关系的再生产，一方面不断地再生产出资本家，另一方面不断地再生产出工人。工人的消费是从属于资本家阶级的，是资本主义再生产的条件。

（5）经济危机理论（经济周期理论）。古典经济学没有建立科学的经济危机理论。马克思一方面批判了李嘉图及其拥护者否认经济危机必然性的理论，另一方面又批判了西斯蒙第对经济危机根源的错误解释。在剩余价值理论、资本积累理论和再生产理论的基础上，他建立了科学的经济危机理论。在《资本论》第二卷，马克思在资本循环和周转学说的基础上，深入地做了论述，揭示了固定资本更新和经济危机周期性之间的辩证关系。他指出，固定资本更新是经济危机周期性的物质基础。

（6）地租理论。马克思认为，地租不过是土地所有权在经济上赖以实现自己、增殖自己的形式，体现土地所有者、农业资本家和农业雇佣工人三个阶级的关系。他分析了地租的两种基本形式：级差地租和绝对地租。级差地租的产生，不是由于所用资本或

---

① 马克思，恩格斯.1971. 马克思恩格斯全集：第二十三卷[M]. 中共中央马克思恩格斯列宁斯大林著作编译局，译. 北京：人民出版社：49.

所占劳动的生产力的绝对增加,而是由于这个资本占有较高自然力这一有利条件而具有较高的生产率,从而使垄断自然力的个别资本的个别生产价格低于一般生产价格。马克思认为,土地价格以地租存在为前提,是地租的资本化,与利息率成反比,因此土地价格有上涨的趋势。

马克思主义经济学博大而精深。马克思在继承前人学说的基础上,对政治经济学进行了变革,形成了全新的经济学。"在经济学说史上,没有一位经济学家的理论能像马克思那样,对人类社会的思想和实践产生如此巨大的影响。"[①]

7.2.4 马克思主义政治经济学的科学性

马克思主义政治经济学是马克思主义的三个组成部分之一。马克思和恩格斯创立的无产阶级政治经济学,以社会的生产关系即经济关系为研究对象。马克思和恩格斯批判地继承古典政治经济学的优秀成果,着重剖析了资本主义的经济关系,创立了剩余价值学说,揭示了资本主义生产和剥削的秘密,揭露了无产阶级与资产阶级之间阶级对立和斗争的经济根源,论证了资本主义的必然灭亡和社会主义的必然胜利的客观规律,指明了无产阶级的历史使命就是推翻资本主义制度和建立社会主义制度,最终实现共产主义。其科学性体现在以下三个方面。

(1)马克思主义政治经济学科学地揭示了物的背后所掩盖的人与人之间的关系,并把生产关系作为自己的主要研究对象。唯物辩证法是马克思研究政治经济学的最根本的方法。从具体到抽象,再从抽象上升到具体,这是马克思运用唯物辩证法研究生产关系时所采取的科学方法。

(2)马克思主义政治经济学正确地确立了政治经济学的研究对象和科学研究方法,因此,它们不仅使劳动价值论进一步科学化,而且创立了剩余价值论、社会资本再生产理论和资本主义经济危机理论,揭示了资本主义社会产生、发展的一般规律,揭示了资本主义制度的历史暂时性。

(3)马克思主义政治经济学是运用无产阶级世界观和历史观阐明人类社会各个发展阶段支配物质资料的生产、分配、交换和消费的规律的科学。马克思主义政治经济学,是"马克思理论最深刻、最全面、最详细的证明和运用"[②]。马克思主义经济学是代表工人阶级和广大劳动人民利益的经济学说,它是无产阶级政党制定纲领、路线、方针、政策的理论基础,是无产阶级和劳动人民为推翻资本主义和一切剥削制度、为建设社会主义和实现共产主义而斗争的强大思想武器。

本 章 小 结

社会主义理论和马克思主义经济学是对古典经济学的第一次挑战,抛弃了古典经济

---

① 胡寄窗. 1991. 西方经济学说史[M]. 上海:立信会计出版社:170.
② 列宁 V L. 2012. 列宁选集:第二卷[M]. 中共中央马克思恩格斯列宁斯大林著作编译局, 译. 北京:人民出版社:588.

学的利益和谐思想，反对自由放任的思想。除无政府主义的思想之外，其余社会主义思想都主张政府是社会利益的代表。

空想社会主义产生于 16 世纪，终结于 19 世纪三四十年代，是资本主义生产方式产生和成长时期剥削者与被剥削者之间对立的反映，是在社会主义理论基础上建立起来的现代无产阶级先驱者的思想体系。社会主义思想的类型有：空想社会主义思想、国家社会主义、基督教社会主义、无政府主义和科学社会主义等。

马克思主义政治经济学是马克思和恩格斯在参加革命实践和总结革命斗争经验的同时，吸取了人类的一切先进思想和优秀成果而形成的。马克思和恩格斯在研究政治经济学时，运用唯物辩证法的科学抽象法，克服了古典学派的缺陷。马克思借助科学的抽象，分析经济现象时，由低级到高级、由简单到复杂、由个别到一般、由抽象到具体，再由具体返回到抽象。马克思运用科学的抽象法，深刻地揭示了生产关系的内在联系，阐明了经济现象的本质、内部矛盾和运动规律，以及经济制度及其经济规律的产生和发展的必然性。其思想来源于英国的古典政治经济学、法国的社会主义思想和德国的古典哲学。

➢ 关键概念

空想社会主义　国家社会主义　基督教社会主义　无政府主义　修正主义
工团主义　行会社会主义　剥削理论

➢ 推荐阅读的文献资料

丁法迎, 魏联合, 张远忠. 2021. 空想社会主义者传略[M]. 济南：山东大学出版社.
恩格斯. 2018. 社会主义从空想到科学的发展[M]. 中共中央马克思恩格斯列宁斯大林著作编译局, 译. 北京：人民出版社.
樊纲. 1990. 现代三大经济理论体系的比较与综合[M]. 上海：上海三联书店.
顾海良, 张雷声. 2006. 20 世纪国外马克思主义经济思想史[M]. 北京：经济科学出版社.
霍华德 M C, 金 J E. 2014. 马克思主义经济学史（1883—1929）[M]. 顾海良, 常庆欣, 刘和旺, 等译. 北京：中央编译出版社.
霍华德 M C, 金 J E. 2020. 马克思主义经济学史（1929—1990）[M]. 顾海良, 张新, 常庆欣, 等译. 北京：中央编译出版社.
鲁友章, 李宗正. 2002. 经济学说史[M]. 北京：人民出版社.
《马克思主义经济学说史》编写组. 2020. 马克思主义经济学说史[M]. 2 版. 北京：高等教育出版社.
吴易风. 1980. 空想社会主义[M]. 北京：北京出版社.
熊彼特 J A. 2009. 经济分析史：第三卷[M]. 朱泱, 等译. 北京：商务印书馆.

➢ 讨论题

1. 简述空想社会主义思想与马克思主义经济学的关系。
2. 简述马克思主义经济学对古典经济学的挑战及其在经济思想史中的地位。
3. 简述马克思主义经济学的思想逻辑。
4. 论述马克思主义政治经济学的科学性。

第8章

古典经济学的第二次挑战：德国历史学派

德国历史学派形成于19世纪初期，兴起于19世纪40年代，之后在德国流行了半个多世纪。其风格迥异于当时的主流经济学——古典经济学，是西方古典经济学的第一个反对者。德国历史学派从大量的经济史料中抽象出了许多有价值的经济学理论，是第一个基于经济史的经济学流派。它强调经济发展的历史性和国民经济的有机体现，代表德国产业资本的利益，对抗英国古典政治经济学。

8.1 德国历史学派概述

8.1.1 德国历史学派产生的背景

1. 历史背景

19世纪上半叶，英国完成了工业革命，获得了世界工厂的地位，斯密的自由主义经济学说代表了英国产业资本的利益。而德国还处在封建割据的农业国阶段，为了发展德国本国的工业，对来自英国的工业品必须采取贸易保护政策，并在意识形态上对抗英国的斯密理论。

2. 现实背景

当时德国处在普鲁士统治时期，官僚机构统治着德国的一切，英国古典经济学的企业竞争在德国受到限制，需要经济理论为这种生活方式进行辩护。当时德国处于农业社会，大规模的政府干预促进了工业化，历史学派通过对英国古典经济学的批判，进一步说明了政府资助对于工业化的必要性。

3. 思想背景

其思想渊源来自德国其他历史主义思潮的影响，主要是黑格尔的历史哲学和历史法学。17世纪以来，德国社会的变革和自然科学的发展，使辩证法取代了形而上学。黑格尔的辩证法指出事物是发展变化的，他在《法哲学》中提出一部法律不可能适应于一切时期，这一观点被历史学派所吸取。

8.1.2 德国历史学派的主要信条

（1）将演进的方法应用于经济学。德国历史学派反对古典经济学的抽象法和演绎法，从动态的、演进的角度进行研究，主要着眼于累积发展和增长问题的研究。该学派强调历史进程的研究，热衷于为经济理论收集历史资料，但忽视经济理论本身的研究。

（2）强调国家和政府的作用。德国历史学派具有浓厚的国家主义色彩，强调经济的整体性，反对古典经济学的个人主义和世界主义，将政治经济学看作研究一国发展道路的科学观点。该学派突出了国家干预经济的必要性，强调国家和社会利益与个人利益的完全不同。

（3）主张温和的改革。德国历史学派认为政治经济学不仅是研究产生经济行为动机的科学，而且是评价这些动机产生的后果的道德科学，主张通过温和的改革维护社会福利和经济效率。

8.1.3 德国历史学派对古典经济学的批判

德国历史学派从19世纪40年代到20世纪初期一直是德国经济思想的主流。他们强调研究方法的制度分析，对美国制度学派产生了巨大的影响，因此可以说，美国的制度学派在一定意义上是德国历史学派在美国的变种。德国历史学派对古典经济学进行了深刻的批判。

（1）批判了古典经济学概念的抽象性和片面性。该学派认为古典经济学将概念建立在利己主义抽象的概念基础之上，忽视了精神、道德及利他主义等因素的作用。

（2）对古典经济学抽象演绎法的批判。该学派批判了古典经济学从抽象概念出发，用演绎的方法推导基本命题，并将其宣布为具有普遍意义的经济规律。

（3）批判了古典主义将其"世界主义"建立在抽象演绎法的基础之上，使其成为"绝对主义"和"永恒主义"。该学派指责英国古典经济学不强调经济生活中国民有机体的重要性，是"世界主义"和"个人主义"的经济学。

（4）德国历史学派否定古典经济学的分析范式，强调历史归纳法，认为事物是相互联系的统一体，因此，只能用归纳的方法来研究经济现象。该学派认为事物是发展变化的，因此经济规律只具有相对性，这种相对性只能从历史的类比中去发现。

8.1.4 德国历史学派的演化与发展

德国历史学派的先驱是李斯特,他奠定了该学派的基础。1870 年后,由于工人运动和各种社会问题的出现,在旧历史学派传统的基础上,形成了以冯·施穆勒为首的新历史学派,其主要代表人物有 L. 布伦塔诺(L. Brentano)和 A. 瓦格纳(A. Wagner)。20 世纪初期从内部批判历史学派,并促进历史学派的解体的主要人物有韦伯和桑巴特。德国历史学派的发展经历了两个阶段。

1. 第一阶段

19 世纪 40—70 年代的旧历史学派。这一时期德国历史学派的先驱是李斯特。此后,罗雪尔将以萨维尼(F. K. von Scelle)为代表的法学研究中的历史方法应用到经济学方面,奠定了这一学派的基础。继而有 B. 希尔德布兰德(B. Hildebrand)和 K. G. A. 克尼斯(K. G. A. Knies),形成了旧历史学派。该学派是在德国农业资本主义迅速发展的时期产生的。

2. 第二阶段

19 世纪 70 年代以来是新历史学派时期,代表人物是冯·施穆勒和桑巴特等。他们在方法论上发展了旧历史学派的观点,主张历史的统计方法。19 世纪 70 年代以后,德国产业资本壮大,日渐走向垄断资本主义,其内在矛盾开始显露。1873 年的经济危机引起了中产阶级的没落,导致工人阶级失业和贫困,社会问题严重。德国社会民主党宣传马克思主义,开展了工人运动。为了对抗马克思主义,缓和阶级矛盾,新历史学派一方面继承了旧历史学派的遗产,另一方面提出了各式各样的社会改良主义。他们认为,只要求工人克制和节约不能解决问题,还必须从意识形态上批判"世界主义"和"经济人"的利己心的理论前提,以及古典学派的"唯物主义"。在冯·施穆勒等的发起下,1872 年成立了"社会政策学会",参加这个学会的经济学家一般都属于新历史学派,他们也被称作"讲坛社会主义者"。除著名的冯·施穆勒、布伦塔诺和瓦格纳之外,还有 A. 黑尔德(A. Held)、G. F. 克纳普(G. F. Knapp)、K. 比歇尔(K. Bchner)和韦伯等。

8.2 德国历史学派的方法论

德国历史学派指责古典学派提供的概念具有抽象性和片面性。例如,古典学派对经济关系的分析建立在利己主义这个抽象概念的基础上,而忽视了精神、道德和利他主义等因素的作用;古典学派的"世界主义"是建立在抽象演绎法的基础上的,即从抽象概念出发,用演绎法推导出一些基本命题,并把这些命题视为普遍规律,因而"世界主义"是"绝对主义"。

历史学派否定抽象演绎法,而提出自己的研究方法,即历史归纳法。他们认为,事物是互相联系的有机体,所以只能运用综合的、归纳的方法;事物是发展和变化的,经济规律只具有相对性,所以只能从历史的类比中去发现它。"历史的方法"是德国历史学派区别于其他经济学派的最基本的特征。

历史方法起源于归纳法,其本质也是归纳法。历史主义强调以一种动态的观点来看待事物,认为人类社会处于不断的发展演变之中,具有不可逆性。并且每个民族、国家都具有不同的发展过程,影响及形成不同发展道路的原因在于每个民族具有不同的民族精神,不存在适用于所有民族的经济规律。因此,只存在以个别国家的经济发展史为研究对象的"国民经济学"。也只有通过对各国发展史的研究,才能归纳出某些可能存在的经济规律,而以演绎推理为基础和特征的普遍规律并不存在。

德国历史学派主张历史归纳法,反对古典经济学和边际主义的抽象演绎法和静态分析方法;主张经济学研究应当进行大规模的历史归纳研究,使用初级的研究资料,研究变革的社会制度。该学派认为历史归纳法可以研究影响一个经济的所有因素,而不仅是经济推理。罗雪尔在《历史方法的国民经济学讲义大纲》一书的序言中,将历史方法的原理归纳为以下四点。

第一,通过记述各国的经济发展史,解决"如何才能更好地促进国家富强这一问题",并认为"这样的记述同有关国民经济生活的其他科学,特别是同法制史、政治史及文化史紧密地结合起来,才能做到"[1]。

第二,研究"过去各文化阶段",因为过去文化阶段的"任何一种情况,都是现代一切未发达国民的最好教师"。

第三,对各国的经济发展史做出比较,"如果新的国民经济表现出一种同过去的国民经济相类似的倾向,我们在认识这种倾向时就可以从这种类比关系中得到极为宝贵的启示"。

第四,中性地对待任何制度,因为"经济学的任务在于:指出制度为何及如何逐渐发生'从合理的变为不合理的''从幸福的变为有害的'的变迁过程"。只有深刻地了解制度的变迁过程,才能把握制度变迁的规律。

冯·施穆勒系统地论证了德国历史学派的历史主义方法论,将其归纳为"历史归纳法"、"历史生理法"和"历史统计法"三类。他认为罗雪尔的研究是"历史生理法"的代表,他自己的方法则是更科学的"历史统计法"。他力图通过归纳历史和统计资料,建立他的国民经济学,全面讨论所有影响一国经济发展的因素。在此认识的指导下,他创立并主编了《德意志帝国立法、行政和国民经济学年鉴》,全面搜集和记录历史资料。他坚决反对门格尔所采取的"英国演绎学派"的方法,认为他们将经济学说建立在一两个心理命题上的做法,使经济学过于狭隘。他强调演绎方法的使用要服务和从属于归纳方法。冯·施穆勒宣称:"政治经济学的一个崭新时代是从历史和统计材料的研究中产生的,而绝不是从已经过一百次蒸馏的旧教条中再行蒸馏而产生的。"[2]

历史主义是德国历史学派的代表性特征。在这一方法论的指导下,德国历史学派的经济学家专注于对经济史料的整理分析。在他们的著作中充斥的都是丰富的史料,但材

---

[1] 罗雪尔 W G F. 1997. 历史方法的国民经济学讲义大纲[M]. 朱绍文,译. 北京:商务印书馆:8.
[2] 汤在新. 1990. 近代西方经济学史[M]. 上海:上海人民出版社:502.

料之间缺乏理论联系。

8.3 德国旧历史学派的代表人物

8.3.1 李斯特及其经济思想

1. 生平

弗里德里希·李斯特（Friedrich List 1789—1846）出生于德国罗伊特林根城的一个皮革商家庭。他是德国历史学派的先驱，从国家利益出发反对古典经济学。他曾任蒂宾根大学的经济学和政治学教授，因反对封建活动和当局而流亡美国，并以美国人的身份为德国的统一而奔走，终因遭受迫害、挫折而自杀。他是古典经济学的怀疑者和批判者，是德国历史学派的先驱者。

2. 著作

李斯特的著作有：《政治经济学的自然体系》（1837年）和《政治经济学的国民体系》（1841年）。李斯特在《政治经济学的国民体系》一书中指责英国古典经济学不强调经济生活中国民有机体的重要性，是"世界主义"和"个人主义"的经济学。他的国民经济学则强调经济生活中的国民性和历史发展阶段的特征。他反对古典学派的抽象、演绎的自然主义方法，而主张运用从历史实际情况出发的、具体的、实证的历史主义的方法。在经济理论方面，李斯特提出发展国民生产力的理论，批判斯密的单纯"交换价值"的理论。他在经济政策上则主张采取国民主义和保护主义的贸易政策。李斯特的这种历史主义的经济发展阶段论，形成了德国历史学派的传统和基本特征。

3. 经济学思想

李斯特经济思想的特点是从国家利益出发反对古典经济学的思想主张。其经济思想主要有以下几个方面。

（1）国家经济学理论。李斯特认为经济学不应该是"世界主义"的，而应该是国家经济学。国家经济学是从某一国家的具体形势和特有的国际关系出发，研究某一国家如何发展经济、繁荣富强的科学。它是以事物的本质、历史教训和国家需要为依据的。他强调当一国经济实力处于扩张并且正在向农业和制造业或农业、制造业和商业并存的经济强国转变的关键时期，尤其需要借助国家干预的力量，他甚至认为这一时期的国家干预应当是有意识、有目的的；认为对经济的一切领域实行干预并非明智之举，国家的干预或管制只能限于部分领域，包括修筑公路、铁路、桥梁、运河、防海堤等基础设施，制定各项有利于生产与消费的法规，为促进本国制造业成长而实行保护贸易等。总之，国家的使命是促进财富和生产力增长，使本国由野蛮转变为文明，由弱小演化为强大。

（2）生产力理论。它是李斯特国民经济学的核心。李斯特批评斯密只关注"价值"和"交换价值"，而忽视了生产力问题。他认为，国民的福利不仅取决于交换价值的多少，而且取决于生产力的发展程度。他把生产力称作财富的原因，把价值视为财富本身。一个人或一个国家如果没有可以产生大于其所耗费价值的生产力，就会由富变穷，因此财富的生产力比财富本身重要得多。他强调生产力的重要性，认为生产力比财富本身重要，财富是交换价值，而财富的原因是生产力；认为国家的状况主要取决于生产力的综合；认为生产力包括人的劳动、人的劳动创造的物质资料、精神力量、社会状况和天然资源；认为军备、战事与战争债务可以在某些情况下增强一国的生产力。

（3）经济发展理论。李斯特率先提出了经济发展阶段理论，将一国的经济发展分为五个阶段：原始未开化时期、畜牧时期、农业时期、农工业时期、农工商业时期。他指出，一个国家要向高级文明方向发展，必须迅速转变为农工商国家。由于李斯特所关心的问题在于如何使一个落后的农业国发展成为工业强国，他论述的重心在于后三个阶段。他认为处于农业时期的国家应当全力向农工业时期和农工商业时期过渡。

（4）反对自由贸易，提倡贸易保护。李斯特认为一国要向农工商业社会发展，必须提倡自由贸易。从国家利益出发，他主张应当对关税保护给予一定的限制，主张有条件的贸易保护政策，认为贸易保护可以换来生产力的增长。李斯特的贸易保护理论是他的国家干预学说的延伸。

（5）保护主义的经济政策。李斯特认为，发展生产力的措施很多，但最重要的是实行保护主义的政策。在这里，他批评古典学派的自由贸易学说，他认为，实行自由贸易，向外国购买廉价商品，乍看起来似乎比较合算，但这将阻碍本国工业发展，会使本国工业处于落后的从属地位。相反，如果实行保护关税，开始时会使产品价格提高，似乎不如进口廉价商品合算，但经过一段时间，本国工业发展起来以后，成本和价格都会自然下降，甚至会降到进口商品价格以下。因此，保护关税虽然使价值有所牺牲，但会使生产力发展，两者得失相抵而有余。

4. 对李斯特经济学思想的评价

李斯特经济学是在对19世纪发达国家英国、德国、美国等经济关系观察比较基础上形成的一种欠发达经济学说，核心观点是落后国家要通过贸易保护等手段来发展本国工业，进而促进生产力发展，对德国、美国、日本等国在19、20世纪的经济崛起产生过重大影响。李斯特是第一个提出生产力理论的经济学家。他是针对古典自由主义经济学的交换价值理论而提出生产力理论的，他认为财富的生产力较财富本身更重要，它不但可以使已有的和已经增加的财富获得保障，而且可以使已经消失的财富获得补偿。生产力是树之本，可以由此产生财富的果实，结果子的树比果实本身价值更大。李斯特认为产生财富的原因就是财富的生产力。对如何提高生产力，他提出了很多建议，如发展教育、投资技术、突出工业、加强贸易保护、重视政治和法律制度等。李斯特经济学的生产力理论为后来德国培养世界一流的人才、促进"德国制造"发展起到了积极的作用。

8.3.2　罗雪尔及其经济思想

1. 生平

威廉·罗雪尔（Wilhelm Georg Friedrich Roscher 1817—1894）是德国旧历史学派的创始人。他1843年出版的《历史方法的国民经济学讲义大纲》被称为"德国历史学派的宣言"。他提出国民经济学是研究国民经济发展的科学，不是单纯的"货殖术"。他不主张树立经济理想，而主张研究国民经济的性质和需求，满足国民经济任务的法律、措施及它们所带来的效果。他称这种方法是国民经济的历史的解剖学和生理学。他认为人类的经济动机，既有利己心，也有公德心。他尊重国民经济的自然法则，这和后来的克尼斯及冯·施穆勒等有不同之处，但他对自然法则的定义并不明确。

2. 著作

罗雪尔的主要著作有：《历史方法的国民经济学讲义大纲》（1843年）和《国民经济学体系》（共五卷，1854—1894年）。其著作广为普及，成为德国大学的教科书和文官考试的参考书，为德国资本主义的形成及反对工人运动进行辩护。马克思称之为"庸俗经济学的教授形态"。

《历史方法的国民经济学讲义大纲》充分体现了他的"历史的方法"。该书除序论外，共四编。第一编"总论"，是政治经济学的基本原理部分，按萨伊的"三分法"分为财富的生产、分配和消费三章，其理论观点是各经济学家的甚至是互相对立的观点的大综合，如生产是以生产三要素理论为基础、分配则有李嘉图的地租理论和斯密的国民收入观点、危机理论是马尔萨斯的有效需求不足论、经济政策则是李斯特的主张及其生产力论。罗雪尔没有提出自己的观点。第二编"国民经济"及第三编"国家财政"，是将政治经济学和德国传统的"官房学"结合起来，给各级官员介绍必要的经济知识，以便其从事行政管理工作。第四编"经济学说史"，列举文献来反映经济思想史的发展过程，而没有阐述自己认真分析的观点。

3. 经济思想

1）关于国民经济学的研究对象

罗雪尔把政治经济学又称为国民经济学，认为它不是单纯的货殖学或致富术。政治经济学的研究对象应当是国民经济或者国民生活。因此，政治经济学是研究国民经济的科学，是论述一个国家的经济发展的各种规律的科学。罗雪尔强调，政治经济学的目的不应是指出事物的理想状态是怎样的，而应是记叙事物本身发展的过程，即"是什么"。这实际上把政治经济学看作实证科学，认为政治经济学应该研究国家经济、国民经济学，以及各个国家的特殊发展过程。

2）关于历史的分析方法

罗雪尔提出"历史的方法"，为德国历史学派在方法论上奠定了基础。"历史的方法"，就是对经济现象进行综合的、历史的、比较的研究。他认为，国民生活是个整体，各个方面的现象是相互联系在一起的。经济领域同法律、国家及文化的关系最为密切,因而政治经济学的研究要同法制史、政治史及文化史紧密结合起来。他认为,政治经济学的研究必须通过历史的研究来观察现实,对过去各文化阶段的研究是现代一切欠发达国家寻求发展的最佳途径。

罗雪尔认为,"历史的方法"就是国民经济学的解剖学和生理学的研究方法。他一个国家一个国家地解剖,研究一个国家从古至今的经济发展过程,主张通过对历史的研究观察现实。

罗雪尔的"历史的方法"有四个要点:①个别考察的方法,记述各国国民在经济方面的想法、要求和发现,以及他们所做的努力、取得的成就及其原因;②历史考察的方法,认为对历史上各个阶段的研究与考察现代经济生活同等重要;③总体考察的方法,结合各国经济发展的历史和现状,发现各国国民经济发展之间的联系,从整体上加以观察;④合理的评论,指出一种经济制度的合理性,而不是简单地赞扬和否定,因为从来没有一种制度对一切国民、在所有文化阶段都是有效的或都是有害的。

3)国民经济发展理论

依据萨伊的三要素理论,将各国经济发展分为三个阶段:第一阶段,自然要素占绝对优势地位;第二阶段,劳动要素占主要地位;第三阶段,资本占优势地位。

8.4 德国新历史学派

8.4.1 德国新历史学派概述

1. 德国新历史学派的背景

德国新历史学派是19世纪70年代以来,在修正旧历史学派的某些观点的基础上形成的学派,新历史学派一方面继承了旧历史学派的遗产,另一方面提出了各式各样的社会改良主义。德国新历史学派的理论特征就是强调经济理论的相对性和经济学中的历史方法。面对德国的社会问题,德国新历史学派主张采取渐进的社会改良主义政策,强调加强国家政权。德国新历史学派形成于19世纪70年代,与边际学派同时产生,两者曾就方法论问题进行了论战。70年代以后,德国资本主义得到了很大的发展,普法战争后成立了由容克地主和资产阶级联合专政的统一的国家——德意志帝国。国家的统一,为资本主义发展提供了良好的基础。同时,作为战胜国,德国获得了巨额赔款及割让地——阿尔萨斯和洛林,为资本主义发展创造了条件。普法战争之后,德国工业采用国外先进技术,压低工资水平,实行保护关税政策,因此发展迅速。70年代德国基本上完成了产业革命,19世纪末20世纪初成为世界第二工业强国,并走向垄断资本主义。

随着资本主义的发展,工人阶级队伍日益壮大。伴随着马克思主义的传播,工人运动不断发展。1871年,德国社会主义运动中两个政党合并为德国社会民主党,促进了工人运动的发展。为缓和阶级矛盾，德国的统治者转而采取改良的手段，以此麻痹和欺骗工人群众，引诱他们放弃阶级斗争。在这样的历史条件下，德国新历史学派为适应统治阶级的需要而产生和发展起来。

2. 思想基本特点

（1）德国新历史学派强调伦理道德在经济中的地位与作用。冯·施穆勒认为过去的经济学家只从自然与技术的角度研究经济，完全忽略了道德因素，人类的欲望不只包括物质方面的欲望，还包括伦理道德方面的欲望。生产、分配、分工和交换不仅是技术范畴，而且是道德范畴。

（2）德国新历史学派主张历史统计的方法，强调历史统计以区别于旧历史学派的"历史生理方法"，主张大量应用统计资料和统计方法。

（3）德国新历史学派主张否定古典经济学的基本范式和德国旧历史学派对古典经济学的修补，否定普遍适用的经济规律，怀疑古典经济学发现的这些普遍适用的规律。

（4）在方法论上，德国新历史学派主张以历史统计为基础做出归纳，辅之以演绎的推导，来为经济学理论奠定方法论基础。

3. 经济思想

（1）德国新历史学派强调心理因素和道德因素在经济生活中的重要地位，认为经济问题只有和伦理道德联系起来时才能得到说明、得到解决。此外，满足伦理道德欲望同样是经济生活的重要内容。经济制度和组织就是受伦理道德规范与制约的一种秩序。

（2）德国新历史学派把精神因素看成资本主义的策动力量。精神力量主要是具有创新意识的企业家精神和遵守契约的市民精神。

（3）德国新历史学派强调法律和国家职能的作用，认为国家在经济发展中具有特殊的领导作用，个人的经济地位并不取决于"自然权利"，而是取决于法律制度。在私有财产制度下的经济自由、财产权利、契约关系是以当时的法律为依据的，社会经济制度的变革可以通过国家对法律的制定而得到实现。

8.4.2 德国新历史学派的代表人物

1. 古斯塔夫·冯·施穆勒

1）生平

古斯塔夫·冯·施穆勒（Gustav von Schmoller 1838—1917）是德国新历史学派的创始人，1838年生于海尔布隆市的一个官吏家庭。他毕业于蒂宾根大学，1864年任哈雷大学教授，1872年转任斯特拉斯堡大学教授，1882年任柏林大学教授，1912年以教授职务退休；1884年任普鲁士枢密院顾问；1873年发起"社会政策学会"并担任主席；1878年后主持《国家科学和社会科学研究》丛书的编审，1881年创办《德意志帝国立法、行政和国民经济学年鉴》。

2）著作

冯·施穆勒的主要著作有：《论法律和国民经济的基本问题》（1874—1875年）、《国家科学和社会科学方法论》（1883年）、《重商主义及其历史意义》（1884年）、《17—18世纪普鲁士国家的宪法史、行政史和经济史研究》（1898年）和《一般国民经济学研究》（1900—1904年）。

19世纪末冯·施穆勒曾受到奥地利学派门格尔的批判，他们展开了著名的"方法论论争"；又受到韦伯的批判，展开了"价值判断论争"。这些争论暴露了施穆勒的以伦理主义为基础的历史经济学缺乏独自的理论体系，只不过是对个别史实的记述和史料的汇集，是为德国容克地主和资产阶级相结合的统治阶级服务的。

3）经济思想

冯·施穆勒的基本经济思想可以概括为三点。一是否认普遍适用的经济规律，极力否认社会存在普遍的客观经济规律。他提出国民经济由各种因素所构成，除自然的、技术的因素之外，还有精神的和道德的因素，这些因素处于不断变动之中，并相互影响和制约。二是强调心理、道德和法律因素的决定作用，反对古典经济学把利己心作为人类经济活动的唯一动机。认为所有经济范畴，如劳动、分工、交换等都是心理和道德的范畴，一切经济现象都受到心理和伦理道德的制约。三是强调国家的作用。宣扬国家的超阶级性，主张扩大国家权力。他认为人们之间有比经济关系更为基本的道义的结合，国家就是这种道义结合的具体结构。他强调国家是国民经济产生和存在的条件，国家权力应该成为国民经济的中心。如果没有这样一个中心，那就很难设想有一个高度发展的国民经济。因此，他竭力主张强化国家的职能和作用。

4）方法论论争

冯·施穆勒和门格尔进行了一场关于归纳法和演绎法的论争。

在历史学派方法不断兴起时，门格尔出版了一部方法论的著作，为演绎法辩护，将历史分析方法置于次要地位，冯·施穆勒对此进行了公开的批判，随后门格尔进行了反击，形成了经济学史上的方法论论争。

冯·施穆勒的古典归纳主义的基本观点如下。第一，科学始于观察，观察陈述建立理论陈述的基础，观察本身具有客观性。第二，归纳法是建立科学理论的方法。如果满足了归纳原理的条件，从观察陈述中概括出来的定律就是合适的。第三，科学理论的发展是真实知识的积累和递增。如果经验事实是真实的，且归纳法又是合理的，由归纳得出的科学知识也不会是错误的，科学的发展就是正确知识的积累和递增。

门格尔的演绎法的基本观点如下。第一，演绎法对于论证理论具有重要作用。在进行实践检验之前，演绎法不仅可以对理论进行某种评价，而且可以使理论具有某种严密性。第二，演绎法对于揭示或预见事实具有重要作用，从理论命题推导出事实命题，可以揭示已知的事实，并预知未知的事实。第三，演绎法对发现疑难命题具有重要作用。应用充分条件假言推理的否定后件式，对提出问题具有重要作用。

方法论论争产生了许多著作，结局是人们相信归纳法和演绎法都是重要的，通常它们是互补的，即信息的采集和处理积累信息的方法对确立与健全经济科学都是有利的。

5)社会改革思想

冯·施穆勒推崇道德价值,主张在国家和社会团体的帮助下通过进行家长式的政策的社会改革,来实现经济体系中的公正,从而更加公平地进行收入分配。鼓吹社会改良及改良主义的社会经济政策,是冯·施穆勒经济学说的重要内容。他认为,劳资之间的对立不是经济利益的对立,而是劳资间思想感情有差距,应加强对工人阶级的道德教育,以缓和劳资之间的矛盾。他主张对资本主义社会的某些缺陷和德国当时存在的一些社会经济问题由国家来进行自上而下的改良。

2. 马克斯·韦伯

1)生平

马克斯·韦伯(Max Weber 1864—1920)是德国的政治经济学家和社会学家,被公认为现代社会学和公共行政学最重要的创始人之一。韦伯最初在柏林大学开始教职生涯,并陆续于维也纳大学和慕尼黑大学等大学任教。他对当时德国的政界影响极大,曾前往凡尔赛会议代表德国进行谈判,并且参与了魏玛共和国宪法的起草设计。

2)著作

韦伯的主要著作围绕着社会学的宗教和政治研究领域,但他对经济学领域也做出了极大的贡献。其知名著作《新教伦理与资本主义精神》是他对宗教社会学最初的研究。韦伯在该书中主张,宗教的影响是造成东西方文化发展差距的主要原因,并且强调新教伦理在资本主义、官僚制度和法律权威的发展上所扮演的重要角色。韦伯将国家定义为一个"拥有合法使用暴力的垄断地位"的实体,这个定义对于西方现代政治学的发展影响极大。他在各种学术上的重要贡献被统称为"韦伯命题"。

3)经济思想

韦伯是冯·施穆勒思想的继承者,他出版了《新教伦理与资本主义精神》,发起了关于新教主义与资本主义关系的讨论,形成了新历史学派的经济思想。其主要观点如下。

(1)韦伯将"资本主义的精神"定义为一种拥护追求经济利益的理想。这种追求经济利益的行为是一个团体而非个人的行为。

(2)韦伯认为资本主义是新教改革的结果,而不是新教改革的原因,因为新教派包含了许多对保证获利的合理性及对利己主义行为非常有益的思想。

(3)韦伯批判了几种关于资本主义精神的错误理解:一是把牟利和尽可能多地赚钱看作资本主义精神;二是把收支核算看作资本主义精神;三是把商业、银行、信贷、贸易看作资本主义精神。他认为资本主义精神是在非理性欲望被抑制的情况下,依靠资本主义的生产方式追求利润,资本主义的劳动组织方式是产生资本主义的基础。

3. 维尔纳·桑巴特

1)生平

维尔纳·桑巴特(Werner Sombart 1863—1941)是德国社会学家、经济学家。他早年在柏林和罗马学习法律、经济学、历史学和哲学,1888年获柏林大学哲学博士学位,

1890—1906年任布雷斯劳大学副教授，1917年任柏林大学教授，1931年退休。

2）著作

桑巴特曾与韦伯参加创立德国社会学会的工作，并合办了《社会科学与社会政策》杂志，一生著述甚丰，思想多变。他一共撰写了20多本著作，代表性的有《资产阶级》、《无产阶级》、《19世纪的社会主义和社会运动》（1896年）、《现代资本主义》（1902年）、《为什么美国没有社会主义》（1906年）、《战争与资本主义》（1913年）。

3）经济思想

第一，桑巴特强调资本主义的进化过程是文化的演进过程，是理性精神指导下的发展过程，资本主义精神是资本主义发展的源泉。

第二，桑巴特把精神因素看成资本主义产生的策动力量，把企业家精神和市民精神的统一看成资本主义精神，并认为这种精神创造了资本主义，企业家精神表现为征服和营利，通过竞争征服一切，将人们驱入营利的漩涡。

第三，市民精神表现为遵守契约。桑巴特认为一个新的经济制度出现的前提是，必须破除起着阻碍作用的过时的观念，并建立起与新制度相适应的新的价值观念或者道德观念，以及新的经济意识。

8.5 德国历史学派的解体及其影响

随着1890年俾斯麦的下台和《反社会党人法》的取消，德国新历史学派存在的基础开始动摇，并进入衰退解体的过程。1883年，奥地利经济学家门格尔推出《关于社会科学，尤其是政治经济学方法的探讨》，批判德国历史学派不能区别理论科学、历史科学和政策实践的关系，将经济现象的历史记述和经济理论的历史性相混淆，在方法论上缺乏理论分析和抽象研究，陷入了世俗的经验主义，因此缺乏"精密的方法"。门格尔强调理论经济学正像自然科学中的物理学、化学一样，主张理论是经济学的中心，而历史只不过是它的辅助。冯·施穆勒立即在《德意志帝国立法、行政和国民经济学年鉴》上发表了反批判文章《国家科学和社会科学方法论》（1883年），接着门格尔又针对冯·施穆勒的文章发表了《德国国民经济学中历史主义的谬误》（1884年），冯·施穆勒未予回答。他们之间的争论虽然就此结束，但双方门下弟子之间的争论却持续了二十余年，学说史上称之为"方法论论争"。从此以后，德国历史学派逐渐衰落解体，而完成这一解体过程的还有历史学派内部韦伯的批判，即"价值判断论争"。

韦伯于1904年发表了《社会科学认识和社会政策认识的"客观性"》，批判冯·施穆勒将伦理道德和经济借科学的名义混合在一起、用道德与法律来抵制经济生活中由于利己心所带来的问题，认为这是在科学中渗进了"价值判断"。他主张在社会科学中将经验的认识与价值判断加以区分，作为经验科学的社会科学，其任务在于寻求客观真理。至于试图发现理想和规范、为实践寻求对策，均属于主观的"价值判断"问题，这里有无数的不同的价值观在斗争，只有让人们自由地去选择和评价处于"精神斗争"中的各种价值，才能建立共同的价值观。这就是韦伯所提出的"价值的自由性"。他还提出"理念型"作为社会科学方法的基本概念，认为用这个基本概念和方法可以保持"社会科学的客观性"与"价值的自由性"。冯·施穆勒在1911年的《国家科学辞典》第八卷中，对此进行了反驳。冯·施穆勒认为各种对立的价值判断是阶级利害对立的表现，而历史的最终目的协调、统一在"共同福利"这一理想上，按照这个理想可以对各种价值判断做出共同评价。韦伯讥笑其是"伦理的进化论"，平庸之至。桑巴特和布伦塔诺等都支持韦伯的主张，桑巴特在《现代资本主义》（1902 年）一书中，运用他自己的发生论和体系论的方法研究经济史，探讨经济学价值判断的形成及其变化，支持韦伯的思想。第一次世界大战后，德国出现了空前的通货膨胀，德国历史学派缺乏理论来应对，束手无策，许多经济学家纷纷脱离该学派，德国历史学派终于解体。德国的社会政策学会也在 1935 年因被纳粹党镇压而解散。

8.6 对德国历史学派经济思想的评价

（1）德国历史学派代表了政府、占主导地位的商业和金融经营者及土地所有者的利益，通过与政府官员建立友好的关系，确立了学术上的主导地位。该学派为政府辩护，强调政府的作用，使政府从中获利；提倡温和的改革，对激进的民主方式进行了压制。德国历史学派的思想不仅对德国特殊的发展道路起到了促进作用，也为其他发达国家和发展中国家的发展起到了示范作用。

（2）无论是旧历史学派的"历史分析法"与"历史生理法"，还是新历史学派的"历史归纳法"与"历史统计方法"，都一致强调历史的特殊性和"历史的方法"，从根本上否定用演绎法抽象出理论，否认存在着普遍的规律。其历史归纳法对经济理论的经验验证做出了新的贡献，使经济学家不断适应新的形势和不断变化的历史环境，使历史归纳法成为演绎法的一种补充，它对经济史学发展的贡献主要在于推进经济学方法论的变化。

（3）德国历史学派为制度学派的产生提供了思想渊源。在其历史分析的基础上，制度学派形成了演化分析的方法，在这种方法的启发下，旧制度经济学兴起，因此旧制度经济学实际上是德国历史学派在美国的变种。

本 章 小 结

德国历史学派形成于 19 世纪初期，兴起于 19 世纪 40 年代，之后在德国流行了半个多世纪。它的风格迥异于当时的主流经济学——古典经济学，是西方主流经济学的第一个反对者。德国历史学派的先驱是李斯特。此后，罗雪尔将以萨维尼为代表的法学研究中的历史方法应用到经济学中，奠定了这一学派的基础。

德国历史学派批判了古典经济学概念的抽象性和片面性，认为古典经济学对经济关系的分析建立在利己主义抽象的概念基础之上，忽视了精神、道德及利他主义等因素的作用；批判了古典经济学的抽象演绎方法，批判古典经济学从抽象概念出发，用演绎的方法推导基本命题，并将其宣布为具有普遍意义的经济规律；批判了古典主义将其"世界主义"建立在抽象演绎方法的基础之上，使其成为"绝对主义"和"永恒主义"；指责英国古典经济学不强调经济生活中国民有机体的重要性，是"世界主义"和"个人主义"的经济学。德国历史学派否定古典经济学的分析范式，强调历史归纳法。

德国历史学派否定抽象演绎法，而提出自己的研究方法，即"历史的方法"。他们认为事物是互相联系的有机体，因此只能运用综合的、归纳的方法；认为事物是发展和变化的，经济规律只具有相对性，因此只能从历史的类比中去发现它。"历史的方法"是德国历史学派区别于其他经济学派的最基本特征。

➢ 关键概念

德国历史学派　德国旧历史学派　德国新历史学派　历史归纳法
生产力理论　《新教伦理与资本主义精神》

➢ 推荐阅读的文献资料

董瑞华，博尔基. 2001. 经济学说方法论[M]. 北京：中国经济出版社.
霍奇逊 G M. 2008. 经济学是如何忘记历史的：社会科学中的历史特性问题[M]. 高伟，马霄鹏，于宛艳，译. 北京：中国人民大学出版社.
梅俊杰. 2022. 李斯特与赶超发展[M]. 上海：上海人民出版社.
欧文. 1997. 经济魔杖：50位经济学家如何影响和改变世界历史[M]. 北京：中国社会出版社.
沙旺斯 B. 2021. 制度经济学[M]. 吕明慧，译. 北京：中国经济出版社.
斯皮格尔 H W. 1999. 经济思想的成长[M]. 晏志杰，刘宇飞，王长青，等译. 北京：中国社会科学出版社.
汤在新. 1990. 近代西方经济学史[M]. 上海：上海人民出版社.
刘帅帅，朱成全. 2019. 德国历史学派经济思想研究[M]. 大连：东北财经大学出版社.
余履雪. 2011. 德国历史法学派：方法与传统[M]. 北京：清华大学出版社.

➢ 讨论题

1. 德国历史学派对古典经济学的挑战体现在哪些方面？
2. 简述历史分析方法的进步性与局限性。
3. 简述德国历史学派对经济学的贡献和影响。
4. 比较李斯特和罗雪尔的经济思想。
5. 简评冯·施穆勒和门格尔关于归纳法和演绎法的争论。
6. 比较桑巴特和韦伯的经济思想。

第 9 章

古典经济学的第三次挑战：边际主义学派

边际主义是指由边际效用和边际成本发展而来的经济学理论。边际效用理论是在 1875 年左右由英格兰的杰文斯、奥地利的门格尔和法国的瓦尔拉斯三位经济学家在同一时间不谋而合地创立的。他们最终使边际主义广为流传。

9.1 边际主义学派概述

9.1.1 边际主义产生的背景及原因

1. 边际主义产生的背景

工业革命以后，尽管社会生产力得到了巨大的发展，劳动生产率得到了极大的提高，但是财富分配的极端不公平引发了许多的不满。这些问题在古典经济学中是无法解决的，这就促使人们寻找其他的解决途径，从而促使了边际主义的产生。

2. 边际主义产生的原因

（1）新价值理论的探索。关于商品价值形成的原因，从古希腊开始形成了两种观点：一是源于生产商品的劳动；二是商品具有的效用。经过古典经济学家斯密和李嘉图等的努力，形成了劳动价值理论，但是劳动价值理论有两个无法解决的难题：一是资本和劳动的交换如何同价值规律相符合？二是不同有机构成的等量资本均能提供相等利润。因此，19 世纪 60 年代便出现了一种寻求新的价值理论的迫切感，并在寻求新价值理论的过程中产生了边际主义。

（2）久已存在的效用价值理论为边际分析提供了工具。李嘉图的价值理论存在缺陷，马克思的价值理论不能被正统的经济学所接受，寻求价值理论的途径就转向了效用价值理论。1844 年，奥地利学派的门格尔、维塞尔第一次提到了边际效用。在英语国家，威克斯蒂德于1888年首次使用这一术语，两年后马歇尔在其《经济学原理》中加以使用，从而使其成为经济学界的一个术语。

（3）数学上微积分的产生为边际主义的创建提供了工具。17—19世纪是数学史上由常量数学向变量数学转变的时代，也是微积分向各个学科高歌猛进的时代，经济学家接受了微积分，并用微积分来研究动态经济问题，促进了边际主义的发展。

9.1.2 边际主义的基本信条

边际主义一词由J. A. 霍布森于1909年创用。20世纪30年代，由于在成本分析、收益分析、替代率及其他经济分析中被广泛运用，边际主义才被普遍使用。总体来看，边际主义的基本信条如下。

（1）关注边际。边际主义将研究的重点放在进行决策的变化点上，将李嘉图地租理论中提出的边际原理拓展到了经济的所有理论之中。

（2）理性经济行为。边际主义继承了边沁的假定，即人类寻求效用而避免非效用。假设人们在平衡快乐和痛苦，假设有目的的行为是正常和典型的，而随机的不正常行为会相互抵消。

（3）以微观分析为重点。边际主义将单独的企业和单独的个人作为经济分析的重点，考虑单独的个人行为和单个企业的产出，而不考虑宏观经济问题或者经济的总体问题。

（4）使用抽象演绎的方法。边际主义拒绝历史分析方法，而倾向于李嘉图等的抽象和演绎的方法。

（5）对完全竞争的强调。边际主义将其分析建立在完全竞争的假设基础之上，企业家是主体，买者和卖者众多，产品同质，且具有统一价格。

（6）强调需求导向的价格理论。古典经济学强调供给，而边际主义强调需求，将供给排除在外。此后，马歇尔将其综合为供给和需求共同决定价格的新古典经济学。

（7）对主观效用的强调。边际主义认为需求取决于边际效用，而边际效用是一个主观的心理现象。

（8）均衡分析方法。边际主义相信各种经济力量通常趋于平衡，相反的作用力之间也会达到一种平衡。

（9）最小的政府干预。边际主义继承了古典经济学对政府最小干预的分析，认为在多数情况下，为实现社会利益的最大化，政府不应对经济运行加以干预。

9.2 边际主义的方法论

边际主义在研究方法和研究对象上，不同于以往传统的经济学。它以"经济人"最终如何获得最大效用或最大满足为研究对象；把研究范围限定在资源的合理使用或最优配置的领域内；强调消费、效用和需求，把经济学改造成为以消费、交换和生产为主的理论体系；以边际稀缺原理来阐明"经济人"所遵循的法则，并以数学方法（特别是边际增量分析方法）或数学模型加以解说。这就为后来的应用经济学提供了思路、奠定了基础，这是西方传统经济学发展的新高度。边际主义者建立其理论体系时，采取了两种方法：一种是抽象演绎法，这种方法是"从现实形态的概念中抽象出理想形态的概念并加以解说，并依照这些理想形态的概念进行推理与论证"[1]；另一种是数学方法，也就是边际分析法。

9.2.1 边际分析

边际量是指生产、交换、分配和消费在一定条件下的最后增量。这一增量的性质和作用研究构成了边际分析的主要内容。

在西方经济学中，边际分析法是最基本的分析方法之一，是一种比较科学的分析方法。边际分析法是对追加的支出和追加的收入进行比较，二者相等时为临界点，也就是投入的资金所得到的利益与输出的损失相等时的点。如果组织的目标是取得最大利润，那么当追加的收入和追加的支出相等时，这一目标就能达到。

边际分析法的数学原理很简单。对于离散（discrete）情形，边际值（marginal value）为因变量变化量与自变量变化量的比值；对于连续（continuous）情形，边际值为因变量关于某自变量的导数值。因此，边际的含义本身就是因变量关于自变量的变化率，或者说是自变量变化一个单位时因变量的改变量。在经济管理研究中，经常考虑的边际量有边际收入、边际成本、边际产量和边际利润等。

边际分析法由来已久，李嘉图的地租理论和杜能的生产力理论中已经充分运用了边际分析的概念，此后边际主义经济学家明确地使用了这一概念。西方经济学的边际分析法的起源可追溯到马尔萨斯。他在1814年曾指出微分法对经济分析可能具有的作用。1824年，汤普逊首次将微分法运用于经济分析，研究政府的商品和劳务采购获得最大利益的条件。功利主义创始人边沁在其以最大快乐和最小痛苦为人生追求目标的信条中，首次采用最大和最小术语，并且提出了边际效应递减的原理。19世纪70年代，门格尔的学生第一次将边际分析固定下来，1890年马歇尔在其《经济学原理》一书中加以使用，从此边际分析成为经济学中常用的一个概念。

9.2.2 边际分析的基本范式

在西方经济学中，我们把研究一种可变因素的数量变动会对其他可变因素的变动产生多大影响的方法称为边际分析法。边际分析法就是运用导数和微分方法研究经济运行中微增量的变化，用以分析各经济变量之间的相互关系及变化过程的一种方法。

边际，即"额外""追加"的意思，是指处在边缘上的"已经追加上的最后一个单位"，或"可能追加的下一个单位"，属于导数和微分的概念。边际值是指在函数关系中，

---

[1] 晏智杰. 2004. 边际革命和新古典经济学[M]. 北京：北京大学出版社：81.

自变量发生微量变动时，在边际上因变量的变化。边际值表现为两个微增量的比。这种分析方法广泛应用于经济行为和经济变量的分析过程，如对效用、成本、产量、收益、利润、消费、储蓄、投资和要素效率等的分析。

边际分析法之所以成为西方经济学研究中非常重要的方法，是由西方经济学的研究对象决定的。西方经济学研究资源最优效率的使用，而最优点实际就是函数的极值点，根据高等数学的知识，很容易理解，数学方法求得极值就是对函数求导数，当它的一阶导数为零时，即找到极值点。

经济学研究经济规律，也就是研究经济变量相互之间的关系。经济变量是可以取不同数值的量，如通货膨胀率、失业率、产量和收益等。经济变量分为自变量与因变量。自变量是最初变动的量，因变量是由于自变量变动而引起变动的量。例如，如果研究投入的生产要素和产量之间的关系，可以把生产要素作为自变量，把产量作为因变量。自变量（生产要素）变动量与因变量（产量）变动量之间的关系反映了生产中的某些规律。分析自变量与因变量之间的关系就是边际分析。

9.2.3　边际分析给经济学带来的突破

（1）边际分析使经济学概念从常量发展到变量，在经济思想史上是一次质的转变。在边际革命之前，数学工具的使用仅限于常量范围，经济分析只能采取平均分析的方法。而边际分析是一种现状分析，对经济分析和经济决策而言，现状分析是非常重要的。因此，从平均值分析到边际分析是经济学的一个重大发现。

（2）边际分析奠定了最优化分析的理论基础，为经济学提供了一个可以运用数学的理论框架。边际分析是研究函数在边际点上的极值问题，研究因变量在某一点上是由递增变为递减，还是由递减变为递增的规律，因此边际分析是研究最优化分析的方法。

（3）边际分析引起了经济学研究对象和研究方法的变革。由于边际分析，需求和资源的相对稀缺成为经济学分析的中心问题。而稀缺使权衡比较各种可供选择的方案和抉择成为必要，使经济学由具有社会和历史意义的政治经济学转变为纯粹研究如何把有限的稀缺资源分配给无限而有竞争性的用途上。

同时，边际分析使经济学的研究方法发生了变化，为实证经济学的产生奠定了基础，推动了实证经济学的发展，并使实证经济学成为经济学研究中独立的一部分。

9.3　边际主义先驱及其经济理论

9.3.1　古诺及其垄断理论

1. 生平与著作

安东尼·奥古斯丁·古诺（Antoine Augustin Cournot　1801—1877）是法国数学家，

曾经担任里昂大学的教授、院长等职。其主要经济著作是《财富理论的数学原理的研究》（1838 年），该书完全运用数学进行经济学分析，是用数学分析方法进行经济分析的最重要的先驱著作。古诺被人称为数理经济学的先驱。

古诺以矿泉水生产为例，假设一个垄断者占有全部的生产资源，不需要任何生产成本就能生产。古诺认为，垄断者虽然可以制定价格，但是他关心的是自己的收入，而不是产品的价格，提高价格，销售量就会降低，由此得出垄断价格不一定是最高价格。对于如何判断垄断利润的最大化，他提出了垄断利润最大化的原则：总收益=价格×数量。

最大化的总收益也就是总利润最大化，运用微积分，古诺认为这个数量就是总收益函数的导数（边际收益）等于零的那个点。

2. 双寡头理论

古诺的双寡头理论主要分析了市场上只有两个主要企业竞争的情形，这是经济学家第一次正式尝试分析一个垄断市场机构中卖者的行为及其表现。在双寡头理论中，古诺假定消费者制定价格，而卖者仅仅依据这些价格来调整它们的产出，并且假设在对手的产出保持不变的情况下确定自己的产量和销售量。每一个生产者都通过对自己产出的不断调整而达到一个稳定的均衡点，并且两个垄断者都销售相同的产品，价格高于竞争价格而低于垄断价格。

9.3.2 朱尔斯·度比及其经济思想

1. 生平与著作

朱尔斯·度比（Jules Dupuit 1804—1866）是法国边际主义的第二位先驱，早年从事水利系统的研究与设计工作，后来发表了一系列关于边际效用递减、消费者剩余和价格歧视的文章。

2. 经济思想

1）边际效用与需求

第一，度比认为，一种产品的价值对不同的人来说是不一样的，一个人从一种产品中得到的效用主要取决于对产品的使用。产品一般是先用在价值比较高的用途上，再用在价值比较低的用途上。

第二，度比将边际效用递减与个人和市场的消费曲线连接起来，观察到随着产品价格的下降，人们会购买更多产品来满足较低的边际效用或者欲望。

第三，度比确立了需求曲线的概念，认为产品的价格与人们的购买欲望之间存在反向的关系。瓦尔拉斯批评度比没有将边际效用曲线和需求曲线分开。但是，度比是第一位画出需求曲线的经济学家。

2）消费者剩余

度比认为，如果以每一个单位为基础，每一个单位的边际效用与其价格之间的差额是相关效用或者剩余效用。所有边际效用与价格之间的差额总和就是总的消费者剩余。

3）垄断价格的歧视问题

度比从事桥梁和公路方面的工作，它们都是垄断性行业，在政府可以任意定价的情况下，如果总目标是效用最大化，则价格应该为零。如果价格高于零，就会产生两种结果：一是效用从消费者那里转移到卖者；二是一些效用消失了，形成了绝对的损失。针对这种情况，度比提出了一个补偿提供成本的方案，用多重和双轨的价格来补偿效用的损失，这种多重和双轨的价格就是今天的价格歧视。

9.3.3 冯·杜能的区位理论

1. 产生背景

18世纪末至19世纪初，德国仍然是一个封建割据的农业国，英、法等国却已走上工业化道路。英国工业化前后，农产品价格上涨，一些德国农场主通过与英国的农产品贸易而获利，于是尽量多买土地，扩大生产规模，德国农业开始向大型化、商品化过渡。为了研究德国农业经营模式和产业化问题，约翰·海因里希·冯·杜能（Johann Heinrich von Thunen 1783—1850）潜心经营农庄十载，收集了极为详细的资料，于1826年撰写了巨著《孤立国同农业和国民经济的关系》。

冯·杜能是19世纪初德国经济学家，他所生活的欧洲，当时正处于剧烈变化的时期，人口空前增长，城镇急剧扩张，对食物的需求也迅速扩大。德国农业正在艰难地摆脱封建束缚，邻国英、法的工业发展，也使德国向这些国家的城市提供粮食及农副产品成为一项新兴事业。当时德国农业面临的主要问题是：①在什么地区种植什么农作物最有利？②农业经营的集约化程度是高好还是低好？

冯·杜能设想了一个孤立于世界之外、四周为荒地所包围的孤立国，其中心是一个大城市，这个城市是孤立国制造品的唯一供给者，而城市的食品则完全由四周的土地（一个农业大平原）供给；孤立国内各地自然条件和运输条件相同，农业生产的利润 $V=P-(C+T)$，其中，P 是农产品价格，C 是成本，T 是运费。杜能以利润最大化为目标函数，得出这样的结论：为了利润最大化目标，农场生产的品种选择与经营方式的首要决定因素是距离，即生产地与市场的距离。农场种植什么作物获利最大，主要不是由自然条件决定的，而与特定农场（或地块）与中心城市（农产品消费市场）的距离密切相关；农业经营规模也与距离密切相关。

该理论的中心思想是：农业土地利用类型和农业土地经营集约化程度，不仅取决于土地的天然特性，更重要的是取决于其经济状况，尤其是它到农产品消费地（市场）的距离。其目的是探讨土地利用所能达到的最大纯收益，即在距市场远近不同的土地上，不同的农业分布导致经营所能获得的地租（级差地租）。

2. 理论的基本假设

区位理论的研究对象是一个简单的孤立国，孤立国只有一个城市，是工业品的唯一供应地和农产品的唯一销售市场。

孤立国位于大平原上，平原上各个地方都具有一致适宜的自然条件，如气候、土壤和地形等，平原外围是荒原，与外部世界相隔绝，孤立国完全能够自给自足。

孤立国没有任何可通航的河流或运河，马车是孤立国各地进行交易的唯一交通工具。农民生产的唯一目的是获得最大纯收益。

孤立国内各地农业经营者的生产能力、技术条件相同；市场的农产品价格、农业劳动者工资和资本的利息在孤立国都是假设固定不变的。

运输费用与运输产品的重量和生产地到市场的距离成正比，并由农业生产者承担。

3. 杜能圈

冯·杜能利用区位地租理论分析了城市周围土地利用类型及农业集约化程度，计算出了各种农作物组合的合理分界线。其结论是：一个孤立国可以划分为六个绕城市中心呈同心环带分布的农业圈层，每一圈都有其特定的农作制度，土地利用类型和农业集约程度随着距离城市和市场的远近而变化，这些圈被称为"杜能圈"。

（1）第一圈为自由农作圈。这一圈层距离城市和市场最近，土地利用集约化程度最高，主要生产一些鲜奶和蔬菜等易腐易烂、难运输、不易储存、运费高的产品。因为当时的运输工具主要是马车，并且没有储存保鲜技术，所生产这些产品的地点不可能离市场太远，否则产品腐烂会增加生产成本，导致收益下降。这一带在选择农作物种类与经营方式上，因距离市场较近，受运输条件的限制较小，具有较大的自由度，可选择的农作物和经营方式较多，故称为自由农作圈。

（2）第二圈为林业圈。在当时，城市居民取暖、做饭主要靠木材，因此对木材的需求量很大。但是木材本身的特点是体积大、笨重、运输费用较高，因此不宜离城市和市场太远。又因为它们不像牛奶和蔬菜等农产品那么易腐变质，所以位于第二圈。

（3）第三圈为轮作农业圈。这一圈层距城市和市场不太远，农作物集约化程度也比较高，基本上没有休闲地。主要种植谷类作物和饲养牲畜，生产的农产品一般为谷物和土豆等，主要向城市供应农产品和畜产品。该圈层虽然距城市不远，但是不易得到城市的粪肥，需要靠自身的能力解决肥料供应问题，因此需要农牧合理轮作，以保持地力。这一圈层采用六年轮作制，即黑麦—黑麦—马铃薯—小麦—苜蓿—豌豆，麦类提供商品，马铃薯自给，豆科作物恢复地力，饲养牲畜以提供肥料。

（4）第四圈为谷草农作圈。这一圈层离城市和市场较远，运费较高，得不到城市的肥料，采用谷物、牧草和休闲地轮作的方式比较好。该圈层的面积在各圈层中最大，依靠广种薄收，向城市提供谷物和畜产品，一般以后者为主。这一圈层采用七年轮作制，3/7 的土地种粮食，其余种牧草和休耕，即黑麦—大麦—牧草—牧草—牧草—休耕，通过周期较长的轮作防止地力因重复使用而降低。而且，此圈层的经营方式比较粗放，属于粗放式农牧业。

（5）第五圈为三圃式轮作圈。这一圈层离城市和市场更远，是整个谷物种植地带的最外围，运输农产品的费用更高，农业经营方式和管理方式只能是极端粗放型，以降低生产成本，弥补运费的增加。当时实行三圃轮作制，即谷物—牧草—休耕，谷物中黑麦、燕麦、休耕各占 1/3，属于极端粗放农牧业。

（6）第六圈为畜牧圈。这是孤立国最外围的一个边际农业圈，距城市和市场最远，运输费用最高，农民种的谷物只是为了人畜自食之用，大量土地用来放牧或种植牧草，可加工少部分易于运输的畜产品及奶油等，易于运输，这一圈层属于极端粗放畜牧业。

9.4 边际主义代表及其经济理论

9.4.1 威廉姆·斯坦利·杰文斯

1. 生平与著作

威廉姆·斯坦利·杰文斯（William Stanley Jevons 1835—1882）出生于英国利物浦的一个商人家庭，优越的家庭环境使他接受了良好的教育，他在大学主修数学和冶金。家庭破产之后从事工作，放弃了学业。后来在曼彻斯特大学欧文学院教授逻辑学、道德哲学和政治经济学，其著作《政治经济学理论》出版在这一时期。由于性格的极度内向，他的思想对学生和后辈没有产生影响，在 47 岁时因游泳溺水而死。

2. 价值理论

杰文斯的价值理论批评了李嘉图的理论，他认为"李嘉图将经济学的列车驶入了错误的轨道"，认为约翰·斯图亚特·穆勒将这部列车进一步推向混乱。其价值理论包括如下几个方面。

（1）边际效用递减理论。认为效用不能直接度量，至少不能用现代工具度量，只能通过观察个人的行为和注意个人的偏好来估计。但是单个人可以对某一产品的连续若干单位的效用进行比较。

（2）等边际效用原则。人们在消费中的趋向是使各种最后的效用程度相等。任何两种商品交换，在成交时的最后效用程度的相互比率，决定该两种商品的交换价值。据此，他认为效用最大化的消费者将会以这样的方式来配置其货币收入，即花在所有商品上的最后一美元的效用是相等的。即

$$MU_x/P_x = MU_y/P_y$$

（3）交换理论。用效用最大化原理解释得自交换的利益，他用交换的两个团体假设来解释双方如何得利，以及在哪一点上停止的问题。结论是：当每一个贸易团体的两种产品的边际比率与价格的比率相等时，交换将停止。两种商品的最后效用程度对双方都相等，双方都得到满足。

（4）劳动力理论。杰文斯反对劳动价值理论，认为劳动不能成为价值的调节者，但是对劳动的作用却极为重视，提出了最优工作数量理论。他认为劳动是一种主观的、

心理的成本，是一种"痛苦的努力"，经济学的问题是"用可能的、最少数量的劳动来满足我们的需要"，为了达到这一目的，工人必须对比工作的痛苦和收入的快乐。

（5）经济周期的太阳黑子说。认为太阳黑子的周期影响气候，而气候又影响农作物的产量。其思想逻辑是太阳黑子的变化引起大地潮汐的变化，大地潮汐的变化引起气候变化，气候变化引起农业产量的变化，农业产量的变化引起经济周期波动。

9.4.2 卡尔·门格尔

1. 生平与著作

卡尔·门格尔（Carl Menger 1840—1921）是边际主义的代表人物之一，生于加利西亚（时为奥地利领土，现属波兰），是19世纪70年代开启了新古典经济学序幕的"边际革命"的三大发起者之一，经济学中的奥地利学派的开山鼻祖，先后在维也纳大学和布拉格大学学习。他后来成为维也纳大学的教授，出版了其开创性的著作《国民经济学原理》。1883年，他出版了第二部著作《关于社会科学，尤其是政治经济学方法的探讨》，这本书引起了奥地利学派与德国历史学派关于经济学方法的论战。

2. 经济思想

（1）价值理论。门格尔的价值理论主要说明了人们的主观评价是如何使竞争性的市场过程运转起来的，把价格看作由主观估价形成的变量。其价值理论的内容包括以下三点。第一，将价值理论建立在效用的概念基础之上，但是其价值理论没有用数学，也和边沁的思想相区别。第二，序数效用论和基数效用论。门格尔认为理性的"经济人"不仅能以序数的方式来排列满意程度，而且还能以基数的方式来排列其满意程度。第三，价值的度量是主观的。一件商品对一个人来说可能具有极大的价值，对第二个人可能价值极小，对第三个人可能没有价值。价值的大小取决于三个人的偏好的差异和每个人可得的收入数量。价值不仅本质是主观的，而且度量是主观的，价值与生产成本没有关系。

（2）归于理论。归于理论研究的是机器、设备等高价产品的决定。服务和消费品的价格是由其总效用和边际效用决定的，机器、设备等高价产品的价值是如何决定的？门格尔在其归于理论中认为这些产品对消费者也产生效用，但是是以非直接的方式进行的。例如，铁对消费者的边际效用是由铁制成的顶针的边际效用决定的，铁的有用性是顶针的有用性归于它的。归于理论将边际效用原理扩展到了整个生产领域和分配领域。这一价值理论是对劳动价值理论和实际成本理论的抨击。

9.4.3 弗里德里希·冯·维塞尔

1. 生平与著作

弗里德里希·冯·维塞尔（Friedrich von Wieser 1851—1926）是奥地利学派的三大

创始人之一，出生于维也纳一个高级军官家庭，早年在维也纳大学学习法律，毕业后到奥地利政府机关供职达十年。曾去德国，在历史学派的罗雪尔等的指导下学习经济学。1884年到布拉格大学任教，1889年成为该校经济学教授。1903年接替门格尔任维也纳大学经济学教授。主要著作有：《经济价值的起源及主要规律》（1884年）、《自然价值》（1889年）、《社会经济理论》（1914年）、《强权的法律》（1926年）。

2. 经济思想

（1）交换价值。维塞尔认为交换价值是主观的，不存在客观的价值理论，交换价值是由边际效用和购买力的组合来决定的。钻石和黄金的价格极高，是因为它们是奢侈品，其价值的评估与支付是由最富有的阶层的购买力决定的。粗糙的食品和铁的价值极低，因为这是由穷人的购买力和穷人对其的低估决定的。

（2）自然价值。自然价值是所获得的全部产品的边际效用之和，在自然价值的角度，产品仅由其边际效用决定。

（3）机会成本。维塞尔提出了机会成本理论或者选择成本理论，将生产成本转化为一种主观心理成本，即生产某种产品的企业家放弃了生产并销售可供选择的其他产品的机会。

9.4.4 欧根·冯·庞巴维克

1. 生平与著作

欧根·冯·庞巴维克（Eugen von Böhm-Bawerk 1851—1914），奥地利三大创始人的第三位，奥地利学派的主要代表人物之一，曾就读于维也纳大学法律专业，后在海得尔贝格大学、莱比锡大学和耶拿大学攻读政治经济学。1881年任因斯布鲁克大学的经济学教授。1889年进入奥地利财政部，任币制改革委员会的副主席。自1895年开始，曾三次出任奥地利财政部部长。1904年辞去财政部部长职务，任维也纳大学经济学教授。其代表作有《资本与利息》《资本实证论》。他的《资本与利息》被称为"科学发展史上最重要、最有创造性的著作"。

2. 经济思想

（1）对时间因素的分析。庞巴维克所分析的时间不是与经济系统相关的时间，也不是与经济增长相关联的时间，而是作为经济正常生活过程中的一个重要因素的时间，这一时间影响所有的价格、价值和收入。

（2）利息理论。庞巴维克提出了利息贴水理论，运用时间因素研究了引起利息上升的因素。第一，以现在为导向。他区别了现在物品和未来物品，人们对现在物品的评价总是高于未来物品，有三个原因。一是需要与供应之间的差别。人们处于眼前的急用需要，总是高估现在的物品。二是低估未来。一方面人们不太重视未来的痛苦，习惯于低估未来的需要、低估满足未来需要的物品。另一方面由于意志上的缺陷，放纵现在，而低估未来的需要。三是现在物品技术上的优越性。现在的物品在技术上一般是先满足人类需要的手段。它比未来物品具有更大的效用。第二，对财富增长的预期。人们预期未来财富是增长的，那么就无须过于担心未来消费不足，相反，如果总是过于偏重消费，那么，由于人生短促，人们也许活不到那个时候，这也会使人们重视现在物品，而忽视未来物品。

（3）迂回生产理论。当越来越多的资本品被生产出来用于制造最终产品时，生产过程被延长，或者变得迂回。迂回生产方式下，资本被扩大。迂回生产方式比直接的生产方式花费更多的时间，方法越迂回，花费的时间越长，就需要增加更为复杂的设备，从而增加资本。因此，在生产中使用资本就必须考虑时间因素。

9.4.5 约翰·贝茨·克拉克

1. 生平与著作

约翰·贝茨·克拉克（John Bates Clark 1847—1938）是美国经济学家、哥伦比亚大学教授，以及美国经济学会创始人、该学会第三任会长，倡导静态与动态两种经济分析方法。主要著作有《财富的哲学》《财富的分配》《经济学纲要》。1872年，在25岁的时候，他到德国进修经济学，师从德国历史学派经济学家克尼斯。1872年底到1875年，克拉克大多数时间在海德堡，受到了德国历史学派的影响。回到美国后，克拉克在卡尔顿学院任教期间发表了他的第一篇经济学论文《财富的新哲学》论述效用，1887年底，克拉克又发表了一篇涉及效用思想的论文。

2. 经济思想

克拉克在从事教学和研究中，摆脱了历史学派的影响，把边际效用学派的理论同萨伊等人提出的资本也具有生产力的理论结合，建立起自己的经济学理论体系——边际生产力理论，形成美国理论经济学派，并成为19世纪末20世纪初边际主义在美国的重要代表。其重要思想如下。

（1）静态经济学和动态经济学。他把经济学分为三部分。一是普通经济，说明财富的一般现象，研究普遍规律，即适用于一切社会、存在于人与自然间关系的经济规律。二是静态社会经济，研究静态经济规律，即研究抽去人口、资本、技术、组织、消费倾向等变动因素的社会生产、交换、分配、消费的经济规律。三是动态社会经济，研究动态经济规律，即研究存在一切变动因素的社会经济的规律。他认为，只有在静态经济中才能发现发挥作用的静态势力，静态经济学是抽去动态经济中的变动因素的一种"均衡"状态分析。在静态经济学基础上，才能研究从一种均衡向另一种均衡过渡的动态经济学。

（2）分配理论。他在静态经济中分析了决定工资和利息的规律，认为劳动的收入——工资或资本的收入——利息是由劳动或资本的边际生产力（连续增加劳动或资本时，最后增加的一单位劳动或资本所增加的产量）所决定的。按这种理论，劳动和资本共同创造了产品的价值，并相应得到自己的报酬，没有剥削存在。他认为，利润是动态经济的范畴，是企业主的收入之一，它随新发明、新技术出现而产生，又随新发明、新技术被广泛采用而消失。实际上，他所说的利润是超额利润。在他的理论中，地租是与利息相同的一种形式。克拉克的边际生产力理论具有浓厚的辩护色彩，是西方经济学家主张降低工人工资和减轻资本家税负的重要理论依据。克拉克的边际生产力分配论在经济学说史上有深远影响。它将土地报酬递减规律扩大为包括劳动和资本在内的要素报酬递减规律。边际生产力理论的出现，完成了将边际分析推广到包括产品分配领域在内的整个经济生活领域的过程。它是边际效用学派的最具代表性的分配理论。

本 章 小 结

边际主义是指由边际效用和边际成本发展而来的经济学理论。边际主义学派将研究的重点放在进行决策的变化点上，将李嘉图地租理论中提出的边际原理拓展到了经济的所有理论之中。

边际主义在研究方法和研究对象上，不同于以往传统的经济学。它以"经济人"最终如何获得最大效用或最大满足为研究对象；把研究范围限定在资源的合理使用或最优配置的领域内；强调消费、效用和需求，把经济学改造为以消费、交换和生产为主的理论体系。

边际分析使经济学概念从常量发展到变量，这在经济思想史上是一次质的转变。边际分析奠定了最优化分析的理论基础，为经济学提供了一个可以运用数学的理论框架。边际分析引起了经济学研究对象和研究方法的变革，使需求和资源的相对稀缺成为经济学分析的中心问题。

➤ 关键概念

边际主义　边际分析　边际分析法　双寡头理论　消费者剩余　杜能圈

➤ 推荐阅读的文献资料

白暴力. 2006. 价值价格通论[M]. 北京：经济科学出版社.
陈信，陈勇. 2004. 当代经济思潮[M]. 大连：东北财经大学出版社.
程祖瑞. 2003. 经济学数学化导论[M]. 北京：中国社会科学出版社.
豪伊 R. 1999. 边际效用学派的兴起[M]. 晏智杰，译. 北京：中国社会科学出版社.
胡寄窗. 1991. 西方经济学说史[M]. 上海：立信会计出版社.
晏智杰. 2021. 经济学中的边际主义[M]. 北京：商务印书馆.
赵迺抟. 2007. 欧美经济学史[M]. 北京：东方出版社.

➤ 讨论题

1. 简述边际主义学派对现代经济学的贡献。
2. 边际主义学派对古典经济学提出了哪些挑战？

3. 边际分析法为什么是一场革命？这一革命产生的结果是什么？
4. 边际分析给经济学带来了哪些突破？
5. 简评古诺的双寡头理论。
6. 简述度比的经济思想。
7. 简评杜能的区位理论。

第三篇

新古典经济学及其争论时期

第 10 章

现代经济学范式的形成：新古典经济学

新古典经济学是 19 世纪 70 年代由"边际革命"开始而形成的一种经济学流派。它在继承古典经济学经济自由主义的同时，用边际效用价值论代替了古典经济学的劳动价值论，用以需求为核心的分析代替了古典经济学以供给为核心的分析。新古典经济学形成之后，代替了古典经济学成为当时经济理论的主流。新古典学派主要包括奥地利学派、洛桑学派和剑桥学派。新古典经济学认为边际效用递减规律是理解经济现象的一个根本基础，利用这一规律可以解释消费者面对一批不同价格的产品时所采取的购买行为、市场参与者对价格的反应，以及各种资源在不同用途之间的最佳配置等各种经济问题。

10.1 新古典经济学概述

新古典主义经济学与古典主义经济学区别主要有两个方面。一是古典和新古典的价值理论不同。古典经济学的核心是劳动价值理论，而新古典则完全放弃了劳动价值理论，采用效用价值理论，进一步到均衡价值理论。二是分析方法不同。古典经济学受数学方法所限，主要从总量上分析经济的均衡；而新古典时期，数学有了巨大的进步，这样数学的使用渗透到经济研究中，分析方法也从古典时期的总量分析过渡到新古典的边际分析。

10.1.1 新古典经济学的基本信条

（1）新古典经济学的考察范围。古典经济学家认为经济问题的本质是动态的，他们用产出来衡量经济福利，而产出是可用的劳动数量及其生产力的函数。新古典经济学回答的问题是：如何才能增加资本存量、扩大市场以提高劳动生产率，从而提高社会福利水平？新古典经济学认为经济问题就是通过竞争合理地配置给定数量的稀缺性资源，从而获得最优结果。稀缺成为经济学的中心问题，这使经济学从关注动态增长转向了关注静态的效率问题。

（2）研究方法的变化。引入了边际分析，并用边际分析形成了边际效用价值理论，代替了古典经济学的劳动价值理论，解决了"斯密悖论"中关于水和钻石价值的大小问题。在研究方法上更注重证伪主义的普遍化、假定条件的多样化、分析工具的数理化、研究领域的非经济化、案例使用的经典化、学科交叉的边缘化。

（3）"经济人"的出现。认为消费者至上，提出了新的"经济人假设"，认为每个个体总是处于边际支出和边际效用之间力求平衡的连续过程之中。为消费者至上提供了理论基础，认为"消费是所有生产的唯一结果和目标，只有在保证消费者利益的前提下，才能关注生产者的利益"。

（4）完全竞争。完全竞争是古典经济学的重要假设条件，这一条件在新古典经济学的框架下得到了改进，形成了新古典经济学完全竞争的三个条件：一是完全信息，二是较大的数量，三是产品同质。

10.1.2 新古典经济学关于市场有效性的假设

斯密"看不见的手"理论在经济学中占有非常重要的地位，斯密之后的经济学家力图使其精确化、规范化。特别是新古典经济学家运用数学原理证明了市场机制的有效性假设，这些假设主要包括以下几点。

（1）完全和对称信息假设。市场交易双方对交易的内容、商品的质量和衡量标准有完全充分和对称的假设。

（2）完全竞争假设。市场上有众多的厂商和消费者，每个人只能被动地接受市场价格，按价格信号决定自己应当如何生产与消费，不能以任何手段操纵价格。

（3）规模报酬不变或递减的假设。随着生产规模的增加，单位产品的成本只会保持不变或者增加，而不会减少。厂商增加产量不会增加单位产品的报酬率。

（4）生产和消费没有外部性。"经济人"的生产和消费活动不会对其他人的福利造成任何有利或有害的影响。

（5）交易费用忽略不计。人们总是能达成自愿的交易，增进彼此的福利。

（6）"经济人"完全理性的假设。个人在做出经济决策时，总是能最大限度地增进自己的福利。

10.2 新古典经济学的方法论

10.2.1 个体主义方法

新古典经济学的研究基础是"对个体现象或过程的研究"，其方法论从本质上讲也可以概括为个体主义方法。其理论中的"个体"就是其关于"经济人"的假定，它不仅构成了整个新古典微观经济学的核心，也为新古典宏观经济学大厦奠定了基石。

10.2.2 证伪主义的普遍化

英国哲学家波普尔创立了科学哲学理论。波普尔从反对逻辑实证主义的关于科学理论来自对经验归纳的观点出发，把科学理论看作普遍命题，认为科学理论不断通过有限的、个别的经验事实而被证实，但个别的经验事实都能证伪普遍命题，即如果根据演绎推理得出的结论是假的，其前提必假。在他看来，一种理论所提供的经验越丰富、越精确、越普遍，它的可证伪度就越大，科学性就越高。波普尔证伪主义对归纳法进行了彻底的否定，大力提倡"证伪原则"，并提出了新的科学划界标准。这种标新立异的学说不仅对西方哲学发展起到重要作用，而且对西方经济学方法论的发展产生了深远的影响。布劳格在其《经济学方法论》中将20世纪经济学方法的演变历史归纳为一句话："证伪主义者，整个20世纪的故事。"发生于19世纪的证伪主义与实证主义的较量，同样贯穿于20世纪经济学发展的始终，促进西方经济学循环不断地前进。

10.2.3 分析工具的数理化

经济学与数学的结合本来不是始于20世纪，但是，数学在经济学中的应用与发展，尤其在第二次世界大战结束以后，是如此地专门化、技术化、职业化，甚至到了登峰造极的地步，这使得经济学大厦更严密，使得相关表达更准确、思维更成熟。

10.3 新古典经济学的派别

10.3.1 第一代新古典派经济学

现代西方经济学的系统性发展源自斯密，经李嘉图、西斯蒙第、约翰·斯图亚特·穆勒和萨伊等，逐渐形成了一个经典的经济学理论体系，即古典经济学。20世纪以后，现代西方经济学历经了"张伯伦革命""凯恩斯主义革命""预期革命"三次大的革命，形成了包括微观经济学和宏观经济学的基本理论框架，这个框架被称为新古典经济学，以区别于先前的古典经济学。新古典经济学集中而充分地反映了现代西方主流经济学过去100年的研究成果和发展特征，它在研究方法上更注重证伪主义的普遍化、假定条件的多样化、分析工具的数理化、研究领域的非经济化、案例使用的经典化和学科交叉的边缘化。

10.3.2 第二代新古典派经济学

第二代新古典派经济学是通过对以往新古典派经济学的细化，于 1970 年形成的学派。其理论框架由理性预期假说和自然失业率假说组成。该学派主张市场经济能自动解决失业和市场不景气等问题，而政府主导的稳定政策没有任何效果。与货币主义不同的是，该学派认为失业和通货膨胀的两难问题在长期、短期均不存在。该学派有时也因为其对理性预期的注重而被称为理性预期学派，但这不能算作正式的学派称呼。

20 世纪 80 年代以后，以澳大利亚华裔经济学家杨小凯为代表的一批经济学家，用非线性规划和其他非古典数学规划方法，将被新古典经济学遗弃的古经济学中关于分工和专业化的精彩经济思想变成决策和均衡模型，掀起了一股用现代分析工具复活古典经济学的思潮，并逐渐形成一个新的经济学流派。这个流派被称为"新兴古典发展经济学"，以区别于新古典经济学。

10.4 新古典经济学的创建者：阿尔弗雷德·马歇尔

10.4.1 生平与著作

1. 生平

阿尔弗雷德·马歇尔（Alfred Marshall 1842—1924），近代英国最著名的经济学家之一，新古典学派的创始人，剑桥大学经济学教授，19 世纪末 20 世纪初英国经济学界最重要的人物。在马歇尔的努力下，经济学从仅仅是人文学科和历史学科的一门必修课发展成为一门独立的学科，具有与物理学相似的科学性。剑桥大学在他的影响下成立了世界上第一个经济学系。

马歇尔出生于伦敦郊区的一个工人家庭，虽然家境一般，父母却努力让他接受良好的教育。青年的马歇尔进入剑桥大学学习数学、哲学和政治经济学，尽管他对哲学尤其是肯特和黑格尔的作品饶有兴趣，但最终还是选定经济学为专业。做出这个决定的重要原因是马歇尔曾走访英国的贫民区，无法忘却他所见到的贫穷和饥饿。

马歇尔受到当时英国著名的哲学家、经济学家亨利·西奇威克的影响，正因为西奇威克对他在经济学及道德哲学方面的影响很大，马歇尔的学术兴趣逐渐由物理学转向了哲学和社会科学。于是，马歇尔的思想开始了一生中最重要的转变。他曾经把西奇威克称为自己"精神上的父母"。

后来，马歇尔看到了 19 世纪中期在资本主义制度下英国出现的严重的社会不公平现象，他感觉到，神学、数学、物理学和伦理学都不能够给人类带来"福音"，于是，他把注意力转移到政治经济学上来，把理解社会现状的希望寄托在经济学的研究上，打算从经济上来分析社会不公平的原因。他把经济学看成增进社会福利、消灭人类贫困的科学。马歇尔是性情温和、富有同情心和为人道的热诚所感动的人。他致力于这样的信念：全体人民的福利应当是一切私人努力和公共政策的最终目的。

1877年，马歇尔和他的学生马莉·帕利（Mary Paley）结婚，并与其合著了他的第一本书《产业经济学》。他于1884年在布里斯托尔得到第一份学校方面的工作，被剑桥大学任命为政治经济学教授，并在这个职位上工作了23年。作为经济学家，他与日俱增的声望吸引了大批学生来听课，但是因为他的授课模式最适合于小团体，所以他不得不竭力阻止学生来听课。

马歇尔及其学生，如凯恩斯、尼科尔森、庇古和麦格雷戈等，先后长期在剑桥大学任教，因此被称为剑桥学派，而马歇尔是剑桥学派的创始人。

因为马歇尔的经济学体系可以被看作对古典经济学的继承与发展，所以西方经济学界称其为新古典学派的创始人。

2. 著作

马歇尔的主要著作有：《工业经济学》（1879年）、《经济学原理》（1890年）、《货币、信用与商业》（1923年）、《战后的国家税收》（1917年）、《工业与贸易》（1919年）和《阿尔弗雷德·马歇尔纪念集》（1975年）等。马歇尔的《经济学原理》同斯密的《国富论》和李嘉图的《政治经济学及赋税原理》是并驾齐驱的划时代著作，它是经济思想发展史上的三大分水岭之一。

马歇尔的经济学代表了其所在年代这一学科新兴理论的最优成果。他的巨著《经济学原理》首次出版于1890年，其在世间共再版了八次。该书成为成千上万名经济系学生的标准参考书。如今，他的著作被视为最正统的新古典主义经济学。该书在西方经济学界被公认为划时代的著作，也是继《国富论》之后最伟大的经济学著作。

《经济学原理》一书所阐述的经济学说被看作英国古典政治经济学的继承和发展。以马歇尔为核心而形成的新古典学派在长达40年的时间里在西方经济学领域一直占据着支配地位。马歇尔经济学说的核心是均衡价格论，而《经济学原理》正是对均衡价格论的论证和引申。他认为，市场价格决定于供需双方的力量均衡，犹如剪刀的两翼，是同时起作用的。马歇尔的经济学说集中体现在《经济学原理》一书中。该书的出版，不仅使他本人声名显赫，而且使他的门徒也备受青睐。

10.4.2 理论贡献与方法论特征

1. 理论贡献

（1）马歇尔提出了现代经济学的概念，这一概念经其使用，得以广泛流传，并使经济学由政治经济学时代进入了经济学时代。

（2）马歇尔是"局部均衡"和微观经济学分析的奠基者。他从物理学的力学中吸收并发展了作用与反作用原理，形成了均衡概念，再把它广泛运用于经济学的分析之中。在马歇尔之后，瓦尔拉斯在其理论基础之上建立了一般均衡理论。

（3）马歇尔将图表方法引入经济学研究，帮助阐明某些经济学原理。作为一名数学专家，他可以在注解中使用数学公式来解释各种经济现象。同时，他采用几何图形及图表来分析经济问题，如供给表、供给曲线和需求曲线等。

2. 方法论特征

（1）强调经济的"连续原则"，笃信"自然不能飞跃"的格言，肯定经济世界是不断变化和缓慢成长的。因此，经济思想有其连续性，每一个流派仅仅是思想长河中的分支。

（2）重视量的分析，改变了质的分析的传统，将边际增量分析和函数图像分析引入经济学分析。

（3）放弃了传统经济学家将经济概念概括为规律的说法，认为任何规律都是一般倾向。

（4）以心理因素为基础研究经济学，其经济学不是研究人们的经济关系，而是研究人类经济行为动机的科学。

（5）把力学的均衡分析方法和概念引入经济学。

（6）在具体的研究方法中把演绎和归纳有机结合起来，改变了经济学研究中偏重归纳法的传统。

10.4.3 马歇尔《经济学原理》的理论体系

马歇尔的《经济学原理》是经济学发展史上的一个里程碑，是每一个经济学学者的入门必读。该书所阐述的经济学说被看作英国古典政治经济学的继续和发展，它以边际效用理论来说明需求，以生产费用来说明供给。该书的理论体系包括六个部分。

1. 导言

（1）界定了经济学的研究对象。马歇尔综合了古典学派与边际主义关于经济学研究对象的不同认识（古典经济学主张研究财富，边际主义主张研究欲望及其满足），把经济学定义为研究财富及人类欲望关系的一门应用科学，认为其目的在于解救贫困和增进福利。他认为经济学是一门缓慢发展的科学，新学说补充、发展或者修正旧学说，却很少推翻它。他认为《经济学原理》只是对旧学说做新解释，经济学的职能是收集、整理和分析经济事实，并用经济知识去解释各种因果关系。

（2）经济学的实质。作为研究人的学问，经济学主要研究日常生活中最能影响人类行为的那些动机。因为人的动机是由一定量的货币所引起的，所以经济学研究的人类本性与感情可以间接地用货币衡量。

（3）研究方法。马歇尔认为《经济学原理》是对连续原理的运用，在研究方法上颂扬边际分析法的普遍重要性，论述了局部均衡原理的重要性和必要性，以及数学方法在经济研究中的重要作用和明显的局限性。

（4）经济规律。马歇尔认为经济学的工作是从收集、整理和解释事实中得出结论。经济规律就是经济倾向的叙述，是可以用货币衡量的社会规律。认为假设因素在经济性规律中特别重要。

（5）经济研究的目的。一是获取经济知识、认识经济规律、并运用经济规律解决实际问题、探求多种原因所导致的后果；二是解决实际问题，理论的研究必须和事实的研究同时进行。马歇尔认为经济学是纯粹的科学，用"经济学"比用"政治经济学"好。他认为经济学家研究经济问题，需要具备知觉、想象和推理三大能力。

（6）经济学的研究任务。马歇尔认为经济学的研究任务是收集事实，并加以整理与分析，进而得出推论和判断。形成的推论和判断有两类：一是规律，二是倾向性的一般表述或命题。

2. 一些基本概念

（1）财富，由满足人的欲望的东西构成，但是并非所有满足人欲望的东西都是财富。因此，可以用"财货"一词来表示一切满足人的欲望的东西，而财货又可分为物质财货和非物质财货。经济学研究的是可以用货币衡量的财货。

（2）价值，就是商品的交换价值，任何情况下一个物品的价值都是通过另外一种商品的价值表现出来的，因而价值是相对的。

（3）生产，是指改变物质形态或者其排列，使之更能满足人类的欲望的活动。

（4）消费，是指负的生产，是消耗物质的效用的活动。

（5）劳动，是人类任何心智或者身体的努力，部分或者全部以获得某种好处为目的。

（6）必需品，是指维持生活的必需、效率的必需和习惯的必需的商品。对必需品的考察必须联系一定的时间和地点。

3. 论欲望及其满足

马歇尔的需求消费理论，是以均衡价格理论为核心的理论体系的阐述和发挥。在这部分，马歇尔提出了许多新的理论主张。

（1）需求规律：解释需求量和价格的关系，通过需求表画出需求曲线，揭示需求的规律——需求量随着价格的上涨而下降、随着价格的下降而上涨。但是强调需求规律不适合某些特殊的事物，如结婚、手术，这些不是经常需要的，所以不能列出需求表。

（2）需求弹性：用需求弹性说明价格、收入的变动引起需求量变动的幅度。

（3）消费者选择的原则：一是如果消费者手中的物品有几个用途，他应当通过数量分配使每个用途上的边际效用相等；二是同一物品在现在需求与未来需求之间的配置必须趋于获得同样的边际效用。

（4）消费者剩余：消费者愿意支付的价格与实际支付的价格之间的差额。

4. 生产要素——土地、劳动、资本和组织

生产要素通常划分为土地、劳动、资本和组织四类。马歇尔特别强调组织在生产发展方面的重要作用。

（1）土地。马歇尔认为土地是指一切自然力量。土地供给不变，不受需求影响，也不需要生产费用，没有供给价格。他着重论述了土地边际收益递减规律在农业中的作用和意义。

（2）劳动。马歇尔论述劳动数量时认为一个民族的人口增长主要取决于自然的增加和移民。在论述劳动质量时，他主张考虑使工人身体、精神和道德健康与强健的各类因素。他还强调了教育对于提高劳动者素质的重要作用，应当把教育作为国家的投资。

（3）资本。马歇尔认为资本的生产与供给主要来自储蓄，而且储蓄主要来自收入超过必要支出的那部分。资本利息是延缓物质享受所含有的牺牲的报酬。财富的积累一般是享受延期或者等待的结果。

（4）组织。马歇尔强调了组织增大效率的思想，认为工业组织有效率的首要条件是每个受雇佣者担任最合适的工作，以生产最好的机械和工具。他提出了内部经济和外部经济的概念，认为依赖企业本身的资源、组织和经营效率所带来的经济为内部经济，依赖该产业的发展所带来的经济为外部经济。他还强调了企业家的作用，认为企业家是天生的领导者。

5. 需求、供给和价值的一般联系

（1）需求和供给的暂时均衡。马歇尔考虑到了时间的长短不同会使供给与需求对价格决定产生不同的影响。

（2）正常需求和正常供给的均衡。马歇尔分析了长期和短期均衡的变动，认为时间越短，需求对价格的影响越大；时间越长，成本对价值的影响越大。

（3）垄断理论。马歇尔认为垄断者的利益在于获得最大限度的纯收入，认为在自由竞争条件下商品的供给价格比在垄断条件下要高，其原因是垄断者不仅要考虑现在，而且要考虑未来。

6. 国民收入的分配

马歇尔放弃了李嘉图以三大阶级为轴心的做法，将四大生产要素作为主体，阐述价格的决定问题，即生产要素的价格由其供求的均衡来决定。

（1）分配的原理。马歇尔通过要素的边际生产力来说明分配，认为各个生产要素的报酬是由其边际生产力来决定的。

（2）工资理论。工资是劳动的收益，其边际生产力决定其需求价格，培养、训练和维持有效劳动的成本决定其供给价格。马歇尔认为高工资不一定有效率，并提出了效率工资的形式。

（3）利息。利息是资本的价格，由资本的供给和需求决定，资本的需求是一切企

业主的资本总量，资本的供给是劳动与等待的产物。

（4）利润理论。该理论研究的是企业组织管理的报酬，也就是管理上的总报酬。

（5）地租。马歇尔认为地租可以分为若干等级，地租主要由需求决定，土地可以改良，地租是改良土地的总收入超过每年为此所付资本与劳动数量的余额。

（6）福利思想。马歇尔论述了经济进步对商品价值的一般影响，以及与生活程度的关系，特别强调通过提高社会成员生活水平来促进生产率进步和经济进步，并提出了提高生活水平的途径。

10.4.4 马歇尔的经济理论

1. 效用和需求理论

1）边际效用递减

马歇尔认为需求是建立在边际效用递减规律基础之上的，随着一个人所拥有的某一事物数量的每一次增加，这个人从这一事物中所获得的边际效用是递减的。关于这一点，他引入了两个关键的限制条件。一是引入时间中的某一瞬间，这一瞬间间隔很短，而不必考虑某一特定人的特征与体验。在极短的时间内，这样的动态变化是感觉不到的。二是消费品的不可分割性。很少数量的商品可能不足以满足某一特定的需要，那么消费者达到满意的目的时，他得到的快乐肯定是比成比例增加得更多的快乐，如一辆汽车得到第四个轮胎的满足程度将远远大于前三个轮胎的总和。

马歇尔的效用研究方法是研究行为的快乐与痛苦、欲望与渴望，以及行为动机的，而这些马歇尔是用货币来衡量的。经济生活中对偏好或者动机的精确货币衡量使经济学成为精确的社会科学。经济学的这种测量方法虽然是粗略的、不完善的，但它是用来衡量人们在市场上表现的心理动机的最好办法。

2）理性消费者选择

马歇尔成功地将等边际法则与需求法则联系在一起，认为消费者在货币经济中要考虑每项支出在不同用途上的边际效用是否相等，消费者不断地观察每项支出是否多了，如果确实如此，他就会减少一部分支出，从而从中获利。

3）需求法则

需求法则是直接用边际效用递减与理性消费者选择推导出来的。假设消费者的支出是均衡的，也就是消费者用于各种商品购买上的边际效用是递减的，即

$$MU_x/P_x = MU_y/P_y = \cdots = MU_n/P_n$$

如果商品 x 的价格下跌，而其他商品的价格保持不变，消费者会购买更多的商品 x。因为随着商品 x 价格的下跌，MU_x/P_x 的比率会上升，为了恢复平衡支出，消费者会用更多的商品 x 替代较少的其他商品。由于这种替代效应的发生，商品 x 的边际效用会下降，其他商品的边际效用会上升，从而恢复平衡。

依据这一替代效应，马歇尔认为，需求量将随着价格的下降而增加、随着价格的上

升而减少。

马歇尔用需求表和需求曲线来说明这一法则,分析了影响需求变动的因素,同时区别了需求量变动(在需求曲线上移动)与需求变动(整条需求曲线的移动)。在分析商品 x 的价格下跌时,他运用了替代效应和收入效应。

4) 消费者剩余

马歇尔认为每一种商品的总效用等于连续增加的每一单位的边际效用之和。一个人购买一种商品而支付的价格,绝对不会超过他为这件商品的边际效用所愿意支付的价格,在这一边际点上,价格等于一个人的支付意愿。度比在1844年提到过超过支出的多余效用,马歇尔将其命名为"消费者剩余"。

5) 需求弹性

马歇尔使用文字、图表和数学的方法来分析需求弹性,认为一个人对某种商品的欲望的唯一规律是边际效用递减。因此,商品的价格越低,消费者就会消费得越多。

随着价格的降低,消费者欲望的降低速度用需求弹性来衡量。马歇尔把价格下降的百分比与需求量的百分比联系起来,认为需求弹性系数等于需求量变动的百分比除以价格变动的百分比。当需求量的变动百分比大于价格变动的百分比时,需求是富有弹性的;当需求量的变动百分比小于价格变动的百分比时,需求是缺乏弹性的;当需求量的变动百分比等于价格变动的百分比时,需求是单位弹性的。

同时,马歇尔还分析了需求弹性的决定因素,他认为当一种商品的价格高于购买者收入时,市场的需求弹性就大;当一种商品的价格低于购买者收入时,市场的需求弹性就小。

2. 供给理论

马歇尔认为供给是由产品成本决定的,是随着一系列不同价格而产生的一系列产品数量。他将供给按期限分为现期、短期和长期。

(1) 现期。现期是指随着需求量的一次突然增加,供给量不能增加或减少的时期。

(2) 短期。为了分析短期,马歇尔将成本分为两种类型:补充成本和主要成本。补充成本是固定成本,而主要成本是可变成本。按照马歇尔的定义,短期是指可变要素投入可以增加或者减少,而固定成本保持不变的时期。在短期内,可变成本可以随着产出的变化做出调整,可以得到补偿,而固定成本则得不到补偿。短期供给曲线是一条向右上方倾斜的曲线,表明价格越高,供给数量越多。

(3) 长期。马歇尔认为在长期内所有的成本都可变,如果企业想继续经营下去,所有的成本都将得到补偿。如果产出价格的上升使总收益大于总成本,就会有资本流入该行业,会建立新的企业,市场供给会增加,整条供给曲线会右移;如果产出价格的上升使总收益小于总成本,就会有资本流出该行业,市场供给会减少,整条供给曲线会左移。

3. 均衡价格与均衡数量

关于价格的决定,古典经济学家认为是生产成本,边际主义认为是需求,马歇尔认为是"供给和需求"。他用图形进行了表示，如图 10-1 所示。

图 10-1 中，供给曲线 S 与需求曲线 D 的交点，决定了均衡价格 P_0 和均衡产量 Q_0。

4. 收入分配理论

在一个竞争性的经济里，收入分配是由生产要素的价格决定的。

第一，工资的决定。马歇尔认为工资不是由生产要素的边际生产力独自决定的，边际生产力是劳动需求的基础，对劳动的需求是一种依赖于消费者对最终产品的需求的派生需求。工资与其他生产要素的需求一样，也依赖于需求与供给。在其他条件不变的条件下，如果劳动供给增加了，劳动的边际生产力就会下降，从而均衡工资率就会下降。

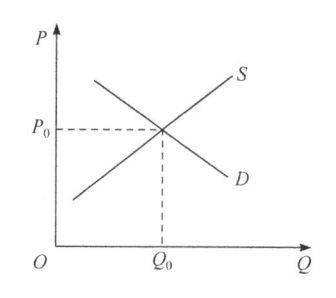

图 10-1　均衡价格与均衡数量

第二，劳动需求的工资弹性的决定因素。庇古将其概括为马歇尔四大需求法则。一是在其他条件不变的情况下，其他生产要素对劳动的可替代性越大，对劳动的需求弹性就越大。例如，机器人可以轻易地代替劳动力。二是在其他条件不变的情况下，产品的价格弹性越大，对劳动的需求弹性就越大。三是在其他条件不变的情况下，劳动占总生产成本的比重越大，劳动的需求弹性越大。四是在其他条件不变的情况下，其他生产要素的供给弹性越大，劳动的需求弹性就越大。

5. 利息理论

（1）利息的上升减少了机器的使用，较低的利率会增加资本投资。对最终产品来说，其价格越高，需要的资本就越少；其价格越低，需要的资本就越多。

（2）利率决定储蓄的供给量。储蓄的供给量取决于利率，利率又取决于储蓄的供给量。储蓄的供给量是指在各种不同利率水平下的整个一系列的供给量。

（3）利率是人们现期和未来消费选择的一个尺度。利率的下降一般会使人们更多地进行现期消费，而利率的上升一般会使人们更少地进行现期消费。从长期来看，利率会趋向一个均衡的水平，因为这个利率水平所带来的市场上对资本的总需求与总供给相等。

6. 利润理论

马歇尔认为正常利润包括利息、管理报酬及企业组织的供给价格。其中，利息是人们压抑现期消费，而用于未来消费的报酬；管理报酬是对特殊劳动的支付方式；企业组织的供给价格是对企业家精神的一种回报。

7. 内部经济和外部经济

1）内部经济

内部经济是由于单个企业规模的扩大而产生的效率与成本的节约。随着企业规模的扩大，企业可以更多地享受专业化与大规模带来的好处，使用更多更好的机器来降低生产成本，并且购买与销售的成本也变得更为节省。规模较大的企业可以获得较多的银行贷款，同时可以有效地使用高级管理人才。

2）外部经济

外部经济来自企业外部，并依赖于行业的发展。随着行业的发展，材料供应商在企业附近建厂，不断扩张行业服务，供应变得较为便宜。为了满足不断发展的行业的特殊需要，还可能出现运输服务的提供者，从而降低运输成本。

通常情况下，一个行业产量的增加将会扩大该行业中典型企业的规模，从而获得规模经济，也将增加该企业可以获得的外部经济。

8. 规模报酬递增和规模报酬递减

（1）如果一个行业在规模扩张的过程中使用了所有的生产要素，行业一般会产生规模报酬递增。随着劳动与资本的增加，组织效率将会得到改进。

（2）如果一个行业符合规模报酬不变规律，那么对该行业产品需求的增加在长期内不会影响产品的价格；如果一个行业符合规模报酬递减规律，那么对该行业产品需求的增加会引起产品价格的上涨；如果一个行业符合规模报酬递增规律，那么对该行业产品需求的增加会引起产品价格的下跌。

9. 税收和补贴的福利效用

（1）在成本不变的行业，税收或者补贴会减少消费者的净效用。
（2）在成本递增的行业，税收或者补贴会增加消费者的净效用。
（3）在成本递减的行业，只有补贴会增加消费者的净效用。

10.5 对马歇尔经济学的评价

1. 对经济学的贡献

（1）马歇尔把古典经济学的供给分析与边际学派的需求分析加以综合，形成了以生产成本分析为中心的供给理论和以效用分析为中心的需求理论相结合的新的经济学体系。

（2）马歇尔的学说是对古典经济学的继承和更新。一方面，他吸收了古典经济学关于生产成本的解释，参照了斯密、李嘉图和约翰·斯图亚特·穆勒的分配学说；另一方面，他引入了边际分析，强调了需求分析的重要性。因此，他的学说被称为新古典经济学。

（3）马歇尔经济学说的新思维，尤其是均衡价格理论，为经济学创立了一套分析工具，因此他被认为是新古典经济学的奠基人。

（4）马歇尔的学说体系，无论在供给理论还是在需求理论方面，都加入了新的内容。马歇尔的经济学说具有鲜明的特点，对西方经济学说的发展具有重大影响。

2. 局限性

（1）折中与调和。马歇尔把英国古典经济学、边际效用价值理论、历史学派和数理经济学派等都综合在自己的理论体系中，以英国经济学传统为本，着重吸收了边际主义原理和方法。

（2）马歇尔局部均衡价格论的缺陷在于把价格和价值的决定混淆在一起，并且对需求和生产要素的供给价格做了主观主义的解释，试图在分析价格均衡时把主观因素和客观因素折中起来。

（3）马歇尔研究的问题集中在给定外在条件，如制度、组织下的资源分配问题。

10.6 新古典经济学派的货币经济学

10.6.1 维克塞尔

1. 生平与著作

1）生平

克努特·维克塞尔（Knut Wicksell 1851—1926），瑞典经济学家，出生于瑞典斯德哥尔摩的一个中产阶级家庭。他在大学期间学习数学及多种语言，后来继续学习物理。大学毕业后，对社会问题与改革的兴趣及庞巴维克《资本实证论》的影响引导他开始学习和研究经济学。他是瑞典学派的奠基人，也是现代宏观经济学的先驱。

2）著作

维克塞尔的代表作有：《价值、资本和租金》(1893年)、《财政理论研究》(1896年)、《利息与价格》(1898年)和《国民经济学讲义》(1901—1906年)。

2. 对经济学的贡献

（1）维克塞尔对利率在达到均衡价格水平或者不断累积的通货膨胀和通货紧缩趋势中的作用进行了分析。

（2）维克塞尔认识到了中央银行和政府在阻碍与促进价格稳定中的潜在作用。

（3）维克塞尔提出了宏观经济稳定均衡的储蓄-投资分析方法的一个早期表述。

（4）维克塞尔的著作成为凯恩斯经济学的来源之一。

3. 经济思想

1）价格水平的变化

第一，维克塞尔用自然利率和银行利率的不同来说明价格水平的变化。自然利率取决于尚未投资的实际资本的供给与需求。银行利率可以高于自然利率，也可以低于自然利率，任意一种情形发生都会导致价格发生变化。

第二，当银行利率大大低于自然利率时，储蓄将受到阻碍，消费品和服务的需求将会上升。同时，企业家将会寻求更多的资本投资，随着投资的增加，工人、地主和原材料所有者的收入都会增加。只要银行利率低于自然利率，价格就会无限制地上升。

第三，如果银行利率高于自然利率，价格就会下降。因为银行利率上升会导致储蓄上升和投资下降，投资的下降会减少国民收入，国民收入的减少会引起消费品价格的下降。随着资本品和消费品价格的下降，总体价格水平将下降，从而发生通货紧缩。预期价格水平也将下降，买者将进一步减少他们现在的支出，因而通货紧缩会加剧。

第四，公共政策含义。维克塞尔通过利率的分析强调政府和中央银行的作用，认为可以通过价格水平来观察两种利率的偏离或者一致性。他认为只要价格水平保持不变，利率也应该保持不变；如果价格上升，利率也应该提高；如果价格下降，利率也应该降低。自此以后，利率应该保持在新的水平上，直到价格进一步的变动要求利率在同一方向上的某一点或者另外的方向上发生进一步的变动。

2）强制储蓄

强制储蓄是维克塞尔吸收边沁关于税收和纸币的作用的观点而形成的。边沁认为纸币是一种间接税，对有固定收入的人而言是一种所得税作用。维克塞尔认为，如果银行家使通货贬值，在某种程度上可以起到一种强制积累的作用。更高的价格以税收的方式拿走了消费者的一部分实际收入。此后，瓦尔拉斯又清楚地阐明了强制储蓄理论。

3）货币理论

第一，维克塞尔提出了广义的信用货币理论。传统的货币数量论只将金属货币和银行券视为通货，维克塞尔第一次以比较广义的信用货币进行分析。

第二，维克塞尔提出了货币的总供给和总需求达到均衡的三个条件：一是货币利率必须等于真实资本的边际技术生产率；二是利率必须能够使储蓄的供给和需求相等；三是利率要保持一个稳定的价格水平。如果这三个条件实现，商品市场和货币市场就必然同时达到均衡。

4）不完全竞争理论

维克塞尔承认零售商品市场上完全竞争模型的不充分性，在张伯伦之前他就预计到了垄断竞争理论或不完全竞争理论。他认为零售商品通常有一个固定的消费群体，这使其拥有一个固定的价格，而不是一个上下波动的价格。零售商品的价格确实会对批发商品的价格的变动做出反应，但是需要有一个时滞，并以一个变化的方式做出反应。

10.6.2 费雪

1. 生平与著作

1）生平

欧文·费雪（Irving Fisher 1867—1947）是美国耶鲁大学教授、数学家、经济学家。他一生拥有多项事业，除出版了几部有影响的经济学教科书以外，还出版了几部有影响的数学教科书。由于年轻时身体不好,他对健康营养问题也有研究。费雪发明过几台机器,从而得到了上百万美元的财富,他还因从事金融投机活动而发财。在经济学上,他毕生研究货币金融问题,包括货币如何影响价格、利率变动如何影响通货膨胀,以及利率如何影响宏观经济运行。在经济学说史上,费雪被称为"货币经济学之父"。

2)著作

费雪在经济学上的研究兴趣主要是货币问题,他主要探索了货币、利率和价格之间的关系。他从1892年开始从事数学与经济学教学工作。他的主要贡献在于阐释了货币的概念及货币如何影响经济。其著作很多,具有代表性的是:《价值和价格理论的数学研究》(1892年)、《资本和收入的性质》(1906年)、《货币的购买力》(1911年)、《货币幻觉》(1928年)、《利息理论》(1930年)、《指数的编制》(1922年)和《百分之百的货币》(1935年)等。除此之外,费雪在计量经济学、统计学和指数编制方面都有突出的贡献。在计量经济学方面他是一个开拓者,被选为美国经济学会、美国统计学会和计量经济学会三个学会的会长。

2. 经济思想

1)利息理论

费雪于1907年出版了《利率》,研究了利率的决定问题;1930年出版了《利息理论》,指出缺乏忍耐力和投资机会率决定了利率。在利息理论研究中,费雪采用了"存量"和"流量"的分析方法来区分资本与收入。

第一,缺乏忍耐力。缺乏忍耐力是指社会愿意通过放弃未来的消费收入而获得现在的消费收入。社会不仅对现在的消费进行评价,而且对未来的消费进行评价,希望两者都多一些。如果要得到现在的消费,就将被迫放弃未来的消费。为了现在的消费而放弃未来消费的数量取决于忍耐力。忍耐力越强,储蓄和投资越多;忍耐力越弱,为了获得未来产品所放弃的现在消费就越少。

第二,投资机会率。投资机会率是由一些实际因素决定的,如资源的数量与质量、技术状态。一种情况是将这些资源投入生产现在的消费品,另一种情况是将这些资源用来生产资本。从前一种情况向后一种情况转变必然要经历边际收益递减,即随着人们减少现在的消费而增加投资,可以获得更大的未来消费,但是投资的回报率和投资机会率将下降。

第三,当投资的回报率与因未来消费而愿意放弃现在消费的利率相等时,均衡的利率就实现了。因此,利率既取决于社会通过放弃现在消费而获得更大未来消费的技术能力,也取决于社会为了未来消费而放弃现在消费的意愿。

2)货币数量论

费雪的货币数量论是在休谟的基础上形成的,是经济学说史上可以与弗里德曼的现代货币数量论相提并论的货币论。其主要内容如下。

第一,货币购买力的五个决定因素:一是流通中的货币数量;二是货币的流通速度;三是银行存款的数量;四是银行存款的流通速度;五是交易量。费雪认为货币经济学是一门精确的科学,需要用精确的公式表达。

第二,费雪交易方程式:$MV+M'V'=PT$,简化为$MV=PT$。其中,M是货币数量;V是货币流通速度;M'是活期存款数量;V'是活期存款的流通速度;P是平均价格水平;

T 是交易中的产品与服务的数量。

该公式表明，价格与货币数量、货币流通速度同方向变动，而与交易量反方向变动。在三者的关系中，价格与货币数量、货币流通速度同方向变动是重要的，这构成了货币数量论。

这一公式仅仅是一个均衡条件，而不是一个恒等式，其原因在于：一是公式中除 V 假定不变以外，其余各项不易确定；二是货币数量和价格水平的因果关系不能确定；三是公式中没有说明货币自身的价值如何决定。

10.6.3 霍特里

拉尔夫·乔治·霍特里（Ralph George Hawtrey 1879—1975）是美国财政部的官员，他业余时间创作了多部货币经济学的著作，并将经济周期归结为信用的不稳定性。

1. 经济周期理论

霍特里从批发商和交易商的角色出发，研究利息和信用对经济周期的影响，认为批发商对利息比较敏感，较高的利息会增加存储商品的成本，将使他们减少存货，较低的利息则容易使他们增加存货。批发商通过增加或者减少订单来掌握生产。经济周期的发生是由通过批发商而发生作用的内在信息的不稳定性引起的，这种不稳定性打乱了不断偏离稳定均衡点经济的静止状态。

2. 相机抉择的货币政策

霍特里认为中央银行可以管制信用，从而提高稳定性：一是通过进行公开操作、改变准备金和再贴现率控制通货；二是逆经济风向行事。他主张在经济萧条时期，通过积极货币政策打破"恶性通货紧缩循环"或者缓解经济萧条；而在经济增长时期，通过收缩性的货币政策打破"恶性通货膨胀循环"或者抑制经济过分膨胀。

3. 货币政策

霍特里认为是价格波动引起经济波动，而不是经济波动引起价格波动，通过控制货币数量来稳定价格可以消除经济周期。他认为经济周期是经济所固有的，主张通过稳定价格来调节经济周期。

10.7 新古典的不完全竞争经济学

10.7.1 不完全竞争经济学概况

1. 形成

不完全竞争理论不包括在边际主义和传统的新古典主义的范围内。这一思想流派是

20世纪30年代才兴起的，是在古诺的完全垄断和双寡头垄断理论，以及埃奇沃斯和维克塞尔的不完全竞争理论的基础上形成的。其兴起的原因主要有：一是完全竞争和完全垄断之间的巨大差异；二是完全竞争理论的适用性降低。

2. 方法论

不完全竞争理论在方法上表现出了新古典经济学的主要特征，其方法论是一种以抽象、演绎和主观的方式涉及边际主义和微观经济学的方法，并且假设一个理性、静止和趋向于均衡的瞬间不变的世界，很少涉及动态过程的波动、增长和变动。

3. 理论成果

（1）为各种政府目标提供了理论依据。不完全竞争理论通过关注偏离完全竞争情形，研究了垄断如何将价格提高到竞争均衡的水平上，从而得到垄断利润，为政府反托拉斯和对垄断性公用事业的利润决定提供了理论依据。

（2）为新古典经济理论提供了补充。不完全竞争理论对新古典经济学没有涉及的不完全竞争问题进行了解释。

10.7.2 斯拉法及其经济理论

1. 生平与著作

1）生平

皮埃罗·斯拉法（Piero Sraffa 1898—1983），意大利人，是马歇尔的学生，其父亲是商法学教授。斯拉法在都灵读大学预科，并在法学院注册，因为被征兵参与服役，所以只参加了大学考试而没有随班上课。他是意大利共产党创建者安东尼奥·葛兰西的密友，又是凯恩斯的得力助手。斯拉法于1924年开始他的学术生涯，在佩鲁贾大学法学院任政治经济学教授，1926年转到撒丁岛的卡利亚里大学任教授。由于法西斯统治的日益强化，他于1927年夏移居英国，接受了凯恩斯为他提供的剑桥大学讲师的职位。

斯拉法从1928年秋起约两年的时间在剑桥大学讲授"价值理论史"和"德国意大利银行制度运行"。此后，他一直任剑桥大学三一学院的研究员。从20世纪30年代初开始，斯拉法就着手收集、考订和编辑李嘉图的全部著作和信件，在莫里斯·多布的协助下，他于1951—1955年完成了《李嘉图著作和通信集》，共十卷，先后于1951—1973年由英国剑桥大学出版社出版。斯拉法很少出现在世界学术会议上，也不轻易发表论著，但是他的著作却使20世纪资产阶级经济理论取得了两次重大突破。

斯拉法于1925年发表了名为《成本与产量之间的关系》的长篇论文，1926年发表了《竞争条件下的收益规律》。在这两篇论文中，斯拉法指出，马歇尔的价值理论是难以成立的，因为其最基本的两个组成部分（完全竞争概念和利用相交的供求曲线来决定价格与产量）在逻辑上是矛盾的。他对于要在单位成本与产量之间确立一种函数关系进行了批评。他揭露了传统经济学所普遍使用的完全竞争模式的突出弱点。斯拉法的这些观点体现了对不完全竞争理论的探索。

经过三十多年的准备和琢磨，斯拉法于1960年出版了《用商品生产商品：经济理论批判绪论》一书。斯拉法探究的问题是没有生产规模变动的经济体系的特征，他认为国民纯产品就是超过补偿生产资料所需要的产品的"剩余"，把生产看作同样的商品既表现为生产资料又表现为最终产品的一种"循环的过程"。这种研究方法正是复兴了古典学派的思想，因此，他时常被称为"新李嘉图主义者"。

斯拉法对经济学做出了两大贡献：一是指出了边际主义价值理论上的矛盾；二是试图在李嘉图的研究基础上及在研究生产过程中提出新古典概念，创建一种新的价值理论。

2）著作

斯拉法的代表作是其花费了30年写成并于1960年出版的《用商品生产商品：经济理论批判绪论》一书，该书的理论是建立在消极批判基础之上的。20世纪60年代以来，斯拉法的这一著作在西方经济学界产生了如下影响。

第一，斯拉法的理论对20世纪以来西方流行的新古典经济学派理论提出了严峻的挑战。斯拉法的理论分析促使西方经济学界在20世纪六七十年代就资本理论问题展开了一场激烈争论。经过论战，其对资本独立于收入分配之外而作为可限定的单一数量概念的批评，以及对平均生产时期的批评，已被西方经济学者普遍认可。

第二，尽管斯拉法在其《用商品生产商品：经济理论批判绪论》中没有明确讨论马克思的劳动价值理论问题，但有些西方经济学者认为，斯拉法以一种必需的分析工具装备了劳动价值论。这就是，按照斯拉法体系，在既定技术条件下，用以下任何一种方法，总是有可能来决定某种商品所含的劳动量的：一是还原为有时期的劳动量；二是使利润率等于零；三是利用一种"次体系"。

第三，斯拉法在《用商品生产商品：经济理论批判绪论》中提出了关于生产价格决定的一个完整的、逻辑严密的公式。对于马克思提出的商品价值转化为生产价格的公式，西方经济学界从20世纪初到20世纪50年代曾进行过争论，先后由德国的鲍特凯维兹，英国的温特尼茨、米克和塞顿等提出了由价值转化为生产价格的各种解式。但是，不少经济学者，如多布和罗宾逊夫人等却认为，他们的各种不同解法要使马克思关于劳动价值和价格之间的两种联系（总价格＝总价值；总利润＝总剩余价值）都完整无缺，一般来说，是不可能的。斯拉法因此提出了一个体系完整、逻辑严密的公式。尽管斯拉法没有明确地讨论生产价格和劳动价值之间的相互联系问题，但是他提出的答案足以阐明这个"转型问题"在"技术"上的解决。斯拉法的"标准商品"似乎起着理想的"平均的商品"（劳动对生产资料平均构成条件下所生产出的一种商品）的作用。

第四，斯拉法所提出的模式是探讨现代资本主义经济中的工资和利润分割问题的更好的模式，利用斯拉法的数量体系的分析方法同样可以得出资本主义存在剥削的结论。因此，一些学者断言价值计算是"多余的"或"笨拙的"，应当抛弃马克思的劳动价值论，进一步建立"没有劳动价值论的剥削论"，显然，这种论调是错误的。

2. 斯拉法的经济思想

1）对马歇尔报酬理论的批判

斯拉法以报酬定律和完全竞争为前提批判了马歇尔的局部均衡理论，认为报酬递增与完全竞争的前提相矛盾。一是在完全竞争前提下，报酬递增或者成本递减将使一个企业无限地扩大其产量，最终会形成垄断。二是在完全竞争前提下，在产品市场上可以任意出售产品，其需求曲线是一条平行线；在要素市场上可以任意购买所需要的生产要素，其长期边际成本曲线也是一条平行线。两条线融为一条，没有均衡点，因此马歇尔的局部均衡理论站不住脚。

2）对边际生产力理论的批判

斯拉法认为对边际生产力理论批判的焦点不在于劳动的边际生产力，而在于资本的边际生产力，需要解决的主要问题是资本的衡量和再转辙问题。关于资本的衡量，他不仅否定资本的可衡量性，而且否定资本本身。关于转辙问题，他认为同一商品可以在不同技术下进行生产。他有两种转辙概念。一是向前转辙。当利润率很高时，以采用劳动密集的技术为主；当利润率进一步提高时，采用资本密集的生产技术则是有利的。二是向后转辙。如果利润率和存货价值都比较高时，可以恢复原来的劳动密集型生产方式和技术。

10.7.3 张伯伦及其经济理论

1. 生平

爱德华·哈斯丁·张伯伦（Edward Hastings Chamberlin 1899—1967），美国著名经济学家。张伯伦出生于美国华盛顿，1920年毕业于美国爱荷华大学，而后在美国密执安大学任讲师，1922年获该大学硕士学位，1924年获哈佛大学硕士学位，1927年获哈佛大学博士学位，1929年起任哈佛大学副教授，1934年后一直任哈佛大学教授。

2. 著作

张伯伦的主要著作有：《垄断竞争理论》、《垄断竞争的再考察》、《论"寡头垄断"的起源》、《走向更一般的价值理论》和《垄断竞争理论的起源和早期发展》等。

3. 经济理论

在经济学界，张伯伦在研究寡头垄断问题时首次正式提出了"共谋"一词。张伯伦指出，在生产同类产品的寡头垄断中，企业会意识到它们之间的相互依存性，因而事实上能够不必实行明显的勾结而维持其垄断价格。

（1）产品的差异化。张伯伦的垄断竞争理论的一个重要概念是产品的差异化，他认为特定产品被区分出来的依据是将一个卖者的产品与另一个卖者的产品区分出来，强调各个卖者所出售的同类财货或者劳动总是有差别的。差异性来自产品本身的某种特质，如专利、商标和包装等，或者产品的质量、设计颜色和样式等。

产品的差异性导致了一些新的情况：一是同类产品或者劳动的差异性，否定了市场上同一类价格商品的存在，否定了传统的纯粹竞争价格理论；二是既然任何产品均存在差异性，则任何卖者都是具有某种垄断能力的垄断者；三是否定垄断与竞争的必要性，传统理论认为垄断与竞争是对立的和排斥的，垄断竞争理论认为两者中的任何一方都无力排挤对方，两者对价格的形成都是必要的；四是每个企业的需求曲线都是向下倾斜的，其边际收益曲线必然位于其需求曲线的下方。

（2）销售成本。在传统的经济分析中销售成本一直是被忽视的，这是因为销售成本在企业总成本中所占的比重微小。张伯伦将销售成本与生产成本区别开来，认为生产成本的支出增加产品的供给，而销售成本的支出增加产品的需求。在现代工商业活动中，销售的作用已经不在生产之下，甚至比生产更为重要。他认为传统理论将销售成本包含在生产成本之中，在理论上是不对的，与现实不符。他认为销售成本包括广告费、推销员薪金、销售部门开支、经纪人回扣和橱窗费用等。

（3）垄断竞争理论。垄断与竞争力量的混合来源于产品差别，产品差别是造成垄断的一个决定性因素。一种产品具有差别，就意味着卖者对其自身的产品拥有绝对的垄断，但要面对非常接近的替代品的竞争。这样每一个卖者都是垄断者，同时也是竞争者，因此是"垄断的竞争者"。张伯伦根据产品差别的概念建立了他的垄断竞争价值理论。他认为，在垄断竞争情况下，每家厂商的销售量都受价格、产品性质和销售开发三个因素的影响。垄断竞争价值理论就是研究这三个因素和销售量的均衡关系的理论。

10.7.4 罗宾逊夫人及其不完全竞争理论

1. 生平

琼·罗宾逊（Joan Robinson 1903—1983），世界级经济学家当中的唯一女性，有史以来最著名的女性经济学家，新剑桥学派最著名的代表人物和实际领袖。她出生于英国的坎伯利，1922年进入剑桥大学攻读经济学，1925年以优异成绩获得学士学位，1926年与E. D. G. 罗宾逊结婚，1927年获剑桥大学硕士学位，1929年在剑桥大学任经济学助理讲师，1937年升任副教授，1965年起任教授，直至1971年。1973年退休并转任名誉教授后，仍著书立说，直到1983年去世。

罗宾逊夫人长期担任剑桥大学的经济学教授，是马歇尔的学生，对凯恩斯主义经济学、后凯恩斯主义经济学、经济发展理论、国际贸易和经济增长理论做出了突出的贡献。

2. 著作

罗宾逊夫人著作很多，在许多领域都有研究，而且有自己独到的见解。除《不完全竞争经济学》（1933年）外，其他主要著作有：《就业理论引论》（1937年）、《论马克思主义经济学》（1942年）、《经济论文集》（四卷，1951—1973年）、《资本积累论》（1956

年)、《经济增长论文集》(1962年)、《经济哲学》(1962年)、《经济学的异端》(1971年)和《现代经济学导论》(1973年)等。她的大量著作对当代资产阶级经济理论的发展具有相当大的影响。

1933年她推出了《不完全竞争经济学》一书,因此闻名于西方经济学界。20世纪30年代初,她和卡恩等组成"凯恩斯学术圈",对于促进凯恩斯经济思想的形成曾起到相当重要的作用。1936年,凯恩斯的《就业、利息和货币通论》一书问世后,当时已是著名经济学家的罗宾逊夫人高度评价了这一著作,并写了许多阐述凯恩斯理论的著作和文章,成了一个重要的凯恩斯主义者。从20世纪50年代起,她投入了大量精力与经济理论界居统治地位的新古典综合派论战,有力地动摇了新古典综合派分配论的根基,同时,这使她成为新剑桥学派最著名的代表人物和实际领袖。罗宾逊夫人提出了很多比较激进的政治和经济观点,在西方经济学界素以"凯恩斯学派"代表人物著称。她对马克思列宁主义经济理论也做过比较深入的研究,并提出了"向马克思学习"的口号。但是,她对马克思经济理论也有不少曲解。1973年她与伊特韦尔合作的《现代经济学导论》被认为是按照新剑桥学派理论观点阐述经济问题的一本入门书。

《现代经济学导论》共分为三卷。第一卷围绕财富、价格、货币、社会正义和有效需求等问题,简要论述了从18世纪到著书当时的经济学说。作者指出,经济基础的变化引起经济学说的发展,经济学说具有明显的阶级性,它是为某一特定阶级服务的,"重商主义者是海外贸易商的拥护者,重农主义者维护地主的利益,斯密和李嘉图则相信资本家(他们赚取利润,为的是进行再投资,扩大生产)。马克思把他们的论点倒转过来为工人辩护。现在,马歇尔站出来充当食利者的战士……"。第二卷主要是对资本主义经济的分析。作者首先提出一个农业生产模型,接着提出一个工业生产模型,用以说明凯恩斯的有效需求理论和技术变革的影响,其次着重说明利润和分配的问题。该卷后四章涉及金融、经济增长、国际收支和社会主义计划。第三卷探讨了当时世界的一些经济问题,包括主要资本主义国家的就业、增长和通货膨胀问题,社会主义国家的国际贸易、农业和计划问题,以及第三世界的土地改革、就业不足、资金、技术和人口等问题。

《现代经济学导论》的特点是推翻"新古典学派"以边际生产率为依据的分配论。萨缪尔森根据这种庸俗的分配论提出,随着资本量的增长,资本的边际生产率不断下降,于是利润率将逐渐下降,工人的实际工资将逐渐提高。这显然是一种为资本主义制度辩护的理论。在该书中,罗宾逊夫人断言,"资本"是不能测度的量值,因而资本边际生产率概念是没有意义的,用边际生产率来说明工资率和利润率的理论也是站不住脚的。她采用斯拉法《用商品生产商品:经济理论批判绪论》一书中的论证方法,推论出资本家的消费和投资决定利润,而不是相反的情形。如果资本家的消费倾向不变,那么"整个经济的利润水平、产量与就业水平都取决于投资水平",也就是较高的投资率必然带来较高的经济增长率。在经济增长过程中,工资和利润在国民收入中所占的相对份额将朝着不利于工人的方向发生变动。她主张国家采取措施,以实现收入的"均等化",因此她在英、美各国博得了"凯恩斯左派"的称号。该书是一部现代资产阶级经济学教材，对一些重大经济理论问题有独到的见解，可供学习西方经济学和研究当代经济问题时参考。

3. 买方垄断理论

买方垄断理论是罗宾逊夫人在马歇尔"垄断买者"概念的基础之上形成的，现已成为西方经济学流行的术语。买方垄断理论被用来说明在只有一个买者的情况下，产量和价格的扭曲。买方垄断是与卖方垄断相对应的概念，是指厂商在要素市场上通过要素购买量的调整来影响要素的市场价格。

4. 价格歧视理论

价格歧视理论最早是由马歇尔和庇古提出的，罗宾逊夫人对此又进行了新的发展。按照她的解释，一个垄断厂商把他生产的同种商品按不同价格出售给消费者的行为叫作价格歧视。她认为价格歧视不可能发生在完全竞争市场上，只要存在垄断，必定会产生价格歧视。她还认为价格歧视产生必须具备三个条件：一是厂商具有垄断力量；二是市场必须是可分的；三是每个市场的需求价格弹性不同。

本 章 小 结

新古典经济学继承了古典经济学经济自由主义的同时，用边际效用价值论代替了古典经济学的劳动价值论，用以需求为核心的分析代替了古典经济学以供给为核心的分析，进而代替了古典经济学成为当时经济理论的主流。

新古典经济学认为经济问题就是通过竞争合理地配置给定数量的稀缺性资源，从而获得最优结果。稀缺成为经济学的中心问题，这使经济学由关注动态增长转向了关注静态的效率问题。

新古典经济学在方法论上引入了边际分析，并用边际分析形成了边际效用价值理论，代替了古典经济学的劳动价值理论。新古典经济学集中而充分地反映了现代西方主流经济学在过去100年的研究成果和发展特征，它在研究方法上更注重证伪主义的普遍化、假定条件的多样化、分析工具的数理化、研究领域的非经济化、案例使用的经典化和学科交叉的边缘化。

马歇尔是近代英国最著名的经济学家之一，是新古典学派的创始人。以马歇尔为核心而形成的新古典学派在长达40年的时间里在西方经济学领域一直占据着支配地位。马歇尔经济学说的核心是均衡价格论，该学说重视量的分析，改变了质的分析的传统，将经济学中的边际增量分析和函数公式分析引入经济学分析。

马歇尔提出了现代经济学的概念，这一概念经其使用，得以广泛流行，并使经济学由政治经济学时代进入经济学时代。

继马歇尔之后，维克塞尔、费雪和霍特里等发展形成了新古典经济学派的货币经济学理论。在古诺的完全垄断和双寡头垄断理论，以及埃奇沃斯和维克塞尔的不完全竞争理论基础之上形成了新古典经济学的不完全竞争理论。

➤ 关键概念

新古典经济学　"经济人"　完全竞争　完全竞争假设　规模报酬不变
规模报酬递减　规模报酬递增　个体主义方法　证伪主义　内部经济
马歇尔《经济学原理》　理性消费者选择　需求弹性　产品的差异化
局部均衡　连续原则　外部经济　自然利率　强制储蓄　投资机会率
费雪方程式　相机抉择的货币政策　不完全竞争理论　垄断竞争理论

➤ 推荐阅读的文献资料

布莱克 R D C，科茨 A W，古德温 C D W. 1987. 经济学的边际革命[M]. 于树生，译. 北京：商务印书馆.
布雷特 W，兰塞姆 R L. 2004. 经济学家的学术思想[M]. 孙琳，等译. 北京：中国人民大学出版社.
陈银娥. 2008. 新古典主义的开拓者——马歇尔[M]. 南昌：江西人民出版社.
胡寄窗. 1991. 西方经济学说史[M]. 上海：上海立信出版社.
刘汉全. 2009. 新古典经济学价值理论批判[M]. 武汉：湖北人民出版社.
马涛. 2006. 经济思想史教程[M]. 上海：复旦大学出版社.
马歇尔 A. 1997. 经济学原理[M]. 朱志泰，译. 上海：商务印书馆.
晏智杰. 2004. 边际革命和新古典经济学[M]. 北京：北京大学出版社.

➤ 讨论题

1. 简述新古典经济学和古典经济学的区别。
2. 简评马歇尔对经济学的学术贡献。
3. 马歇尔的《经济学原理》是如何实现折中综合的？
4. 简述维克塞尔的经济思想。
5. 简评费雪的货币数量论。
6. 简述霍特里的经济思想。

第 11 章

新古典经济学的反对者：旧制度经济学派

旧制度经济学派的最初起源可追溯到 19 世纪 40 年代以李斯特为先驱的德国历史学派。德国历史学派反对英国古典学派运用的抽象、演绎的自然主义方法，而主张运用具体、实证的历史主义方法，强调从历史实际情况出发，以及经济生活中的国民性和历史发展阶段的特征。19 世纪末 20 世纪初，在美国以凡勃伦、康芒斯和米切尔等为代表，形成了旧制度经济学派。尽管旧制度经济学派并不是一个严格的、内部观点统一的经济学派别，但旧制度经济学派的经济学家基本上都重视对非市场因素的分析，如制度因素、法律因素、历史因素、社会和伦理因素等，其中尤以制度因素为甚，强调这些非市场因素是影响社会经济生活的主要因素。因此，他们以制度为视角，研究"制度"和分析"制度因素"在社会经济发展中的作用。这一研究方法论的核心在于，它不是以任何客观的指标来衡量经济活动，而是立足于个人之间的互动来理解经济活动。

11.1 旧制度经济学派概述

11.1.1 产生的背景

旧制度经济学产生于 19 世纪末期，进一步发展于 20 世纪初期，是美国社会政治经济发展在理论上的反映。19 世纪 60 年代美国南北战争结束之后，资本主义经济制度在美国得到确立，并且迅速发展，美国成为世界强大的资本主义国家，工业总产值占世界的 1/3。但是收入分配不公，工人的生活条件得不到合理的改善。工人的住房条件差，劳动时间长，健康和安全保障不充分，美国成为贫富鸿沟最深的国家之一。在这种情况下，需要一种理论来为美国的资本主义制度进行辩护，同时改变这种社会问题。但是，美国没有古典经济学的传统，而德国历史学派的启示促进了美国制度经济学的产生。

11.1.2 旧制度经济学的信条

（1）整体、宽广的视角。旧制度经济学认为必须将经济作为一个整体来考察，而不能作为一个相互分离的小部分或者单独的实体来考察，从一个部分出发不能对整体形成有效的认识和完全的理解；同时认为经济学的范围太窄，经济学应当与政治学、社会学、法律、习俗、意识形态、传统及人类信仰交织在一起。旧制度经济学就涉及社会过程、社会关系及社会的其他所有方面。

（2）关注制度。旧制度经济学将制度作为一个经济变量，强调制度在社会经济生活中的作用。制度是被广泛接受和建立的集体行为的组织形式，包括风俗习惯、社会习俗、法律、思维方式和生活方式。经济生活是受制度管制的，而不是受经济规律管制的。集体行为比个体主义对经济分析更为贴切。制度主义者对信用、垄断、所有权空缺、劳动者-管理层关系、社会保障和收入分配的分析与改革特别感兴趣，提倡调整经济计划与缓和经济周期的幅度。

（3）演进的方法。旧制度经济学将达尔文的演进分析方法运用于经济学，认为社会和各种制度都是变化的。旧制度经济学重视从演化的视角研究经济问题，将制度的演化和功能作为经济学的中心议题。这种研究方法要求研究者不仅有经济学知识，而且有历史、文化、人类学、政治学、社会学、哲学和心理学知识。

（4）反对正常的均衡观点。旧制度经济学不强调均衡的观点，强调循环性因果关系原理，强调对社会经济与目标有益或者有害的累积性制度变迁；同时认为通过政府干预进行集体控制对于不断改进和调节经济生活的缺陷是必要的。

（5）利益冲突。旧制度经济学认为从理论推导出来的利益和谐是不对的，他们承认利益的冲突，认为人们是合作的、集体性的动物。为了成员的共同利益，各个利益集团之间存在着利益冲突，如大企业与小企业之间、消费者与生产者之间、农民与城市居民之间、雇主与工人之间均存在利益冲突。公正的政府必须为共同利益和经济体制的有效运转进行利益冲突的协调与控制。

（6）自由民主改革。制度经济学支持改革，认为改革是为了产生更加公正的财富与收入分配，否认自由价格制度是个人与社会福利充分的指标，否认市场机制能够进行资源的合理配置和公平的收入分配。

（7）反对快乐-痛苦的心理学。旧制度经济学批判经济分析的边沁主义基础，主张追求一种更好的心理学，其中有些人将弗洛伊德和行为主义的思想整合到他们的思想中。

11.1.3 旧制度经济学派的三大分支

（1）社会心理学派。该学派以凡勃伦为代表，主张心理分析和文化心理分析，其理论主要建立在进化论基础上，他们从社会心理学和进化论角度来讨论经济社会制度的形成与演变。

（2）经验统计学派。该学派以米切尔为代表，认为制度因素的作用以经验统计分析为依据，离开经验统计，制度的作用便无法显示；认为对经济理论的研究是次要的，而经验统计分析是主要的，在经验统计分析的基础上才能得到理论。

（3）社会法律学派。该学派以康芒斯为代表，认为法律是决定社会经济的主要力量，主张用法律来管理经济。

11.1.4 旧制度经济学派的特征

（1）旧制度经济学派代表了中产阶级改革的要求，代表了农业集团、小企业和劳动者集团的利益和要求，对政府工作人员、改革者、人道主义者、消费者组织和工会成员有吸引力。

（2）理论体系上观点复杂、很不一致。旧制度经济学派对各种经济理论兼收并蓄，以强调制度问题对社会经济生活的作用而成为一个经济学流派。

（3）对后世经济学的影响。整体、宽广的研究视角为凯恩斯经济学所接受，形成了总量分析方法。旧制度经济学派促进了社会改革运动，其提倡的环境保护、充分就业、法律保护、社会保障和最低工资在今天仍然保持着活力。

11.2 旧制度经济学派的方法论

旧制度主义在进行制度分析时并没有一个统一的方法，它主要吸取德国新历史学派的一些基本思想，并用行为主义、演化论和整体论来分析社会经济系统的演化和发展。从研究方法论上讲，旧制度经济学是德国历史学派在美国的变种，二者一脉相承。因为，历史学派和旧制度学派在方法论上，都反对主流经济学所使用的抽象演绎法，反对 19 世纪 70 年代以来主流经济学家越来越重视的数量分析方法。

（1）制度分析或结构分析方法。他们强调制度分析或结构分析方法，认为只有把对制度的分析或经济结构、社会结构的分析放在主要位置上，才能阐明资本主义经济中的弊端，也才能弄清楚资本主义社会演进的趋向。

（2）整体主义分析方法。以一种集体行为的模式来分析社会经济系统的变化，理论依据是部分依赖于整体及与其他部分的关系。他们反对把资本主义社会看成抽象的"经济人"的组合，把资本主义经济的变动看成"自然的"规律起作用的结果。他们认为，个人首先是"社会人"和"组织人"，而不是"经济人"。作为一种社会存在，除了物质经济利益以外，人还追求安全、自尊、情感和社会地位等社会性的需要。人所做出的选择，并不仅以他的内在效用函数为基础，而且建立在他个人的社会经验、不断的学习过程及构成其日常生活的个人之间相互作用的基础之上。

（3）行为分析方法。人的行为是直接依赖于他生活的社会文化环境的。因此，应当从每个人的现实存在和他与环境的关系方面，从制度结构和组织模式方面，从文化和社会规模方面等去考察人的经济行为。如果只是单独考察个人的动机来发现经济规律，那将是"只见树木，不见森林"的片面做法。

（4）历史分析方法。旧制度经济学采取历史归纳方法和历史比较方法，强调每一个民族或每一种经济制度都是在特定历史条件下进行活动或发展起来的，而主流经济学所阐明的规律性并无普遍意义。

11.3 凡勃伦及其经济思想

11.3.1 生平与著作

1. 生平

托斯丹·邦德·凡勃伦（Thorstein Bunde Veblen 1857—1929）是美国制度经济学派的创始人与主要代表。他出生于美国明尼苏达的一个挪威移民家庭，一生学术生涯都不是很顺利，早年在卡尔顿学院师从克拉克进行本科学习，主要学习经济学，研究兴趣非常广泛，对经济学、哲学、心理学和生物学都有研究。1892—1906年任芝加哥大学教授，因为宣扬反对资本主义学说被迫离职，之后在康奈尔大学、斯坦福大学任教。

2. 著作

凡勃伦的代表作有：《有闲阶级论》（1899年）、《企业论》（1904年）、《科学在现代文明中的地位》（1919年）和《工程师和价格制度》（1921年）。在这些著作中，凡勃伦对资本主义提出了责难与批评，批评了资本主义的"有闲阶级"、"既得利益者"和"不在所得者"的寄生性。

11.3.2 凡勃伦的经济理论

1. 对古典和新古典经济学的批判

其理论主要是建立在对古典经济学和新古典经济学的基本理论批判的基础上的。

（1）对古典经济学的批判。凡勃伦认为古典经济学将经济现象分为自然和非自然的观点是不对的，因为社会经济发展是一个过程，不能将适应某些阶级的东西划分为"自然的"和"正常的"，而把不适应某些阶级的东西划分为"非自然的"和"非正常的"。他还认为古典经济学的根本缺陷在于以寻求不变的自然规律为目的。

经济发展是一个过程，过程中有决定意义的是制度。因此，经济学应当研究从古至今的各种制度及制度的变化，而不是研究不变的自然规律。

（2）对新古典经济学的批判。凡勃伦批判新古典经济学的边际效用价值理论。他将人看作快乐最大化的主动追求者，认为克拉克不能解释成长和变化及其累积作用的过程。他还认为马歇尔是自行平衡状态的假定者，应当以"制度"或者"广泛存在的社会习惯"作为研究对象。

2. 有闲阶级论

有闲阶级是指追求炫耀性消费、避免有用劳动和保守主义的人。

（1）追求炫耀性消费。凡勃伦认为有闲阶级追求的是炫耀性商品的消费，有财富的人追求炫耀性消费的目的不是为了满足他们的物质需求，也不是为了满足精神需求，而是以显示他们财富的方式来进行消费。

炫耀性商品的效用与一般商品不同，一般商品的效用随着价格的变动而保持不变，而炫耀性商品的效用随着价格的下降而减少，随着价格的上升而增加。所以，凡勃伦物品（炫耀性商品）的需求曲线是向上倾斜的。

（2）避免有用劳动。有闲阶级避免有用的、生产性的工作。他们为了保持值得尊重，必然会沉湎于消费性或者无用的事业中。

（3）保守主义。凡勃伦认为社会制度的演化是一个制度自然选择的过程。制度必须随着变化的环境而不断改善，这些制度的发展代表了社会的发展。有闲阶级的社会惯性、心理惯性和保守主义构成了对社会结构演化的制约。

3. 信用和经济周期

（1）信用。凡勃伦认为信用在现代经济中发挥着重要的作用。只要企业的利润率高于利息率，那么借钱就能增加利润率。

（2）经济周期。凡勃伦认为信用的不断扩张导致了相互竞争的企业家抬高在工业中使用物质资本的价格，不断扩张的信用及其累积形成了经济周期。

4. 关于制度和制度演进的观点

（1）制度的概念界定。凡勃伦认为"制度是个人或者社会对有关的某种关系或者作用的一般思想习惯"或者是"广泛存在的社会习惯或者社会习俗"，主要包括私有财产、价格制度、市场、货币、企业、政治结构、法律、文化、心理、家庭和宗教信仰。

（2）经济制度的持续演进。人类社会的经济制度处在不断演化的过程之中，在凡勃伦看来，人类社会的演进可以划分为四个时期：野蛮时代、未开化时代、手工业时代和机器方法时代。人类社会的经济发展是一个进化的过程，生物界的自然选择规律同样适用于人类社会，人类社会与自然界一样是渐进地演化，而没有质变和飞跃。因此，经济学是一门进化的科学，研究的是人类每一个时代借以实现的各种制度及制度的演进。

（3）制度演化的原因。主要是外部环境的变化，引起了人们思想习惯的变化，从而导致制度具体形态的变化。凡勃伦认为制度是由人的本质决定的，人的本质有三类：一是父母的天性，二是工作的本能，三是好奇心。人的本质不变，因此制度也是不变的，但是外部环境的变化会引起制度的变化。

（4）制度演进的未来趋势是不可预测的。制度演进是永不停止、永无穷尽的过程，除了短期之外，制度是不可预测的。

11.4 米切尔及其经济思想

11.4.1 生平与著作

1. 生平

韦斯利·克莱尔·米切尔（Wesley Clair Mitchell 1874—1948）是凡勃伦的学生，在芝加哥大学获得博士学位以后，在华盛顿特区办公室从事统计工作，后来回到芝加哥大学从事教学研究工作。他对经济学的贡献在于对经济周期的研究，他以货币、物价和危机为主要研究对象，并以注重数量分析方法而知名。他为制度主义增添了经验研究的倾向。

2. 著作

米切尔的代表作有：《美元纸币史》（1903年）、《美元纸币本位下的黄金、价格与工资》（1908年）、《经济周期》（1913年）、《经济理论的数量分析》（1925年）和《商业循环问题及其调整》（1927年）等。

11.4.2 经济理论

1. 经验研究的重要性

米切尔认为经济学是研究人类经济行为的科学，经济学的未来在于向更多的研究、更少的推理的方向发展，经济学将在定量研究方法中结出丰硕的成果。他主张对经济事实进行统计分析，然后归纳出理论。他曾经对生产、物价、国民收入进行过大量的统计研究。

2. 经济周期理论

经济周期理论是米切尔对经济学的最伟大的贡献，他对经济周期的研究提出了四条重要的结论。一是经济波动出现于货币经济之中，获取货币和支出货币是资本主义的一个特点。二是经济周期广泛地存在于整个经济之中。经济是有联系性的，在经济的联系中，企业之间由于各种工业、商业和金融方面的联系而加深了对彼此的依赖性。这种联系性使经济波动从一部分扩展到另外一部分。三是经济波动取决于利润的前景。米切尔认为经济的前景是经济周期的线索。预期利润比过去的利润和损失更加重要，因为企业会向前看，而不是向后看，未来的经济前景对于企业的扩张起主要作用。四是经济波动是由经济本身系统地产生的。经济周期不是均衡的一个较小的或者意外的中断，相反是经济本身运转的一个内在部分。经济周期起源于经济中的各种内在力量，并且经济周期的每一个阶段都会产生下一个阶段。

3. 社会计划

频繁发生的经济危机和萧条是经济体系的自动功能具有缺陷的明显证明。经济学家的任务就是推进谨慎的社会计划来改善和克服经济周期。制度经济学认为经济计划是必需的、不可避免的。同时，如何使国家计划做到系统、完善并尽量避免负面效应又是经济学需要不断深入研究的课题。

11.5 康芒斯及其经济思想

11.5.1 生平与著作

1. 生平

约翰·罗杰斯·康芒斯（John Rogers Commons 1862—1945）是美国旧制度经济学的代表人物之一。他生于美国俄亥俄州霍兰斯堡，于北卡罗来纳州罗利逝世。他在奥柏林学院（1888年）和约翰·霍普金斯大学（1888—1890年）学习，后来在韦斯利、奥柏林、印第安纳、锡拉丘兹和威斯康星等院校任教（1904—1932年）。他不仅从经济学，而且从政治学、法律、社会学和历史等方面吸取知识。作为制度经济学方面有特色的威斯康星传统的奠基人，康芒斯从他的实践的、历史的和以实验为根据的研究中，尤其在劳动关系和社会改革方面，得出了他的理论见解（概括在他的《资本主义的法律基础》和《制度经济学》中）。

康芒斯是创立"学派"的少数美国经济学家之一，他的学派由塞利格·珀尔曼（Selig Perlman）、埃德温·E. 威特（Edwin E. Witte）、马丁·格莱泽（Martin Glaeser）和肯尼思·帕森斯（Kenneth Parsons）等继承下来。20世纪中叶进行的许多美国社会改革，如新政，都利用或反映了康芒斯及其同事和学生们的理论成就。

2. 著作

《财富的分配》（1893年）、《美国工业社会的历史纪实》（1910—1911年）、《资本主义的法律基础》（1924年）、《制度经济学》（1934年）、《集体行动经济学》（1950年）。

11.5.2 经济思想

（1）研究了制度的发展问题。康芒斯著作的主线都是关于制度的发展，特别是资本主义内部制度的发展。他发展了资本主义进化的理论和制度变化的理论，把它们作为削弱资本主义主要弊端的缓和力量。康芒斯开始承认和强调发生在制度内的个人经济行为，把这种行为称为在控制、解放和扩展个人行动方面的集体行动。按照他的观点，从方法论上讲，传统的个人主义者把研究重点集中在个人买卖方面，是不可能突破支配经济体系结构特征的各种力量、工作规则和体制的，而个人则在此体系内部进行活动。经济体系发展和运转的关键是政府，政府是采取集体行动和进行变革的首要工具。康芒斯认为在集体制度中最重要的是法律制度，法律制度不仅先于经济制度而存在，而且对经济制度的演变起着决定性作用。

（2）主张通过谈判实现利益协调。康芒斯既拒绝传统的调和主义，又反对冲突的激进革命主义，而赞成对经济过程持一种冲突而协商的观点。他接受利益互相冲突的现实，并寻找减少和解决利益冲突的现实发展模式。这些模式的核心是一种多元权力结构下的谈判心理。他寻求思想开放与进步的企业、劳工和政府领导者的支持，寻求一些办法，通过这些办法，可以找出问题并寻求能为各方接受的解决办法。

（3）关注法律问题。康芒斯研究的是工会和政府制度，尤其是司法制度。他发展了政府经济作用的理论，该理论部分是关于他对工人努力改善市场地位的研究，部分是关于工人的敌友双方都在利用政府的问题。康芒斯把工会看作一种非革命的事态发展，看作寻求为工人办事的集体行动组织，就像企业组织旨在为它们的所有者和管理人员办事一样。他对工会和改革立法的研究，使他认识到美国最高法院的关键作用，认识到最高法院在形式和执行工作规则中的是非界限，这些工作规则指导着市场力量的获得和使用。据此，康芒斯提出了一种财产理论，该理论强调财产在控制市场参与相对抵制能力结构方面的演变和作用。

（4）发展了一种制度理论。康芒斯着重对交易制度进行了研究，他认为资本主义的社会关系是一种交易关系，在经济活动中存在三种交易形式：议价交易、管理的交易和配给性交易。三种类型的交易合在一起成为经济研究上的一个较大的单位。同时，他还着重讨论与制度有关的不同方面，如谈判、配额和管理交易等，所有这一切都是在本身就在变化的合法结构内发生的。与凡勃伦不同，康芒斯不敌视商人，事实上他也接受资本主义现实，虽然其观点与现有权力机构所提出的不完全一致。

11.6 加尔布雷斯及其经济思想

11.6.1 生平与著作

1. 生平

约翰·肯尼思·加尔布雷斯（John Kenneth Galbraith 1908—2006），美国经济学家，新制度学派的主要代表人物，出生于加拿大安大略。加尔布雷斯于1930年获安大略农学院文学学士学位，1933年获加利福尼亚大学硕士学位，1934年获该校哲学博士学位。他先后在加利福尼亚大学、哈佛大学和普林斯顿大学任教，曾任美国物价管理局局长助理、民主党经济顾问委员会主席。第二次世界大战后，他担任过印度、巴基斯坦和斯里兰卡的政府顾问，1961—1963年任美国驻印度大使，1972年被选为美国经济学会会长。

2. 著作

加尔布雷斯的代表著作有：《美国资本主义：抗衡力量的概念》（1952年）、《1929年的大崩溃》（1955年）、《丰裕社会》（1958年）、《经济学、和平与欢笑》（1971年）、《经济学和公共目标》（1973年）和《不确定的年代》（1977年）等。

11.6.2 经济思想

1. 对传统智慧的批判

加尔布雷斯是一位新古典传统智慧的批判者，对我们所熟悉的新古典主义进行了批判。他认为新古典主义的错误不是最初提出这些思想的人，而是对这些错误未加修正而造成的错误。

2. 依赖效应

加尔布雷斯认为新古典主义的消费者主导和强调消费者至高无上是极其没有意义的。他的观点是，在现代工业体系中消费者并不是至高无上的，相反，生产、销售产品和服务的巨型企业才是至高无上的，生产者决定生产什么，因此塑造了消费者偏好，致使消费者购买这些产品和服务。

3. 抗衡力量

加尔布雷斯认为在现代垄断经济体系中，传统的完全竞争力量已经被强大的组织力量所代替。强大的组织力量是指强大的生产者、大公司和工会等。在强大的买主与卖主之间，大公司与工会之间形成了一种抗衡力量。在抗衡局势下，双方注意大众消费的影响，促进消费者的福利提升。这一思想否定了市场机制能自动趋于稳定和均衡的传统观点。

4. 二元体系理论

加尔布雷斯提出二元体系理论。他指出，美国社会由计划体系和市场体系两部分构成，计划体系由1000家大公司组成，权力掌握在技术和管理人员手中，他们控制着市场和价格，从而也控制着市场体系。市场体系则由1200万家小企业、农场、个体经营者组成，他们完全听任市场支配。由于计划体系占统治和支配地位，美国这种丰裕社会存在各种收入分配不平等、经济发展不平衡、资源配置失调、通货膨胀与失业等问题。为解决这些问题，需进行制度改革，通过国家力量使两种体系的权力与收入平等化。他称实现两种体系平等化的社会为新社会主义。

5. 技术结构论

技术阶层是指由经过高度技术训练的专家、工程师、科学家、经济学家、外勤人员和广告人员所组成的阶层。他们在技术先进的组织中逐渐代替名义上的经理和不起作用的股东做出决策。由于这一阶层的出现，现代工业组织也发生了极大的变化。一是权力的转移。专业人员成为决定企业成功的决定因素。二是经营动机的改变。经营者的动机不再是追求利润的最大化，而是追求阶层有满意稳定的工作，以及有升职加薪和提高声誉的机会。三是企业的计划性。运用广告及推销术影响消费者，使企业能以计划价格出售计划产品。

6. 企业理论

加尔布雷斯认为现代资本主义部门是由两部分组成的：一是市场化部门，二是计划部门。在市场化部门，企业以利润最大化为目标，积极管理他们的企业。在计划部门，企业的控制权由专业人士所掌握，包括行政人员、经理、工程师、科学家、产品计划者、市场研究者和市场研究人员。技术专家追求更为复杂的企业目标，加尔布雷斯将这些目标分为：一是保护性目标，主要是追求企业的生存，获取足够的利润；二是积极性目标，追求公司的增长，追求产出、销量和收入的增长。

本 章 小 结

旧制度经济学是在德国历史学派的启示下产生的，其将制度作为一个经济变量，强调制度在社会经济生活中的作用，认为制度是被广泛接受和建立的集体行为的组织形式，具体包括风俗习惯、社会习俗、法律、思维方式和生活方式。

旧制度经济学有三大分支：以凡勃伦为代表的社会心理学派、以米切尔为代表的经验统计学派和以康芒斯为代表的社会法律学派。

在研究方法论上，旧制度经济学是德国历史学派在美国的变种，其反对主流经济学所使用的抽象演绎法，反对主流经济学家越来越重视的数量分析方法，强调制度分析或结构分析方法。

➢ 关键概念

旧制度经济学　社会心理学派　经验统计学派　社会法律学派　历史归纳方法
历史比较方法　有闲阶级论　炫耀性消费　保守主义　依赖效应　技术结构论

➢ 推荐阅读的文献资料

霍奇逊 G M. 1993. 现代制度主义经济学宣言[M]. 向以斌，等译. 北京：北京大学出版社.
康芒斯 J R. 2021. 制度经济学[M]. 于树生，译. 北京：商务印书馆.

卢瑟福 M. 1999. 经济学中的制度：老制度主义和新制度主义[M]. 陈建波，郁仲莉，译. 北京：中国社会科学出版社.
汤敏，茅于轼. 1993. 现代经济学前沿专题：第二集[M]. 北京：商务印书馆.
左金隆. 2015. 新旧制度经济学制度变迁理论之方法研究[M]. 北京：科学出版社.

➢ 讨论题

1. 旧制度经济学对古典经济学和新古典经济学提出了哪些批判？
2. 简述凡勃伦的经济思想。
3. 简述米切尔的经济思想。
4. 简述康芒斯的经济思想。
5. 简述加尔布雷斯的经济思想。

第12章

福利经济学

福利经济学是由英国经济学家霍布斯和庇古创立的研究社会经济福利的一种经济学理论体系,产生于20世纪的英国,是西方经济学家从福利观点或最大化原则出发,对经济体系的运行予以评价的经济学分支学科。1920年,庇古的《福利经济学》一书的出版是福利经济学产生的标志。福利经济学的出现,是英国阶级矛盾和社会经济矛盾尖锐化的结果。西方经济学家承认,英国十分严重的贫富悬殊的社会问题由于第一次世界大战而变得更为尖锐,因而出现以建立社会福利为目标的研究趋向,导致了福利经济学的产生。

12.1 福利经济学概述

12.1.1 福利经济学的研究对象与研究内容

1. 研究对象

福利经济学是经济学的分支,这一学派研究的主要问题是社会福利最大化的原理,如何促使经济更有效地运行,以及公平与效率之间的平衡。从福利观点或最大化原则出发对经济体系的运行予以社会评价的经济学,主要研究社会经济运行的目标,或称检验社会经济行为好坏的标准,以及实现社会经济运行目标所需的生产、交换、分配的一般最适度的条件及其政策建议等。

2. 研究内容

福利经济学的主要研究内容包括两个方面:①定义福利最大化,分析如何达到福利最大化;②确定阻碍福利最大化的因素,并且提出除去阻碍因素的方式。从这两方面出发,其认为影响社会经济福利的因素有两方面:一是国民收入的大小;二是国民收入在社会成员中的分配状况。与此相对应提出了福利经济学的两个基本命题：一是国民收入越多，社会经济福利越大；二是收入分配越平均，社会经济福利越大。

12.1.2 福利经济学的产生与发展

1. 产生

福利经济学产生于第一次世界大战之后，1920年庇古《福利经济学》的出版标志着福利经济学的产生。该书对福利的概念及政策做了系统的论述。福利经济学是在马歇尔新古典经济学的基础上探讨与福利相关的理论问题。这一阶段的福利经济学主要研究了福利经济学的两个基本命题：收入结构与资源最优化理论、外部性理论。

2. 发展

第二次世界大战后，福利经济学得到巨大的发展，一批福利经济学的论文相继出现，英国的卡尔多、希克斯、伯格森、萨缪尔森和西托夫斯基等都积极地加入福利经济学的讨论中，提出了序数效用论、帕累托最优原理、完全竞争与社会福利最大化、补偿原则与社会福利函数理论。

12.1.3 福利经济学的特点

（1）提出道德标准，推行规范研究。福利经济学的重要特点就是强调道德判断和价值判断，把价值规范引入经济学，研究经济现象应该是什么。

（2）在边际效用价值理论基础上提出福利概念。福利经济学是以边际效用价值理论为基础的。为了将边际效用价值理论运用到福利问题的研究中，福利经济学家提出了一些新的名词，如把产量和满足程度叫作"福利标准"，把社会福利达到的标准叫作"福利最优状态"，把生产和交换上满足这种标准的条件叫作"生产的最优条件"或者"交换的最优条件"。

（3）提出了道德标准。利用所提出的道德标准和福利理论作为制定经济政策的指导原则。在政策制定上，以道德标准和福利理论作为指导原则。在政策调整上，以道德标准和福利理论作为依据。

12.1.4 福利经济学的基本定律

基本定律一：不管初始资源配置怎样，分散化的竞争市场可以通过个人自利的交易行为达到瓦尔拉斯均衡，而这个均衡一定是帕累托有效的配置，即符合帕累托最优效应。福利经济学第一定理保证了竞争市场可以使贸易利益达到最大，在完全竞争条件下，市场竞争能够通过价格有效率地协调经济活动，从而配置有限的稀缺资源。

基本定律二：每一种具有帕累托效率的资源配置都可以通过市场机制实现。人们所应做的一切只是使政府进行某些初始的总量再分配。第二定理认为任何我们所希望的社会资源配置都可以通过一定的收入分配结构达到。

基本定律三：也叫阿罗不可能性定理，其意思是如果众多的社会成员具有不同的偏好，而社会又有多种备选方案，那么在民主的制度下不可能得到令所有的人都满意的结果。

12.2 福利经济学的方法论

1. 福利经济学的哲学基础

边沁的功利主义原则是福利经济学的哲学基础。边沁认为人生的目的是使自己获得最大的幸福，增加幸福总量。幸福总量可以计算，伦理就是对幸福总量的计算。边沁把资产阶级利益说成社会的普遍利益，把资产阶级趋利避害的伦理原则说成所有人的功利原则，把"最大多数人的最大幸福"标榜为功利主义的最高目标。

帕累托的"最优状态"概念和马歇尔的"消费者剩余"概念是福利经济学的重要分析工具。

帕累托最优状态是指任何改变都不可能使任何一个人的境况变好而不使别人境况变坏的状态。按照这一规定，一项改变如果使每个人的福利都增进了，或者一些人的福利增进而其他人的福利不减少，这种改变就有利；如果使每个人的福利都减少了，或者一些人福利增加而另一些人福利减少，这种改变就不利。帕累托采用了埃奇沃思的无差异曲线和契约曲线作为分析工具。无差异曲线是表示两种商品的各种不同组合的点的轨迹，这些不同的商品组合使消费者始终获得相同的满足水平。契约曲线是表示交易双方的无差异曲线的切点的轨迹，这些切点表示双方的边际代替率完全相等；也表示生产者等产量线的切点的轨迹，这些切点代表既定数量的生产资源在最有效地利用时所能生产的最大产量的组合。帕累托的"最优状态"概念和无差异曲线与契约曲线对福利经济学的发展起到重要作用。

马歇尔把"消费者剩余"定义为消费者愿意支付的商品价格超过其实际支付的商品价格的差额，这个差额使消费者获得了额外的满足。马歇尔从"消费者剩余"概念推导出政策结论：政府对收益递减的商品征税，得到的税额将大于失去的消费者剩余，用其中部分税额补贴收益递增的商品，得到的消费者剩余将大于所支付的补贴。马歇尔的"消费者剩余"概念和政策结论对福利经济学的发展也起了重要作用。

2. 规范分析方法

西方福利经济学是从福利观点或最大化原则出发对经济体系的运行予以社会评价的经济学。现代西方经济学区别了实证经济学和规范经济学。实证经济学是排除了社会评价的理论经济学，它研究经济体系的运行，说明经济体系是怎样运行的，以及为什么这样运行，回答"是"和"不是"的问题。规范经济学的任务是对经济体系的运行做出社会评价，回答"好"和"不好"的问题。福利经济学属于规范经济学。

福利经济学规范分析方法的主要特点是：①以一定的价值判断为出发点，也就是根据已确定的社会目标，建立理论体系；②以边际效用基数论或边际效用序数论为基础，建立福利概念；③以社会目标和福利理论为依据，制定经济政策方案。

12.3 福利经济学的代表人物

12.3.1 帕累托

1. 生平与著作

维尔弗雷多·帕累托（Vilfredo Pareto 1848—1923）是意大利人，于都灵理工大学毕业后在一家铁路工程公司担任土木工程师，业余时间阅读经济学著作，1893年就任于洛桑大学，在经济学说史上有"数理经济学之父"的美誉。作为推动经济学发展的数学方面的先驱，他赢得了世界性声誉，但是其晚年对数理经济学的狭隘感到困惑，并改弦易辙。其代表作为《政治经济学讲义》（1896年）和《政治经济学教程》（1906年）。

2. 经济思想

帕累托提出了用帕累托最优条件来衡量最大化社会福利的方法。其后的经济学家建立了严格的数学证明，论证了完全竞争的产品市场与资源市场能实现帕累托最优。

帕累托最优的含义是：当不存在能够使某人的处境变好，同时不使某人的处境变坏的任意变化时，就会出现福利最大化。

帕累托最优意味着：一是产品在消费者之间的最优分配；二是资源的最优技术配置；三是最优的产出数量。

1）产品的最优分配

产品的最优分配是指能够最大化消费者福利的分配，当两种产品在不同消费者之间都拥有完全相同的边际替代率时，即可实现产品的最优分配，也就是

$$\mathrm{MRS}_{HP}^{S} = \mathrm{MRS}_{HP}^{G}$$

其中，MRS_{HP}^{S} 和 MRS_{HP}^{G} 分别是消费者 S、G 关于产品 H、P 的边际替代率。

2）资源的最优技术配置

当生产两种产品的劳动和资本的边际技术替代率相等时，就会出现对生产性用途的最优技术配置。用公式表示如下：

$$\mathrm{MRTS}_{LK}^{H} = \mathrm{MRTS}_{LK}^{P}$$

其中，MRTS_{LK}^{H} 和 MRTS_{LK}^{P} 分别是产品 H、P 的劳动（L）和资本（K）的边际技术替代率。

3）最优的产出数量

如果生产两种商品的生产和分配符合帕累托最优条件，那么当生产两种商品的边际替代率等于边际转换率时，就会达到最优的产出水平。

12.3.2 庇古

1. 生平与著作

阿瑟·赛斯尔·庇古（Arthur Cecil Pigou 1877—1959）是现代福利经济学之父。马歇尔去世之后，庇古接任了马歇尔的位置担任剑桥大学经济系主任，31岁时成为剑桥大学的经济学教授。庇古是马歇尔体系的忠实拥护者和诠释者，他们师徒二人执掌剑桥大学经济学系60余年，培养了无数世界闻名的经济学家，形成了西方经济学强大的理论阵地。他对贫穷的人表示了强烈的人道主义关怀，并且希望经济学能够引导社会进步，他在引导政府缓和社会某些不合时宜的特征方面比马歇尔走得更远。其代表作为1920年出版的《福利经济学》。庇古对经济学的贡献主要体现在两个方面：第一，他关于外部性的分析为现代公共财政、环境经济学和福利经济学奠定了基础；第二，他是反对凯恩斯发起的宏观经济学的主要学者。

2. 经济思想

1）收入再分配

庇古认为，在特定条件下更大的收入公平能够提高经济福利。从一个相对富有的人向相对贫穷的人进行任意的收入转移，都会增加综合满意程度。任何能够提高穷人实际收入的绝对份额的行动，不仅不会减少国民收入，通常还会提高经济福利。

2）私人成本与社会成本、私人利益与社会利益之间的差别

庇古的福利经济学对私人成本与社会成本、私人利益与社会利益之间的差别给予了较多的关注。他认为，一件产品或者服务的私人边际成本是生产者生产额外一件产品或者服务所产生的花费；社会边际成本是生产那一件产品的结果给社会所带来的损害或者花费。与此相类似，一件产品或者服务的私人边际利益是生产者生产额外一件产品或者服务所产生的满意度；社会边际利益是生产那一件产品的结果给社会所带来的额外满意度。

私人成本与社会成本、私人利益与社会利益之间存在着差别，因此，政府的福利任务就是使私人成本与社会成本相等、私人利益与社会利益相等。

12.3.3 米塞斯

1. 生平与著作

路德维希·冯·米塞斯（Ludwig von Mises 1881—1973）是奥地利经济学家，1912年出版的《货币与信贷理论》使他赢得了维也纳大学的特聘教授一职，1940年他移居美国，成为纽约大学的一位访问教授。他于1920年发表的《社会主义制度下的经济核算》一文引发了关于社会主义福利问题的讨论。米塞斯是现代自由意志主义运动的主要影响人物，也是促成古典自由主义复苏的学者，并被誉为"奥地利经济学派的院长"。他的理论影响了后来的经济学家，如弗里德里克·哈耶克和穆瑞·罗斯巴德等。

2. 经济思想

20世纪初期，在经济理论界曾经展开过一场关于社会主义经济理论的大论战，这场论战所涉及的问题是社会主义能否与市场经济兼容。1920年奥地利经济学家米塞斯在其《社会主义制度下的经济核算》一文中，指出社会主义制度消除了私有制，导致了生产资料市场的缺失，因而不能进行任何形式的经济核算，由此引发了著名的"社会主义经济大论战"。

论战中，双方围绕的主题是：社会主义计划经济能否进行经济核算，能否实现资源的有效配置？

以哈耶克、米塞斯和罗宾斯等为代表的西方经济学家认为社会主义计划经济不能实现资源的有效配置，原因在于：一是不能解决信息问题；二是不能解决消费偏好问题；三是不能解决激励问题。

12.3.4 兰格

1. 生平与著作

奥斯卡·兰格（Oskar Lange 1904—1965）是波兰经济学家，他对社会主义经济理论的争论做出了贡献。1936年兰格成为密歇根大学的教授，1943年成为芝加哥大学的教授，1945年返回波兰并成为华沙大学的教授。其代表作为《社会主义经济理论》（1936—1937年）、《社会主义政治经济学》（第一卷）（1958年）和《经济计量学导论》（1958年）等。

2. 经济思想

1）计划模拟市场理论

在其著作中，兰格通过两个批判建立了计划模拟市场理论：一是对传统计划经济体制的批判；二是对哈耶克、米塞斯和罗宾斯等否认社会主义计划经济不能合理配置资源的批判。该理论的内容有：①多元的所有制结构和多元的产品主人；②计划和市场两种运行机制并存；③集中决策与分散决策并存；④行政手段和经济手段两种实现计划的方法并存。

2）兰格模式

兰格模式的特点是：第一次突破了传统的社会主义计划经济模式；较早地提出了市场中性论；提出了改革的渐进模式；用试错法来解决计划经济的弊端。该理论的内容包括：消费品归私人所有，消费者可以自由选择消费；自由选择职业；生产资料的国家所有制。

12.3.5 阿罗

1. 生平与著作

肯尼斯·约瑟夫·阿罗（Kenneth Joseph Arrow 1921—2017）是美国斯坦福大学的教授，是一位漫步在经济学理论和社会哲学之间的经济学家。他不仅对符号逻辑、数学和统计学表现出了少有的天赋，而且能够运用这些理论研究社会经济问题。他的著作《社会选择与个人价值》成为福利经济学的经典文献。

2. 经济思想

1）社会选择理论

在斯坦福大学工作期间，阿罗继续研究福利经济学的基本信条，他研究的问题是：一个政策选择的结果是否使社会的处境变好了？具有个人偏好的社会成员的集体选择逻辑是什么？完美的民主制度是否可行？如果不存在完美的民主制度，必须进行哪些方面的调整？

社会选择理论是研究个人与社会之间关系的理论。该理论的起源至少可追溯到200年以前，但社会选择的现代形式是由美国学者阿罗于1951年开创的。社会选择的基本问题是：给定若干个备选方案作为决策范围，再给定有关的准则，要找出一种选择方法，该方法在某些方面应体现出上述准则。

2）社会选择的方法

阿罗认为，在现代民主社会中，有两种做出社会选择的基本方法：一种是投票，通常用于做"政治"决策；另一种是市场机制，通常用于做"经济"决策。此外，在其他非民主的国家，甚至在民主社会中的较小单位里，也存在两种社会选择的方法，即独裁和传统，在它们的正式结构中具有某些投票或市场机制所不具备的明确性。在理想的独裁体制中，社会选择只根据全体个人的共同意志做出。因此，这两种情况下均没有个人之间的冲突。然而，投票或市场机制的方法是汇集许多不同的个人偏好做出社会选择的方法。在任何个人理性地做出选择的基础上，社会选择的独裁方法和传统方法也是理性的。

本 章 小 结

福利经济学是西方经济学家从福利观点或最大化原则出发，对经济体系的运行予以评价的经济学分支学科。福利经济学的出现是英国阶级矛盾和社会经济矛盾尖锐化的结果。

第二次世界大战后，福利经济学得到巨大的发展，一批福利经济学的论文相继出现，英国的卡尔多、希克斯、伯格森、萨缪尔森和西托夫斯基等都积极地加入福利经济学的讨论中。

福利经济学的重要特点就是强调道德判断和价值判断，把价值规范引入经济学，研究经济现象应该是什么的问题。

➢ 关键概念

帕累托最优　规范分析方法　产品的最优分配　资源的最优技术配置
最优的产出数量　私人成本　社会成本　私人利益　社会利益
兰格模式　阿罗的社会选择理论

➢ 推荐阅读的文献资料

布赖特 W, 赫希 B. 2007. 我的经济人生之路: 18 位经济学大师讲述的心灵故事[M]. 柯祥河, 译. 海口: 海南出版社, 三环出版社.
高启杰. 2012. 福利经济学: 以幸福为导向的经济学[M]. 北京: 社会科学文献出版社.
格拉夫 J V. 1980. 理论福利经济学[M]. 夏炎德, 译. 北京: 商务印书馆.
李特尔 I M D. 1980. 福利经济学述评[M]. 陈彪如, 译. 北京: 商务印书馆.
厉以宁, 吴易风, 李懿. 2020. 西方福利经济学述评[M]. 北京: 商务印书馆.
斯蒂格利茨 J E. 2011. 社会主义向何处去——经济体制转型的理论和证据[M]. 周立群, 韩亮, 余文波, 译. 长春: 吉林人民出版社.

➢ 讨论题

1. 福利经济学的基本特点是什么？
2. 为什么完全竞争是帕累托最优的实现条件？
3. 试用帕累托最优分析中国经济转型的效率。
4. 简述庇古的福利经济学思想。
5. 简述阿罗的社会选择理论。

第13章

数理经济学派

数理经济学派是一个19世纪末20世纪初形成的、主张用数学符号和方法来表述边际效用经济学的学派①。数理经济学派的早期代表是杰文斯,主要派别是以瓦尔拉斯和帕累托为代表的洛桑学派。数理经济学派主张用数学符号和数学方法来研究、论证和表述经济现象及其相互依存关系,认为数理方法是研究经济学最主要的甚至是唯一的方法。

13.1 数理经济学派概述

19世纪20年代,伴随欧洲工业革命的发展,数学取得了巨大的进步。在17世纪笛卡尔建立变量数学的基础上,数学发展史进入了近代数学的新时期,数学的应用范围不断扩大,并开始向社会科学领域大量渗透。数理经济学就是在数学向经济学渗透的过程中产生的。

13.1.1 兴起、发展与贡献

1. 数理经济学的兴起

西方第一个把数学用于研究经济问题的是意大利的切瓦,他于1711年出版了一部关于货币价值的书。但最先比较系统地运用数学的是法国的古诺,他于1897年出版的《财富理论的数学原理的研究》常被当作数理经济学的开端。

由于当时的经济理论权威们不熟悉数学推理,《财富理论的数学原理的研究》一书无人问津,直到40年后因受到英国的杰文斯和法国的瓦尔拉斯的高度推崇,才闻名于世,

---

① 数理经济学派分为广义数理经济学派和狭义数理经济学派。广义数理经济学派一般运用数学方法来研究经济问题,也不排除其他方法,而狭义数理经济学派则把数学方法作为研究经济问题的唯一方法。

并被当作数理经济学的正式起源。此后,英国的埃奇沃思和马歇尔、美国的斯坦利·费希尔、意大利的帕累托等进一步发展了数理经济学。古诺并没有用过"数理经济学"的名称,他采用的书名用意不仅在于数理经济学理论研究,而且在于在研究中要运用数学分析的形式和符号。他认为在财富理论中运用数学分析,是为了探索不能用数字表达的数量之间的关系和不能用代数表达的函数之间的关系;即使经济学理论不需要精确数字,只要能更简明地陈述问题、开辟研究途径、避免脱离主题,数学也有其有用之处,如果仅仅因为不熟悉或担心用错而拒绝数学分析,才是荒谬的。

20 世纪 70 年代以后,数学在经济学中的运用进一步加强,不运用数学而又有影响力的文章已经很少见了。在经济学中运用数学主要有两种方法[①]:一是作为理论研究的工具,用代数、几何甚至数学举例,推导出用别的方法推导不出的结论;二是作为实证研究的工具,根据观察结果加以概括(归纳),用实际数据(一般是统计数据)检验理论。

2. 数理经济学的发展

1)英国的数理经济学

杰文斯于 1862 年发表的论文《略论政治经济学的一般数学理论》是数理经济学最早的名称,1879 年其主要著作《政治经济学理论》再版时,附上 1711 年以来的"数学的经济应用"文献目录,这等于宣称数理经济学的存在。他认为经济学要成为一门科学,必须是一门依赖于数学的科学,简单原因就是研究数量和数量之间的复杂关系,必须进行数学推理,即使不用代数符号,也不会减少这门科学的数学性质。

杰文斯的目的是要为价值的最终理论及建立在这个理论之上的市场规律提供数学解说。他的理论中心是"价值完全由效用决定"。他把商品对所有者的效用分为总效用和最后程度的效用(后来的边际效用),后者是商品拥有或消费总量增加时,总效用增加量对商品增加量的比率。

杰文斯认为,随着商品拥有量的增加,最后程度的效用会逐渐降低,并据此用数学方法推出:一种商品所有者和另一种商品所有者互相交换商品可以增加总效用,交换要进行到两种商品的最后程度的效用相等、总效用最大且达到均衡时为止,这时两种商品在两个所有者之间的交换比率应该等于交换完成后两种商品的最后程度的效用的反比。

2)法国的数理经济学

法国的瓦尔拉斯在 1874 年出版的《纯粹政治经济学要义》一书中,以边际效用价值论为基础,考察了市场上所有商品的供给、需求和价格相互依存、相互制约,并达到均衡状态的价格决定过程,从而创建了一般均衡论的理论体系。帕累托在 1906 年出版的《政治经济学教程》一书中,以序数效用论为基础,借助序数效用指数和无差异曲线等概念,论证了一般均衡理论。杰文斯在 1871 年出版的《政治经济学理论》一书中,利用导数表述边际效用概念,借助数学推理论证了两种商品之间交换的均衡价格是怎样决定的。一般认为,数理经济学派对经济现象的质的分析是薄弱的。

古诺是第一位走入经济学界的数学家。1833 年,古诺成为法国里昂大学的数学教授,

---

① 巴克豪斯 R E. 2007. 西方经济学史[M]. 莫竹芩,袁野,译. 海口:海南出版社,三环出版社:254-255.

还曾担任过数学学院的院长职务。他有两位历史上鼎鼎大名的数学家老师,一位是拉普拉斯(Laplace),另一位是泊松(Poisson)。他的第一部学术著作是关于概率论的,而接下来他马上就将研究对象由数学转移到了经济领域,并运用其娴熟的数学分析方法于1838年推出了他的第一部经济类学术著作《财富理论的数学原理的研究》。这是一部研究水平极高的著作,超越了当时研究经济学的学者的普遍水平,但由于其是法文版,而没有引起人们太多的注意。但后来一经人们发现,便被一致推崇为数理经济学派的先驱之作。至于是被哪一位经济学家先发现的,有两种说法:一种说法是直到英国的杰文斯最终发现了古诺的这部著作,并将其介绍给了同行;另一种说法是古诺的法国同胞,瓦尔拉斯在成名之后,将古诺的早年著作向大家做了介绍。

3)苏联的数理经济学

苏联的数理经济学形成于20世纪50年代中期。创始人为诺贝尔经济学奖获得者、苏联著名经济学家康托罗维奇。他1939年提出为企业生产寻找最佳的资源分配方案的主张。1959年写成了《资源最优利用的经济计算》一书,这是苏联数理经济学的萌芽之作。1959年康托罗维奇发展了这本书中提出的思想,由此开始形成一个学派。该学派主张把数学方法运用于社会主义的基本经济发展和生产目的的实现过程,使社会主义的计划更有科学依据;主张用最小的数量的资源产出耗费最小、能更大程度地满足消费者需要的产品。20世纪60年代后期苏联科学院数理经济研究所建立。20世纪70年代社会主义经济最优运行理论形成。

3. 数理经济学的贡献

数理经济学派对经济学发展的贡献是不言而喻的,但是几乎所有的理论与实际应用之间都有着不易跨越的鸿沟。一般而言,所有的经济理论特别是数理经济学理论,都会设定许多前提条件,理论与模型都是在这些前提条件之下展开的。不同的前提条件代表着研究者认识事物的不同角度、研究对象的不同侧重及研究方法的不同要求,因而会导出不同的结论和结果。这正是数理经济学派饱受攻击的地方,因为有许多理论的前提条件与现实存在着明显的出入。然而,经济学研究正是这样一点一滴地取得进步的:先是假设一些严格的条件,得出应用性较差的或者较强的结论;然后逐一地将条件减弱,再得出应用性较好的或者较弱的结论。例如,当布莱克(Frisch Black)和斯克尔斯(Myron Scholes)提出他们在现代金融理论领域具有里程碑意义的期权定价理论时,也包含着许多后来被逐一取消的假设,如欧式期权、选择买权、期间无除息、期间无除权和股票价格遵从正态分布等。而他们又是在取消了巴奇勒(Louis Bachelier)有关零利率和股票价格允许为负值等不现实的假设之后推出该理论的。

20世纪60年代以后,数理经济学与微积分、集合论和线性模型结合在一起,数学方法的运用几乎遍及经济学的每个领域。经济生活的需要和电子计算机的发明,促使与数理经济学有关的计量经济学得到迅速发展,它反过来又推动数理经济学继续前进。

利用数学方法研究经济问题,有利于发现经济问题的实质,指明经济问题发展和变化的趋势。现在研究经济问题时,进行数学分析已经是不可或缺的,任何脱离了数学的经济问题分析都会被认为是不可靠的。随着人们对经济活动认识的深入，数理经济学也在不断地发展与完善。

13.1.2 数理经济学派与诺贝尔经济学奖得主

数理经济学的理论一般都被认为是与数学模型密切相关的，而这种用数学模型来推理经济行为的方法到目前为止已经日益地被人们接受，这从诺贝尔经济学奖的颁发情况就可以得到很好的证明。

1969—1999年的30年中，诺贝尔经济学奖总共颁发给44位经济学家，包括在1990年和1994年分别授予了3位经济学家，在1969年、1972年、1974年、1975年、1977年、1979年、1993年、1996年和1997年分别授予了2位经济学家。在全部的这些获奖者中，有九成左右的人都是因为他们能熟练使用各种数学方法来研究经济学而获奖的。计量经济学、统计学、常微分方程及方程组、偏微分方程及方程组、差分方程及方程组、线性规划、最优规划、投入产出、控制论、不动点理论、集合论、拓扑学、泛函分析、集值映射、微分几何、群论、代数学、概率统计、随机过程和博弈论等，许多魅力四射的数学理论都被逐渐应用到经济问题的理论研究和实证研究中。

13.2 数理经济学派的方法论

1. 数理经济学的基本方法

理论经济学是数理经济学的基础，理论经济学的发展状况对数理经济学的发展有很大的影响。而数理经济学的出现，使理论经济学揭示的一般规律具体化、数量化，取得经验形式，得以在实际经济工作中加以利用，而且不同的理论观点通过数理经济学可以验证其反映实际的程度。数理经济学从量的方面把理论经济学的基础理论转化为实际经济工作中的具体方案、措施和建议等，是经济理论与经济实践之间的纽带、桥梁、媒介物和转化剂，其基本特征是通过数学符号和数学方法表达或提出经济学原理和经济学分析，因此数理经济学单独构成一个思想流派，仅仅因为其方法。

数理经济学的方法主要是经济数学模型，包括经济系统分析、经济计量分析、投入产出分析、费用效益分析、最优规划分析和电子计算机模拟等。在研究和使用这些经济数量分析方法时，应遵守一系列原理和原则，如量的分析要以质的分析为前提，生产技术联系要与社会经济联系相统一，对数学和电子计算机的作用要有正确的评价等。唯物辩证法是数理经济学方法论的最一般的基础，对完善和发展数理经济学的研究方法至关重要。系统论、控制论、信息论和现代数学等20世纪40年代兴起的科学方法论，也是数理经济学方法论的基础。依据上述两个层次的基础，数理经济学建立了自己的方法论，即经济数学模型方法及其原理的总和。

2. 数理经济学方法的类型

数学通常以三种方法应用于经济学。

（1）推导和表达经济理论。一般来说有三种方法：一是用代数式、函数式来刻画已有的经济思想，也就是用数学方式将经济思想形式化；二是用代数式来证明和推理经济思想；三是用相位图来阐述数学理论。

（2）统计检验。提出一些经济学的思想假设，然后运用数据进行统计检验，得出一般经济理论。

（3）计量经济学。计量经济学将用数学推导的经济理论与统计检验结合起来，通常采取数学方式提出一个理论，然后收集与理论相关的数据对其进行统计检验。计量经济学是适应微观经济学不断提高的专业技巧与预测宏观经济的需求变化而产生的。

13.3 数理经济学派的代表人物

13.3.1 弗里希

1. 生平与著作

拉格纳·弗里希（Ragnar Frisch 1895—1973），挪威经济学家，计量经济学的创始人之一，毕业于挪威奥斯陆大学，先后留学法、德、英、美、意等国的大学研究经济学和数学，获经济学博士学位。他曾任奥斯陆大学教授，美国耶鲁大学和法国巴黎大学客座教授。弗里希用计量经济学的方法建立经济模型，希望以此预测经济变化，并解决整个国民经济的计划问题。以外，他对经济循环问题也有研究。由于为计量经济学的发展做出了贡献，他于1969年与荷兰经济学家丁伯根一起获得首届诺贝尔经济学奖。他在美国克利夫兰创办了计量经济学会和《计量经济学》杂志，并任会长和主编。弗里希是计量经济学的先驱，1926年首次提出计量经济学一词，并把计量经济学定义为数学、统计学和经济理论的结合。他第一个应用经济计量学方法分析资本主义周期性经济波动。弗里希为计量经济学贡献了一生，其代表作为《测量边际效用的新方法》（1932年）。

2. 理论贡献

（1）运用统计资料测定边际效用。弗里希利用边际效用原则将收入不同的两个人的边际效用关系或同一个人在不同的收入与价格水平上的边际效用关系进行对比，得出了边际效用弹性；用这些比值组成一定商品的统计需求曲线，然后再推出供给曲线。

（2）提出了动态与静态的区别。他认为静态分析是考察经济体系的要素，动态分析是考虑过去的结构和未来的多种预期及其变化。

（3）独创性地提出了一些经济学概念。"宏观"一词是弗里希在20世纪20年代所创立的，等产量线也是其独创。在统计分析方面，他开启了使用联立方程的先河。

（4）经济计划研究方面的贡献。弗里希除了对计量经济学的理论和方法做出多方面的贡献外，他还在把这些理论方法应用于"经济计划"方面做出了许多贡献，主要研究政府如何有效地干预经济活动。他的主要观点有：首先，通过计划过程把社会最重要目标的实现过程公式化，使得早期的计划问题得到结构明晰的阐述；其次，他并不主张取消市场机制，而是提倡对市场机制进行有效的测量并将其结果作为经济政策的反馈信息；最后是"专家治国论"，也就是建立强有力的国家协调机构，使经济专家和政治家在政治优先的基础上进行合作。

13.3.2 丁伯根

1. 生平与著作

简·丁伯根（Jan Tinbergen 1903—1994），荷兰经济学家，1929年毕业于荷兰莱顿大学，此后二十余年在中央统计局工作，1933年起兼任荷兰商学院计量经济学教授。他主要研究如何把统计学应用于动态经济理论，并于1969年与弗里希共同获得诺贝尔经济学奖。其代表作是《商业循环理论的统计检验》（1939年）和《经济计量学》（1959年）。

2. 理论贡献

1）建立了宏观计量经济学模型

1936年，丁伯根创立了一个具有24个联立方程式的荷兰经济模型。他相信，联立方程是反映大量不同性质的经济活动水平相互依存关系的最好手段。

丁伯根创建的模型包括与凯恩斯学派相一致的收入形成和消费支出的方程式。模型中的消费是一个可支配收入的函数，并把商品和劳务的需求作为经济活动总水平的主要因素。他的模型还包括出口与进口，将货币流量分为价格和数量，并将滞后项计入一些方程式中。这个早期模型还体现了工资性通货膨胀与就业之间的负相关关系。该问题自20世纪50年代后期经菲利普斯曲线描绘后，受到了广泛的关注。丁伯根在评价这个早期的荷兰经济模型及后来的曲线时曾经非常谨慎地指出，它们对经济过程的描述从实质上说，并不是纯新古典主义的。

20世纪30年代中期，国际联盟要求丁伯根创建当时各种经济周期理论的经验验证方法。当时，对经济活动的波动有很多解释，但是，对这些解释加以全面论证的可靠方法一直没有被找到。这个项目的研究成就集中体现在丁伯根于1939年出版的《商业循环理论的统计检验》一书中。此书共分两册，第一册集中检验投资活动理论，阐述了经验方法并提供了应用实例。丁伯根的分析采用了标准的多元回归分析，同时也运用已有方法去解决宏观经济问题。第二册的基本意图是建立一个宏观经济模型，从而说明经济的周期。它是一个包括48个联立方程的方程组，构成了应用于美国经济的一个完整的宏观模型。丁伯根不是着眼于每个单一的经济阶段，而是创立了一个统一的动态模型。此外，他还进行了用于预测的数量分析。

2）用动态模型研究经济周期波动

在计量经济学领域，丁伯根对于动态理论方面的贡献和利用统计学对经济周期理论进行验证的尝试，尤为人所称道。他是最早应用方程式进行动态分析的经济学家，这个方法在20世纪30年代末成为一种模式。丁伯根还因创建了说明单个市场周期的"蛛网理论"而受到赞誉。这个理论阐述了价格变化的反应有一年时间的滞后期，而需求的反应则是即时的。更广为人知的是，丁伯根最早创立了计量经济学模型，它保证了可靠的短期经济预测，并引导出多种短期政策的选择，奠定了他的计量经济学理论重要创始人的地位。"蛛网理论"为丁伯根的周期分析提供了基础，其包含22个统计方程，每一个方程都表达了供给与需求是如何随时间变化而短缺和过剩的，并模拟了发生在不同经济阶段的变化问题。

3）发展了一种"决策模型"

丁伯根明确指出了分析问题和政策研究之间的区别。在分析问题时，政策手段是既定的，经济变量（如收入、就业和国际收支平衡）取决于有关模型，而政策研究则相反。丁伯根发展了一种"决策模型"，该模型不是一开始就给出一些政策并对其结果加以预测，而是把一些目标（如社会接受失业与通货膨胀水平）作为既定的，并推导出实现这些目标的最优政策。丁伯根不是把经济政策看作一个政策制定者享受绝对决策权力的状况，而是强调了更为复杂化的分散政策制定的状况。他考察了在特殊情况下集中决策与分散决策相比的优缺点。在分散决策中一个值得注意的理论误解是，决策者往往受到其他决策人行为的影响，也就是类似的寡头状况下的决策方式。

4）发展了一个应用于政策分析的数量框架

丁伯根提出最优方式是政策制定分散化与集中化的混合。从原则上讲，分散化是最优的，但是，外部经济与规模经济又要求更多一些的集中决策。丁伯根对缺少超国家决策机构尤为关注，他认为一个国家的政策会对其他国家产生影响，因此这样的机构是必要的。丁伯根的目的在于用数学表示经济政策决策中的各种问题。他强调经济观点的数学化具有精确性，但是，他又谨慎地说明，这些经济观点不可能独立于学术、法律、技术和心理因素之外。丁伯根的政策理论并不是抽象的福利经济学，而是直接涉及实际经济中的政策。他积极发展能够迅速地用于推进当前经济政策的设计与实施的理论。他于1956年出版的《经济政策：原理与设计》一书，是不同的经济学家论述在实践研究中所遇到的理论问题的系列著作中的一部。该系列著作主要采用定量分析而不是定性分析。丁伯根在他的著作中谈到，自己的研究主要得益于他经历中的两个方面，即在中央计划局的工作及与朋友们对经济政策多方面的探讨。他的许多观点都得到了荷兰工党的认可。他的基本目标是将经常处于肤浅、盲目中的争论引导到客观、科学的分析中去。

5）建立了一种分析发展中国家经济的发展模型

从20世纪50年代开始，丁伯根更加注重计量经济学在发展中国家工资、就业、货币和汇率等经济政策方面的运用，建立了分析发展中国家经济的发展模型。丁伯根的发展模型是利用这样的假定而设计的，即在发展中国家只有极少的数据可以利用，计划者、管理者和从事发展计划的政治家的技能是有限的。他设计了三种主要的模型，第一种是建立在三个计划阶段上的简单宏观模型。在第一阶段，即宏观阶段，经济变量的总水平被当作目标，需要为全国的产量、储蓄、投资、资本和进出口规模制订计划。在第二阶段，将根据地理区域和产业或部门对经济进行分类，应用投入产出模型和部门产出系数，把总体活动水平在各部门之间加以分摊。在第三阶段，即计划的微观阶段，对单个项目进行评价和规划。丁伯根建议，在发达国家发展资本密集型产业的同时，发展中国家应将目标定位于劳动密集型产业和技术。这将使这些国家的就业和收入机会最大化。他强调，政府应创造有利于发展的社会环境，使工商界及公众了解发展的潜力和优势，同时应提供充足的基础投资并采取措施推动与鼓励私人投资。丁伯根认为，政府应尊重人们的偏好，但他又主张，如果公众观点在某些方面缺乏远见，政府就应重点考虑这些方面。第二种模型是以单个项目为出发点，制订了一个由许多微观计划组成的宏观计划。第三种模型发展了与政策手段的联系更为密切的大型联立方程组构成的发展模型。

13.3.3 康托罗维奇

1. 生平与著作

列奥尼德·V. 康托罗维奇（Leonid V. Kantorovich 1912—1986）是苏联著名经济学家，苏联数理经济学的创始人，诺贝尔经济学奖获得者。他于1939年提出为企业生产寻找最佳的资源分配方案的主张。1959年康托罗维奇著成《资源最优利用的经济计算》一书，该书是数理经济学的萌芽之作。1959年他发展了这本书中提出的思想，并由此形成一个学派。

2. 理论贡献

康托罗维奇主张把数学方法运用于社会主义的基本经济发展和生产目的的实现过程中，使社会主义的计划更有科学依据；主张用最少数量的资源产出满足消费者需要的产品；同时，承认社会资源的有限性和不可替代性，认为没有这两个概念就不会有资源的有效配置，经济学本身也就没有存在的必要；资源的有限性，意味着生产发展所需的人、财、物相对有限，因此，必须把有限资源用于最迫切需要的产品的生产；要用这些有限的资源生产更多的产品，就应该对多种方案进行选择，并制定出合理的价格政策。康托罗维奇在经济学领域的最大成就在于他把资源最优利用这一传统经济学问题，由定性研究和一般定量分析推进到现实计量阶段，对线性规划方法的建立和发展做出了开创性贡献。

（1）客观制约估价。康托罗维奇在研究企业之间及整个国民经济范围内如何运用线性规划方法时，认识到被他称为"平衡指标"的乘数在衡量资源的稀缺程度、最合理地选择生产方法、编制国民经济最优计划及使国家整体利益和企业局部利益相互协调等方面具有独特的作用。于是，他把乘数改称为"客观制约估价"，客观制约估价是在最优计划下每种产品生产中所必要的劳动消耗量，它由转移物质消耗部分的生产中所加入的劳动消耗部分构成康托罗维奇提出的客观制约估价，可以实现全社会范围的资源最优分配和利用，即在现有资源条件下，全社会能够以最小的劳动消耗，获得最大限度的生产量。由此得出的生产计划叫最优计划。

（2）线性规划理论。康托罗维奇关于线性规划的重大发现使他获得了诺贝尔经济学奖，康托罗维奇认识和探究了进入现代经济学核心的方法论基础，这就是数量配给的构成和价格的构成之间的对偶性概念。价格体系像一只"看不见的手"对经济中的生产要素、商品和服务的分配进行调整，使它们在一定意义上最优。影子价格就被用来解决线性规划问题，并被当作一种可能分散的经济机制来阐述。

13.3.4 里昂惕夫

1. 生平与著作

瓦西里·W. 里昂惕夫（Wassily W. Leontief 1906—1999）是出生于俄罗斯的美国经济学家。他于1921年进入彼得格勒州立大学学习哲学社会学和经济学，1925年获列宁格勒国立大学文学硕士学位，同年留学德国，1928年获柏林大学哲学博士学位。他曾任德国基尔世界经济研究所研究助理。1931年他由德国移居美国，先后任美国全国经济研究局研究助理、哈佛大学经济学教授、纽约大学经济学教授和经济分析研究所所长，并于1973年获诺贝尔经济学奖。里昂惕夫最重要的贡献是从20世纪30年代开始研究的投入产出分析法。这种方法在世界各国迅速传播并广泛运用，并被联合国规定为国民经济核算体系中的一个重要组成部分。他在20世纪70年代领导一个小组，从事世界经济模式的研究，对2000年的世界经济情景进行了预测。其代表作有《1919—1939年美国经济结构》（1941年）、《美国经济结构研究：投入产出分析中理论和经验的探索》（1953年）、《投入产出经济学》（1966年）、《经济学论文集：理论与推理》（1966年）、《经济学论文集：理论、事实与政策》（1977年）和《世界经济和未来》（1977年）等，此外还发表了许多论文。1973年，瑞典皇家科学院向他颁发了诺贝尔经济学奖，以表彰他在经济学领域取得的巨大成就。1974年，联合国委托里昂惕夫建立全球性投入产出模型，以研究20世纪最后的20多年中世界经济可能发生的变化和国际社会能够采取的方案。

2. 理论贡献

1）投入产出分析

投入产出分析的理论渊源来自法国重农学派的"经济表"、马克思的再生产理论及瓦尔拉斯的一般均衡论的市场相互依存原理。里昂惕夫对投入产出分析理论的研究是从1931年开始的。1936年，他第一次发表了真正介绍投入产出理论和方法的论文《美国经济体系中投入产出的数量关系》。投入产出分析，就是在编制反映各部门之间产品量交流情况的投入产出表（"投入"意指每个部门从其他各部门购进的用于消耗的物品和劳务，"产出"意指每个部门产出并售给其他各部门的产品）的基础上，确立一组线性方程，用以研究各部门间产品生产和分配的关系，即对生产单位和消费单位的相互依存关系进行数量分析。投入产出分析是一般均衡分析的特殊表达式，表达如下：

$$\alpha_{11}X_1 + \alpha_{12}X_2 + \cdots + \alpha_{1j}X_j + F_1 = X_1$$
$$\alpha_{21}X_1 + \alpha_{22}X_2 + \cdots + \alpha_{2j}X_j + F_2 = X_2$$
$$\vdots$$
$$\alpha_{i1}X_1 + \alpha_{i2}X_2 + \cdots + \alpha_{ij}X_j + F_i = X_i$$

其中，X_i 是 i 部门的产出量；α_{ij} 是生产一单位的 j 商品所消耗的 i 商品的数量，即投入产出系数；F_i 是对 i 商品的最终需求。

因此，i 部门的总产量分成两大部分：一是在生产所有其他商品中所消耗的这个部门的产品数量（中间生产量或中间投入量）；二是最后所消费的这个部门的产品数量（最终需求量）。用矩阵表示的这种体系可写成下式：

$$Ax + f = x$$

其中，A 是 α_{ij} 的矩阵，通常称为技术矩阵；x 是商品产出的向量；f 是最终需求的向量。因此，有可能利用式 $x = [-A]^{-1} f$，求出为满足一定的最终需求向量，经济中的每个部门所必需的产出总量。

投入产出分析法在世界各国已被迅速传播和广泛运用。迄今，约有 90 个国家和地区公布了各自编制的投入产出表。近些年来，投入产出分析不仅应用到国际贸易、区域规划、教育计划、卫生保健活动等方面，而且还扩展到核算环境污染、收入分配、财富和资金流量、社会人口问题等领域，以及建立多个地区、多类商品的世界贸易模型，乃至世界经济的总体模型等。

2）里昂惕夫之谜

要素禀赋理论认为，一个国家出口的应是密集使用本国丰富的生产要素生产的商品，进口的应是密集使用本国稀缺的生产要素生产的商品。根据这一观点，一般认为，美国是资本相对丰富、劳动相对稀缺的国家，理所当然应出口资本密集型商品，进口劳动密集型商品。但是第二次世界大战后，美国经济学家里昂惕夫运用投入产出分析法对美国经济统计资料进行验证的结果却与要素禀赋理论的预测相悖。"里昂惕夫之谜"是西方国际贸易理论发展史上的一个重要转折点，它推动了第二次世界大战后国际贸易理论的迅速发展。对"里昂惕夫之谜"的解释，实际上是从不同侧面对要素禀赋理论假定前提的修正，这为以后一系列国际贸易新理论的产生奠定了基础。有的经济学家用人力资本解释"里昂惕夫之谜"，认为美国的优势是拥有很多经过教育和培训的高素质劳动力，而教育和培训可视为对人力的投资，因此高素质劳动力可以称为人力资本，如果把这部分人力资本加到物质资本上，美国就仍然是出口资本密集型产品，进口劳动密集型产品，这样"里昂惕夫之谜"就自然破解。

本 章 小 结

数理经济学派主张用数学符号和数学方法来研究、论证和表述经济现象及其相互依存关系，认为数理方法是研究经济学最主要的甚至是唯一的方法。其主要派别是以瓦尔拉斯和帕累托为代表的洛桑学派。

20 世纪 60 年代以后,数理经济学与微积分、集合论和线性模型结合在一起,数学方法的运用几乎遍及经济学的每个领域。经济生活的需要和电子计算机的发明,促使与数理经济学有关的计量经济学得到迅速发展,它反过来又推动数理经济学继续前进。

数理经济学的出现,使理论经济学揭示的一般规律具体化、数量化,取得经验形式,从而得以在实际经济工作中加以利用,而且不同的理论观点通过数理经济学可以验证其反映实际的程度。数理经济学的代表人物有丁伯根、弗里希、康托罗维奇和里昂惕夫。

➢ 关键概念

数理经济学派　经济数学模型方法　丁伯根的"决策模型"
投入产出分析　里昂惕夫之谜

➢ 推荐阅读的文献资料

艾伦 R G D. 2000. 数理经济学[M]. 吴易风,刘天芬,译. 北京:商务印书馆.
蒋青. 2001. 世界一流经济学名著精读[M]. 乌鲁木齐:新疆人民出版社.
麦塔 J K. 2016. 数理经济学大纲[M]. 胡泽,译. 上海:上海社会科学院出版社.
普雷斯曼 S. 2005. 五十位经济学家[M]. 陈海燕,李倩,陈亮,译. 南京:江苏人民出版社.
Miernyk W H. 1965. The Elements of Input-Output Analysis[M]. New York: Random House.
Silk L S. 1976. Wassily Leontief: Apostle of Planning, in the Economists[M]. New York: Basic Books.

➢ 讨论题

1. 简述数理经济学产生的时代背景。
2. 简评数理经济学的方法论。
3. 简述弗里希的数理经济学思想。
4. 简述康托罗维奇的数理经济学思想。
5. 丁伯根对计量经济学的贡献表现在哪些方面?
6. 如何理解"里昂惕夫之谜"?

第四篇

当代经济学范式及其争论

第 14 章

现代经济学范式的完成者：凯恩斯主义经济学

凯恩斯主义经济学或凯恩斯主义是在凯恩斯的著作《就业、利息和货币通论》（1936年）的思想基础上形成的经济理论，主张国家采用扩张性的经济政策，通过增加需求促进经济增长。凯恩斯的经济理论认为，宏观的经济趋向会制约个人的特定行为。18世纪晚期以来的"政治经济学"或者"经济学"的理论建立在不断发展生产从而增加经济产出的基础上，凯恩斯则认为商品总需求的减少是经济衰退的主要原因。由此出发，他认为维持整体经济活动数据平衡的措施可以在宏观上平衡供给和需求。因此，凯恩斯和其他建立在凯恩斯理论基础上的经济学理论被称为宏观经济学，以与注重研究个人行为的微观经济学相区别。

14.1 凯恩斯主义经济学概述

14.1.1 产生背景

1. 现实背景

20世纪大萧条为凯恩斯主义经济学的产生提供了动力。1929—1933年爆发的世界经济大危机促使凯恩斯向国家干预理论转变，在此基础上他建立了他的国家干预主义的完整的宏观经济理论的政策体系。1929年10月在美国纽约爆发的"黑色星期四"证券市场暴跌成为导火线，使欧美资本主义国家发生了空前的世界经济大危机，整个世界经济进入大萧条阶段。大萧条宣告了新古典经济学自由放任的破产。按照新古典经济学的观点，只要市场机制发挥作用，就无须国家干预，市场机制可以实现充分就业和均衡，长期内将不可能产生经济危机。这次经济大危机宣告了自由放任的破产，促使了凯恩斯经济学的产生。

2. 理论背景

日益兴起的宏观经济分析思维和现实对宏观经济分析的需要促使了凯恩斯主义经济学的产生。在大萧条的冲击下，人们发现了单纯微观分析的局限性，宏观经济分析思维日益兴起。凯恩斯主义经济学一反传统思维方式，从总需求不足、非充分就业均衡、国家干预经济理论出发建立了经济学分析的新范式。

14.1.2 信条

1. 强调宏观经济分析

凯恩斯认为生产和就业的水平决定于总需求的水平。总需求是整个经济系统里对商品和服务的需求的总量。凯恩斯及其追随者关注宏观经济变量，包括消费、储蓄、收入、产出和就业量等决定因素；同时关注宏观经济变量之间的关系，如经济中总支出与总就业之间的关系；而对单个企业如何决定其产出及利润最大化没有多大兴趣。

2. 需求导向

凯恩斯主义经济学家反对古典经济学的供给决定论，强调有效需求的重要性，认为有效需求是国民收入、产出和就业的直接决定因素。他们认为，总支出由消费、投资、政府支出和净出口构成。有效需求决定经济的实际产出，通常情况下，实际产出会小于实现充分就业时的潜在产出。

3. 经济中的不稳定性

凯恩斯认为经济中经常发生循环性的繁荣和萧条，因为计划投资支出水平是反复无常的，投资支出的变化导致国民收入和产出发生变化。

4. 工资和价格刚性

工资在向下调整时是不灵活的，这主要是由工会合同、最低工资法和隐含合同等制度因素引起的。在产品和服务的总需求处于萧条时期时，企业也影响总需求的下降，通过减少产量和解雇工人，而不是通过降低工资来进行。价格在向下调整时也具有黏性，有效需求下降最终导致产出和就业的减少，而不会引起价格水平的下降。

5. 积极的财政政策和货币政策

凯恩斯主义经济学家强调政府应该通过适当的财政政策和货币政策来进行积极的干预，以实现充分就业、价格稳定和经济增长。为了应对萧条，政府应该增加支出或者减少税收。政府也应该增加货币供应量，以降低利率，进而推动投资支出的增加。但货币政策具有较多的局限性，应以财政政策为主。

14.2 凯恩斯主义经济学的方法论

1. 分析综合法

分析综合法是形成、发展科学认识的最基本的分析方法之一。分析是人们在思维活动中，把认识对象分解为各个部分、方面或各个要素，从而认识这些部分、方面或要素的方法。综合是指通过一定的思维方式将事物的各个部分、方面或要素连接起来，加以考虑的研究方法。分析和综合相互依存、互为前提、相互转化，由分析到综合，再由再分析到再综合，最终获得关于事物多样性统一的具体认识。

分析综合法是凯恩斯主义经济学的基本分析方法，《就业、利息和货币通论》中的就业理论和物价理论的研究和分析就是采用分析综合法进行的。

2. 宏观总量分析方法

凯恩斯主义革命在方法论上的表现就是由传统的微观分析方法转向了宏观总量分析方法，由重点研究企业的经济活动转向了研究国民收入决定及其变动与就业、物价水平和经济周期等的关系，并得出资本主义不可能实现充分就业、通常是非充分就业的结论。

3. 局部均衡分析方法

凯恩斯将马歇尔的微观局部均衡分析方法用于研究商品总供求、国民收入和就业水平的均衡条件与状态分析。在《就业、利息和货币通论》中，他分析了商品市场的均衡，也分析了货币市场的均衡。前者决定了有效需求、总产量和总就业，后者决定了利率水平。但是他认为货币市场的均衡难以保证商品市场的均衡，因此他的总量分析实际上是局部均衡分析方法。

4. 心理预期分析方法

经济心理分析是将经济变量看作特定条件下一定的心理因素，包括动机、态度、意愿和期望的表现，从而来研究一定心理活动与经济变量变化之间关系的一种经济分析方法。心理预期分析方法是研究心理预期与经济变量之间关系的一种经济心理分析方法。凯恩斯对国民收入、总供给和总需求及其不足的原因、就业水平、投资决定、货币需求、物价波动、经济周期的考察都是基于心理预期分析的。

5. 规范分析方法

在《就业、利息和货币通论》中，凯恩斯大量采用总量分析的方法，但是在该书第24章中他采用了规范分析方法，研究了由就业问题引起的一些社会哲学问题，如就业和收入分配问题，并提出了相应的政策建议。

14.3 凯恩斯主义革命的内容

凯恩斯《就业、利息和货币通论》的出版,被称为经济学史上的一场"革命",主要是因为他提出了一套与传统经济学不同的理论、方法与政策。凯恩斯主义革命的内容主要表现在以下几方面。

1. 研究方法的革命

凯恩斯主义革命的成果是创立了一套衡量经济活动的指标体系和总量分析方法,用总体经济分析代替了古典学派一直采用的个体经济分析,创立了宏观经济学的理论体系。凯恩斯主义革命开创了现代宏观经济学,为解决20世纪30年代的经济危机做出了一定的贡献,开创了国家干预经济的新时代。

2. 理论上的凯恩斯主义革命

(1)在劳动力市场上,以非充分就业为出发点,对古典经济学的充分就业的前提假设进行了革命。古典经济学的前提假设是充分就业的均衡,是资源的充分利用。而凯恩斯主义经济学的出发点是非充分就业,其认为古典经济学的假设是特殊情况,不适应一般情况,现实中非充分就业才是经常的状态。

(2)在产品市场上,以国民收入的决定为核心,对古典经济学的价格决定理论进行了革命。古典经济学研究的是价格的决定问题,其理论体系包括生产理论、分配理论和价值理论等。但是凯恩斯经济学关心的是国民收入的决定,研究的主要问题是何种力量决定一定时期的产量和就业等宏观经济问题,从而形成了一些命题:一是在技术、资源和成本既定的情况下,国民收入决定就业量;二是企业家决定雇佣的劳动者的数量取决于有效需求;三是消费需求由当期收入和消费倾向决定,投资需求由投资的预期利润率和利息率的对比关系决定;四是消费倾向由平均消费倾向和边际消费倾向(marginal propensity to consume,MPC)构成;五是资本的边际效率在短期内是不稳定的,因为资本的边际效率受到投资者对未来的预期的影响,而未来是不确定的;六是利率取决于货币供给和流动性偏好,而货币供给取决于中央银行和货币政策,因此货币供给是高度无弹性的,人们的偏好在手头持有货币时是出于交易的动机、预防的动机和投机的动机。凯恩斯主义经济学以价格向下的刚性或者黏性,对古典经济学的价格弹性的市场机制进行了革命,否定了古典经济学通过完全弹性的市场机制来自动调节经济的命题。古典经济学强调价格效应,而凯恩斯主义经济学强调收入效应。

(3)在货币市场上,把货币作为一种资产对古典经济学的货币中性论进行了革命。古典经济学把货币看成与供给和需求无关的东西,认为货币只是交易媒介,是交易手段,在经济体系中的作用是中性的。而凯恩斯主义经济学则把货币理论变成一种总产量理论,认为货币是人们最偏好的资产。

3. 政策上的凯恩斯主义革命

政策上的凯恩斯主义革命主要是用政府干预理论取代古典经济学的自由放任理论。凯恩斯主义认为，单凭市场价格机制难以实现充分就业的均衡，要实现充分就业，政府必须干预经济。在财政政策上，凯恩斯主义经济学放弃了传统的财政平衡政策，提出了"财政赤字政策"。在货币政策上，凯恩斯主义经济学提出了半通货膨胀的价格一般理论。在就业政策上，他主张政府通过调节需求来达到充分就业。在总的有效需求不足的情况下，他主张扩大政府开支，增加货币供应，实行赤字预算来刺激国民经济活动，以增加国民收入，实现充分就业。

14.4 凯恩斯模型与古典经济学模型的区别

（1）消费函数的区别。古典经济学模型认为消费函数是自然利率的函数，凯恩斯模型则认为消费只是实际收入的函数。在 20 世纪 30 年代两个学派的论战中，古典主义在承认消费由收入决定的同时，还认为消费是实际货币余额的函数。这意味着当价格水平下降或者名义货币增加时，人们的消费支出会增加。

（2）货币需求的区别。古典经济学模型认为实际货币需求只受实际收入的影响，凯恩斯模型则认为实际货币需求受到实际收入和市场利率的双重影响。

（3）工资刚性的区别。古典经济学模型认为货币工资和价格水平是可以灵活调整的，凯恩斯模型则认为货币工资受到向下调整的刚性的影响。

（4）供给曲线的区别。古典经济学模型中的供给曲线是垂线，凯恩斯模型中的供给曲线是平行线和向上倾斜的直线。

14.5 凯恩斯及其本人的经济思想

14.5.1 生平与著作

1. 生平

约翰·梅纳德·凯恩斯（John Maynard Keynes 1883—1946），英国经济学家，凯恩斯主义经济学的创始人。凯恩斯出生于一个大学教授的家庭，其父母都是剑桥大学的学生，其父约翰·内维尔·凯恩斯曾任剑桥大学哲学和政治经济学讲师，是一位经济学家、哲学家，其母弗洛朗斯阿达·布朗是一位成功的作家和社会改革的先驱之一，曾任剑桥市市长。他七岁进入波斯学校，两年后进入圣菲斯学院的预科班。几年以后他的天赋渐渐显露，并于1894年以全班第一的优异成绩毕业，且获得第一个数学奖。一年后，他考取伊顿公学，并于1899年和1900年连续两次获数学大奖。他以数学、历史和英语三项第一的成绩毕业。1902年，他成功考取剑桥国王学院（剑桥大学）。他一生都受到良好的教育，师从穆尔学习哲学，师从马歇尔学习经济学，师从怀特海学习数学。大学毕业以后，他于1906年通过政府文职官员的考试，在印度事务办公室工作，1908年应马歇尔邀请回到剑桥大学任教，主要讲授"货币、信用、物价"和"经济学原理"等课程，1911年后担任《经济学杂志》的编辑。

凯恩斯是经济学的天才，与斯密、马克思一道并称为经济学说史上的三位泰斗。在三人中，斯密是乐天派，马克思是悲观主义者，凯恩斯是务真求实的资本主义救世主。

2. 著作

其代表作有：《论概率》（1921年）、《货币改革论》（1923年）、《货币论》（1930年）及《就业、利息和货币通论》（1936年）。《就业、利息和货币通论》是其一生中最重要的代表作，在该书中他提出了以财政干预为主导的需求管理理论，并建立了西方经济学完整的宏观经济理论体系，目前这本书仍然是宏观经济学的大宪章，实现了经济学演进中的第三次革命，这在西方经济学史上是具有划时代意义的事件。

14.5.2 理论逻辑

1. 凯恩斯主义的理论逻辑的推演

凯恩斯主义的理论逻辑的推演是从充分就业开始的。

（1）以往假设的充分就业均衡建立在萨伊定律的基础之上，其前提是错误的，因为总供给与总需求函数的分析结果显示，通常情况下的均衡小于充分就业的均衡。

（2）之所以存在非自愿失业和小于充分就业的均衡，其根源在于有效需求不足。因为总供给在短期内不会有大的变化，所以就业量取决于总需求。

（3）有效需求不足的原因在于"三个基本心理因素，即心理上的消费倾向，心理上的灵活偏好，以及心理上的对资本未来收益之预期"。

（4）政府不加干预就等于听任有效需求不足继续存在，听任失业与危机继续存在；政府需采取财政政策刺激经济而非货币政策，增加投资，弥补私人市场的有效需求不足。

2. 凯恩斯主义的理论逻辑的特点

凯恩斯从宏观的视角对大量的宏观概念进行归纳与整合之后，使经济学的发展开始跳出价格分析的限制，从而翻开了20世纪西方经济学的崭新一页。这是因为资本主义发展到垄断阶段迫切需要一种全新的角度和全新的理论对腐朽的自由资本主义的缺陷给予解释和弥补。

3. 凯恩斯主义的理论体系

1936年，凯恩斯《就业、利息和货币通论》一书的出版，标志着凯恩斯学说已经发展成为一个完整的理论体系，开创了经济学的一个新时代，同时也宣告了凯恩斯主义革命的开始。

在该书中，他提出了有效需求不足理论。他认为，现实生活中存在的 MPC 递减、资本边际效率递减和流动偏好会带来社会有效需求不足，从而导致经济危机的爆发。凯恩斯将社会总需求划分为消费需求和投资需求。他认为，当收入增加时，消费也增加，但消费的增加低于收入的增加。这样，随着人们收入的增加，储蓄就会越来越多。储蓄是社会总产品没有被消费的部分，须有相当于储蓄数额的投资需求，全部产出价值才能得以实现，进而使国民收入达到平衡。投资需求决定于资本边际效率和利息率。资本边际效率随着投资的增加而下降，利息率却因人们的流动偏好增强而有偏高的趋势，这会造成投资需求的不足，继而导致经济危机的爆发。为了消除危机，凯恩斯主张国家干预，主张采用扩张性财政政策——扩大政府开支、实行赤字预算和发行公债。凯恩斯的经济思想适应了国家垄断资本主义发展的需要，从此，国家干预不再被认为仅仅是一种临时的应急措施，而被认为是经济发展不可缺少的保证。

14.5.3 经济思想

1. 消费函数

凯恩斯指出了消费与收入之间的一个心理规律：随着人们收入的增加，他们倾向于增加他们的消费，但是消费的增加不像收入增加得那么快。

（1）消费与国民收入之间存在着正相关关系，即 $C=f(Y)$。

（2）消费变化对收入变化的比率——边际消费倾向是正的，并且小于1，即

$$\text{MPC} = \Delta C/\Delta Y$$

这意味着储蓄（S）也随着收入的增长而增长，是收入的正函数，即 $S=f(Y)$。与 MPC 相同，边际储蓄倾向（marginal propensity to save, MPS）大于0、小于1，即 $\text{MPS}=\Delta S/\Delta Y$。

2. 投资函数

凯恩斯将经济投资定义为购买资本品，认为经济投资和金融投资是有区别的。金融投资是指购买证券、股票和其他金融工具，经济投资仅仅是指购买资本品。

凯恩斯认为企业投资是期望得到新增加的利润，预期收入的大小取决于以下三点：一是资本品的生产能力；二是企业能够出售增加产出的价格；三是资本品所增加的工资和材料费。

在上述三点中，关键是资产的供给价格或重置成本。凯恩斯将资本的边际效率定义为一系列预期收益的现值正好等于资本品供给价格的折现率。用公式表示为

$$K_s = R_1/(1+r) + R_2/(1+r)^2 + \cdots + R_n/(1+r)^n$$

其中，K_s 是资本品的供给价格；$R_1, R_2, \cdots, R_n$ 是特定年份的预期收益；r 是资本品的边际效率。

投资将会继续到资本的边际效率等于利率那一点，当资本边际效率低于利率时，投资不会发生；当资本边际效率大于利率时，投资就会发生。

3. 流动性偏好

流动性偏好取决于持有货币的三个动机和放弃货币的不情愿性。一是交易的动机，即用货币支付当前的购买行为；二是预防的动机，即需要持有一定的现金用以应对没有预见到的紧急事件；三是投机的动机，即在等待经济投机机会的同时拥有现金。由于这三个方面的动机，在利率较低时，人们会持有大量的现金和少量的证券；在利率较高时，人们会持有少量的现金和大量的证券。

4. 均衡收入与就业

凯恩斯从短期出发，认为国民收入与就业水平之间是高度相关的，收入决定就业水平。如果不考虑国际贸易，就有 AD = C + I，AS = C + S。当 AD = AS 时，就有 $C + I = C + S$，即 $I = S$。

5. 促进就业的各种政策

（1）在经济萧条时期，通过政府强制性地降低利率，来刺激私人投资，但在利率较低时会出现流动性陷阱。

（2）在经济萧条时期，可以采取扩张性财政政策，通过增加总支出，使国民收入产生多倍的增长。

本 章 小 结

凯恩斯主义革命的成果是创立了一套衡量经济活动的指标体系和总量分析方法，用总体经济分析代替了古典学派一直采用的个体经济分析方法，创立了宏观经济学的理论体系。

凯恩斯主义以非充分就业为出发点，对古典经济学的充分就业的前提假设进行了革命。古典经济学的前提假设是充分就业的均衡，是资源的充分利用。而凯恩斯主义经济学的出发点是非充分就业，其认为古典经济学的假设是特殊情况，不适应一般情况，现实中非充分就业才是经常的状态。

凯恩斯主义在方法论上的表现就是由传统的微观分析方法转向了宏观总量分析方法，由重点研究企业的经济活动转向了研究国民收入决定及其变动与就业、物价水平和经济周期等的关系，并得出资本主义不可能实现充分就业、通常是非充分就业的结论。

➤ 关键概念

凯恩斯主义经济学　工资刚性　价格刚性　积极财政政策　积极货币政策
分析综合法　心理预期分析方法　凯恩斯主义革命　凯恩斯模型
古典经济学模型　有效需求不足　流动性偏好

➤ 推荐阅读的文献资料

德·哈恩 P. 2017. 从凯恩斯到皮凯蒂：20世纪的经济学巨变[M]. 朱杰，安子旺，于东生，译. 北京：新华出版社.

方福前. 2004. 当代西方经济学主要流派[M]. 北京：中国人民大学出版社.

高鸿业. 2004. 20世纪西方经济学的发展[M]. 北京：商务印书馆.

胡代光，厉以宁，袁东明. 2004. 凯恩斯主义的发展和演变[M]. 北京：清华大学出版社.

凯恩斯 J M. 2008. 就业、利息和货币通论[M]. 高鸿业，译. 北京：商务印书馆.

克莱因 L. 2021. 凯恩斯的革命[M]. 薛蕃康，译. 北京：商务印书馆.

斯基德尔斯基 R. 2006. 凯恩斯传[M]. 相蓝欣，储英，译. 上海：生活·读书·新知三联书店.

熊彼特 J A. 2017. 十位伟大的经济学家：从马克思到凯恩斯[M]. 贾拥民，译. 北京：中国人民大学出版社.

➤ 讨论题

1. 简述凯恩斯主义经济学的贡献及其在经济思想史上的地位。
2. 简述凯恩斯模型与古典经济学模型的区别。
3. 简述凯恩斯经济政策的现实应用性。

第 15 章

凯恩斯主义经济学的发展

凯恩斯主义经济学之后，形成了新古典综合派、新剑桥学派和新凯恩斯主义经济学派，它们对凯恩斯主义经济学进行了继承和发展。

15.1 新古典综合派

第二次世界大战以后，以萨缪尔森为代表的经济学家把传统的古典经济学作为研究个量问题的微观经济学，把凯恩斯主义经济学作为考察总量问题的宏观经济学，并将两种理论综合成一个理论体系，形成新古典综合派。新古典综合派的理论在第二次世界大战以后居于正统地位，但在 20 世纪 70 年代西方出现"滞胀"后受到严重冲击，其统治地位已被严重动摇。

15.1.1 产生背景

1929 年爆发了一场震撼资本主义世界的经济大危机，1936 年英国著名经济学家凯恩斯在其《就业、利息和货币通论》一书中提出主张国家干预经济的政策。第二次世界大战以后，凯恩斯的追随者纷纷根据经济现状发展凯恩斯主义，试图解决凯恩斯没有解决的问题。在发展凯恩斯主义的热潮中，后凯恩斯主义经济学的内部大体形成了两大支派：以美国萨缪尔森为首的新古典综合派和以英国罗宾逊夫人为首的新剑桥学派。新古典综合派的经济理论以最完整的形式体现在萨缪尔森的《经济学》一书中。20 世纪 50 年代以来，新古典综合派不但是西方资产阶级经济学界流行的主流经济学，而且其政策主张也相继被主要资本主义国家作为基本经济政策付诸实施。

15.1.2 特点

新古典综合派是现代凯恩斯主义的两大支派之一，自20世纪50年代起至80年代初，一直代表凯恩斯主义雄踞西方经济学的宝座。1936年，凯恩斯推出《就业、利息和货币通论》，企图解释资本主义长期萧条现象，并提出解决的对策，为国家干预经济生活的政策提供了理论依据。新古典综合派的创始人是美国的汉森，主要代表人物有在美国麻省理工学院任教的萨缪尔森、索洛和在美国耶鲁大学任教的托宾等。

新古典综合派用IS-LM分析（IS代表投资与储蓄相等的一条曲线，LM代表货币供求相等的一条曲线，两条曲线的交点代表均衡的就业量，在不同价格下产生的许多交点形成社会总量需求曲线）作为总量需求曲线的基础；在工资下降具有"刚性"的假设条件下，根据"古典"的劳动市场理论得出凯恩斯主义的总量供给曲线；运用菲利普斯曲线说明失业率和通货膨胀的关系；提出新古典经济增长模型，从而论证了国家如何根据不同情况采取不同的财政和货币政策。

"新古典综合"，就是把以马歇尔为代表的新古典学派倡导的以价格分析为中心的微观经济理论与凯恩斯的以总量分析为核心的宏观经济理论结合在一起。新古典综合派对凯恩斯货币金融学说的发展是多方面的，其中既有继承又有突破，概括地说，该学派有以下几个特点。

（1）综合性。新古典综合派在理论上融宏观经济学与微观经济学于一体，将政府干预与市场机制结合起来研究货币金融问题。

（2）现实性。新古典综合派的金融理论分析对象具有强烈的时代感和现实性，针对第二次世界大战之后西方经济日新月异的发展所面临的难点，以及货币金融领域层出不穷的创新所产生的新课题进行分析研究。

（3）实用性。新古典综合派的金融理论较凯恩斯的金融理论更具体、更细致、更精密。他们以现代数学为工具，采用实证法，特别加强了对技术性细节的研究，设计出一些精巧的数学模型或几何图解（如IS-LM模型），便于在实际中应用。

（4）政策性。新古典综合派的金融理论带有明显的政策性色彩，他们从官方经济学的角度出发，站在政府的立场上来研究货币金融问题，对几乎每一个货币金融问题都提出了相应的政策性建议，这些建议对各国政府制定经济政策起着举足轻重的作用。

15.1.3 思想信条

（1）建立了折中综合的经济学理论体系。新古典综合实质上是将以马歇尔为代表的新古典经济学与凯恩斯主义经济学相综合。其核心思想是采取凯恩斯主义的宏观财政政策和货币政策来调节资本主义的经济活动，使现代资本主义经济能避免过度的繁荣或萧条而趋于稳定的增长，在实现充分就业的条件下，新古典经济学的主要理论将仍然是适用的。因此，新古典综合的特色在于将凯恩斯的就业理论与以马歇尔为代表的新古典经济学的价值论和分配论组合为一体，组成一个集凯恩斯宏观经济学和马歇尔微观经济学之大成的经济理论体系。

（2）主张供给分析和需求分析的结合。新古典综合派认为，要解决资本主义面临的一系列问题，在对需求进行分析的同时，还需要对供给进行分析。在20世纪30年代资本主义大危机的特定环境下，凯恩斯注重有效需求而忽视供给方面的重要性。但长期以来，由于资本主义国家的政府忽视了对供给问题的解决，而造成了环境污染、公害横行和结构性失业等一系列问题，使资本主义社会出现了多种并发症。面对这一形势，新古典综合派认为还必须对供给进行分析。

（3）把现代资本主义经济总结为"混合经济"。萨缪尔森指出，当代西方发达国家是既不同于自由市场经济，又不同于社会主义经济的混合经济。市场价格机制和国家经济干预的有机结合是经济良性运行的基本前提，这是新古典综合的现实基础。根据新古典综合派的观点，混合经济包括两部分：国家管理的公共经济部门和市场机制发挥作用的私有经济部门。国家调节是为了预防和应对经济衰退；发挥市场机制的作用是为了合理配置和充分利用资源，以提高经济效益。

（4）提出了逆经济风向的经济政策。新古典综合派的先驱汉森等认为资本主义经济是时而繁荣、时而萧条的更替，必须交替地实行收缩与扩张的政策。其特点是逆经济风向行事，即在经济衰退时采取扩张政策，增加货币供给量，降低利率，刺激社会总需求，以减少失业；在经济过分膨胀时采取紧缩政策，减少货币供给量，提高利率，抑制社会总需求，以抑制通货膨胀。

15.1.4 方法论

（1）以描述法作为基本分析方法。新古典综合派以凯恩斯现代宏观经济分析方法与新古典学派的微、宏观分析方法综合为基本特征，大量采用实证分析方法，也有少量规范的、制度的分析方法；既使用文字叙述方法，又强调数学经济分析方法；既注重总量流量分析方法，又不断加强总量存量分析方法；既注重需求分析方法，又结合供给分析方法；基本上继承了凯恩斯的封闭经济的、两部门（企业和居民）的、短期的、比较静态的、局部（商品市场）的国民收入均衡的分析方法，同时，又把它扩展为开放经济的、四部门（企业、居民户、政府和对外关系）的、长期的、动态的、一般（商品市场、货币市场和劳动力市场）的国民收入均衡的理论经济分析方法体系。

（2）扩展了现代国民收入的总量流量分析方法。新古典综合派基本上继承了凯恩斯有关封闭经济中两部门（企业和居民）的国民收入的总量流量分析方法，包括国民收入定义法（净产值法）、国民收入的衡量方法（收入法或生产要素法和支出法或最终产品法）、国民收入的决定和均衡的分析方法（储蓄-投资法或消费-投资法）、总量局部均衡分析方法、短期比较静态均衡分析方法和投资对收入单向决定"倍数"作用的分析方法（投资乘数法），同时还有一些经修正、补充和发展的分析方法。

（3）现代国民收入的总量存量分析方法。存量分析方法是指对一定时点上已有的经济总量的数值及其对于其他有关经济总量的影响进行分析的方法。新古典综合派在注重运用流量分析方法分析国民收入与有效需求和就业量的关系时，不断加强运用存量分析方法来研究一定时点上的资本存量和消费品存量，以及货币存量对于经济增长和波动的影响。

（4）需求分析与供给分析的综合分析方法。新古典综合派不仅把凯恩斯的宏观分析方法与新古典学派的微观分析方法加以综合，而且试图把凯恩斯的宏观需求分析方法和新古典学派的宏观供给分析方法加以综合。

（5）实证分析与规范分析的结合。萨缪尔森认为，现代混合经济制度仍然面临着一些尚未解决的问题，如生活质量、贫穷与不平、生态与生长等问题。这些问题全都涉及价值判断，超出了狭义经济分析的范围。但是，萨缪尔森认为可以通过实证经济学对其进行实证分析。他认为可以这样做的原因是，在经济学这样复杂的学科中，如何能保证经济手段不会造成恰恰与想达到的目标相反的结果呢？萨缪尔森是从实证经济学手段与目标的统一角度考虑这些原来属于规范经济学的研究对象的。他扩展了实证经济学研究对象的范围，表现了实证经济学与规范经济学在研究课题上的交叉和结合的取向。

15.1.5　政策主张

（1）财政政策比货币政策更为重要。萨缪尔森指出，"由于现代政府的巨大规模，没有财政政策就等于宣布死亡"。汉森认为货币政策具有非对称性，"货币武器确实可以有效地用来制止经济过热"，但"恢复经济增长仅仅靠廉价的货币扩张是不够的"，因此，强调利息率对投资的调节作用，强调货币供给量对利息率的控制作用，并形成了一整套宏观经济政策，用以调节总需求。

（2）财政政策与货币政策应"相机抉择"。财政政策和货币政策各有特点，作用的范围和程度不同，因此在使用某一项政策时，或者对不同的政策手段搭配使用时，没有固定的模式，政府应根据情况灵活决定。主张在经济上升期实行赤字预算、发行国债，刺激经济快速增长。他主张以财政政策为主刺激经济的增长。新古典综合派的代表人物托宾也指出，财政政策和货币政策的作用不同，可相互补充，应配合使用，但运用扩大预算支出和赤字理财的财政政策较实施操纵利息率的货币政策更能迅速、直接地刺激经济扩张。

15.2　新剑桥学派

新剑桥学派亦称"英国凯恩斯主义"，是现代凯恩斯主义的一个重要分支。在理解和继承凯恩斯主义的过程中，该学派提出了与新古典综合派相对立的观点，试图在否定新古典综合派的基础上，重新恢复李嘉图的传统，建立一个以客观价值理论为基础、以分配理论为中心的理论体系；并以此为根据，探讨和制定新的社会政策，以改变资本主义现存分配制度来调节失业与通货膨胀的矛盾。其理论渊源是凯恩斯的学说。此外，卡莱茨基、斯拉法的学说对该派理论的形成也有较大的影响。在凯恩斯主义形成之前，新古典学派的主要代表人物曾先后在英国剑桥大学长期任教，因此新古典学派又称"剑桥学派"。第二次世界大战后，在与新古典综合派的论战之中，剑桥大学的罗宾逊夫人、卡尔多和帕西内蒂等学者提出了与新古典综合派相对立的观点，因为他们的理论观点完全背离了以马歇尔为首的老一代剑桥学派的传统理论，所以被称为"新剑桥学派"。代表人物有罗宾逊夫人、卡尔多、斯拉法、帕西内蒂等。他们都是英国剑桥大学的教授。其中罗宾逊夫人和卡尔多是这个学派的实际领袖。

15.2.1 特点

新剑桥学派在对凯恩斯理论的理解上与新古典综合派有着根本的分歧，而在方法论的论战中，该学派表现出理论分析的特点。

1. 以"历史观"代替"均衡观"

新古典综合派从凯恩斯以前的新古典经济学中寻求补救凯恩斯经济学之术，它把后者的宏观经济理论与前者的微观经济理论加以综合，在方法论上基本上接受了马歇尔的均衡观念，并综合瓦尔拉斯的一般均衡观念。萨缪尔森在《经济学》中虽也谈到不确定性和预期，却是轻描淡写。他特别强调的是均衡及其稳定性，确认资本主义经济是一个"一般均衡的制度"，是一种"逐步接近均衡的价格和生产的制度"。他的微观经济分析基本上就是马歇尔供求均衡价格理论及其引申而来的各种生产要素的供求均衡价格理论，他的宏观经济分析则强调储蓄曲线与投资曲线相交的均衡点。因此，均衡观可以说是新古典综合派的基本分析方法。

新剑桥学派严厉地指责新古典综合派背弃了凯恩斯的"历史观"，该学派的旗手罗宾逊夫人指出："在理论方面，《就业、利息和货币通论》的主要论点是'打破均衡的束缚，并考虑现实生活的特性——昨天和明天的区别'，就这个世界和现在说来，过去是不能召回的，未来是不能确知的。"这后两句话，是新剑桥学派分析方法的基点，"过去是不能召回的"，即现实生活发生的各种事件均有着历史与制度的根源。"未来是不能确知的"，即要考虑因信息缺乏而产生的不确定性。"因为未来实质上是不能确定的，所以严格的理性行为是不可能的。经济生活很大部分都是根据公认惯例来处理的"。

2. 反对"综合"宏观与微观经济学

新剑桥学派以凯恩斯经济理论体系的完整性为理由，反对"综合"宏观与微观经济学。其观点是：新古典综合派采取的是返回凯恩斯以前经济学的均衡论传统中去，用微观的生产要素供给分析和市场分析来"填补"凯恩斯宏观经济学的"空白"，于是就拼凑起一个"综合"的宏观-微观理论。在这里，似乎不仅总需求和总供给是从一个均衡状态过渡到另一个更高的均衡状态的，而且每一个个别市场上的供给和需求也总是处于均衡状态的。因此，这种分析的实质是，"综合"已经回到凯恩斯以前的市场均衡论的传统上去。这完全破坏了凯恩斯理论体系的完整性。新剑桥学派的分析方法是：凯恩斯主义经济学作为一种宏观的经济理论，所缺乏的是价值论和分配论，凯恩斯本人也不曾对这两个理论进行探讨，因此，要使宏观经济学具有"微观经济学基础"，就应当研究价值理论和分配理论。价值理论的关键在于价值本身是否具有客观的、物质的基础，价格主要应该由生产条件来决定，而不能把价值视为主观的。

15.2.2 方法论

1. 主张摒弃新古典综合派的均衡概念

从方法论说，新剑桥学派主张摒弃新古典综合派的均衡概念，树立"历史时间"概念。罗宾逊夫人认为凯恩斯主义革命的实质在于从"均衡概念"向"历史概念"的转变，《就业、利息和货币通论》的基本观点是打破均衡论的束缚，考虑现实生活的特性。罗宾逊夫人认为一旦我们承认经济是存在于时间中的、历史是从一去不返的过去向着未卜的将来前进的，那么，以钟摆比喻的"均衡"就站不住脚，整个新古典综合派的传统经济理论就需要重新考虑。与之相联系，新剑桥学派强调"不确定性"对分析资本主义经济的重要性，认为货币的存在和这个"不确定性"有密切关系。对生产、就业、收入水平起决定性作用的投资之所以易于发生波动，正是由于这个"不确定性"的存在。他们批判新古典综合派在一些教科书里把传统的均衡概念恢复起来，移植到凯恩斯理论中去，忽视"不确定性"的重要作用，认为这是一种倒退。

2. 对新古典派理论的批判

新剑桥学派坚持凯恩斯对新古典派理论做出的一些批判，如摒弃萨伊定律和资本主义经济通过市场的自发调节作用总是可以达到充分就业的传统假定；摒弃储蓄支配投资的传统观点，坚持投资支配储蓄的凯恩斯观点等。

3. 否定新古典派的分配理论

新剑桥学派彻底否定了以边际生产理论为基础的新古典派分配理论，认为这个传统理论是为资本主义社会收入不均的现状辩护的，在逻辑上是一种循环推理。他们也以斯拉法的生产价格论否定了新古典派的主观价值论和均衡价格论。

15.2.3 思想信条

1. 从不均衡出发对资本主义经济进行动态分析

英国后凯恩斯经济学认为资本主义经济是在历史时间中增长的经济，但它的增长过程是很不稳定的，因而不均衡状态是常规状态。为了说明这种不均衡，他们在分析步骤上确定了为保证经济按稳定的比率不断增长所需的条件。他们在哈罗德"有保证的增长率"（可以保证经济不断地稳定增长的增长率）公式 $G_w=S/V$（其中，G_w 是有保证的增长率，S 是储蓄在国民收入中的比率，V 是资本-产出比率）的基础上，把社会储蓄倾向 S 分解为利润收入的储蓄倾向 S_p 和工资收入的储蓄倾向 S_w。

2. 把经济增长理论和收入分配理论结合起来

新剑桥学派着重考察经济增长过程中劳动收入（主要是工资）和财产收入（主要是利润）在国民收入中相对份额的变化。罗宾逊夫人与卡尔多分析这种份额变化的规律及对消费和投资需求的影响后认为，国民收入分配失调是社会症结所在，强调应由国家采取各种措施对国民收入的分配进行调节，以实现收入的"均等化"。他们根据共同的理论特点提出各自的模型，这也标志着新剑桥学派的产生。1962 年，罗宾逊夫人又出版了《经济增长论文集》，再一次宣扬如何利用凯恩斯理论来解决资本积累和技术进步等迫切的问题，使新剑桥学派的理论与政策的观点更加鲜明。

3. 把税收看成国家调节经济的重要工具

新剑桥学派的税收理论主要反映在其代表人物与萨缪尔森等新古典综合派代表人物的论战中。这两个学派都把税收看成国家调节经济的重要工具。两者的主要区别是：新古典综合派主要把税收视为调节需求水平、保持宏观经济稳定的工具；而新剑桥学派除了承认这一点外，强调充分发挥税收在缩小贫富不均方面的作用。在税收政策上，新剑桥学派认为在税制的设计方面，应根据不同的行业和纳税人的负担能力，体现公平原则。在所得税上，采取累进税率，使高收入者多纳税，低收入者少纳税；在消费税上，对奢侈品征税，对生活必需品则给予减税；特别主张实行没收性的遗产税（除了给寡妇、孤儿留下适当的终身财产所有权外），以便消灭私人财产的集中，抑制食利者收入的增长，并把政府通过没收性的遗产税所取得的财产及其收入用于公共目标。新剑桥学派主张政府经济政策的根本点应立足于解决社会收入分配不合理，实现收入"均等化"。

4. 强调货币是导致资本主义经济不稳定的重要因素

凯恩斯主义革命的贡献在于：打破了均衡原理和货币之间的旧的分离状态，将金融系统作为经济的总体功能的一部分来对待；指出了积累依赖于经营厂商和政府的投资决策，而非家庭的储蓄决策；明确了利息和利润的区别，即利息是经营者为投资而使用融资所支付的价格，利润是经营者希望从投资中所得到的报酬；指出了工资率由货币单位决定而实际工资水平依赖于整个经济的运行情况；观察到由于对未来的预测必然是不确定的，影响经济生活的行为不可能由严格理性的后果计算来支配，而是由以推测或惯例为基础的不完全决策和从众心理来支配；突破了均衡分析的局限，从均衡观转向历史观。

5. 主张客观价值理论，反对边际主义的主观价值理论

新剑桥学派认为价值应当具有"客观"的物质基础，而不能像边际效用学派那样

把价值视为"主观的"概念。价格也应由生产条件来决定,而不能归结为由消费者起着主要作用。他们认为,为了建立客观的价值理论,应从李嘉图的劳动价值论传统中去探讨。

15.3　新凯恩斯主义经济学派

15.3.1　概述

1. 新凯恩斯主义经济学的产生

新凯恩斯主义是指20世纪70年代以后在凯恩斯主义基础上吸取非凯恩斯主义的某些观点与方法所形成的理论。70年代后期,费希尔、埃德蒙·费尔普斯(Edmund Phelps)、约翰·泰勒(John Taylor)为新凯恩斯主义经济学打下了基础。费希尔发表了《长期合同、理性预期和最佳货币供应规则》一文,费尔普斯和泰勒发表了《在理性预期下货币政策的稳定性力量》一文。他们都吸收了理性预期假设。80年代,美国一批中青年经济学者致力于为凯恩斯主义经济学主要组成部分提供严密的微观经济基础。因为工资和价格黏性往往被视为凯恩斯主义经济学的主题,所以他们努力的目的更多地在于表明这些黏性是如何由工资和价格确定的微观经济学而引起的,试图建立工资和价格黏性的微观经济基础。这样,80年代以来,就形成了新凯恩斯主义经济学与新古典宏观经济学相并立的局面。

2. 新凯恩斯主义的"新"

新凯恩斯主义是对凯恩斯主义的新发展。新凯恩斯主义的"新"主要体现在:一是新凯恩斯主义吸收了理性预期和自然失业率等概念,并且从微观的角度解释自己的观点;二是新凯恩斯主义强调工资和价格的黏性而非刚性,即工资和价格的变化是缓慢的,这不仅局限于工资和价格的下降,而且对于工资和价格的上升同样适用。

3. 新凯恩斯主义的核心命题

曼昆和罗默明确表示,"新凯恩斯主义经济学"意味着对如下两个问题做出解答:①这个理论违背古典派的两分法吗?它断定名义变量(如货币供应)的波动影响实际变量(如产出量和就业)的波动吗,即货币是非中性的吗?②这个理论假定经济中的实际市场不完善性是理解经济波动的关键吗?不完全竞争、不完全信息和相对价格黏性这些思考是理论的核心吗?对于以上两个问题,新凯恩斯主义经济学做出了肯定回答。因为价格是黏性的,所以古典派的两分法便破产了。因为不完全竞争和相对价格的黏性是理解价格为何呈黏性的主要原因,所以实际的不完善性是具有决定性的。

15.3.2 思想信条

（1）名义的和实际的不完善性的相互作用。在宏观经济学的重要研究方法中，只有新凯恩斯主义经济学对以上两个问题做出肯定的回答。实际经济周期理论强调技术上的扰动和完善的市场，因此它对以上两个问题做出否定回答。许多较早期的宏观经济理论抛弃了古典派的两分法，但是它们通常并不强调实际的不完善性是真相叙述的主要部分。例如，20世纪70年代大多数的凯恩斯主义经济学理论（包括非均衡的凯恩斯主义模型）都把工资和价格黏性塞进另外的瓦尔拉斯式经济或者硬充作瓦尔拉斯体系。因此，名义的和实际的不完善性的相互作用是新凯恩斯主义经济学的显著特点。

（2）对价格黏性的解释。大多数传统凯恩斯主义模型和货币主义模型都未把价格黏性的解释作为关键。这两派的学者都认为经验证据比理论上的纯正更加重要。20世纪80年代，新凯恩斯主义的发展具有明显的非经验风格。那些新一代的经济学家，为了加强凯恩斯主义模型，主要是通过发展和改进凯恩斯理论的微观基础来探究的。

（3）新凯恩斯主义模型假定制定价格的是垄断企业。新古典主义模型和新凯恩斯主义模型之间的关键性差别在于价格的形成方式。与价格接受者（新古典模型的主角）形成对照，新凯恩斯主义模型假定制定价格的是垄断企业，而不是完全竞争企业。虽然在凯恩斯的《就业、利息和货币通论》出版之前的1933年，罗宾逊夫人、张伯伦已分别独立地发展了垄断竞争理论，可是直到最近，主流凯恩斯主义理论家才开始了使不完全竞争体现成非市场出清模式的工作。

（4）关于政策问题，新凯恩斯主义者持有各种各样的观点，如财政金融政策实施中相机抉择而非规则性方面的重要性争论。新凯恩斯主义者认为供给和需求两方面的变动都是经济不稳定的潜在根源，这种观点同实际经济周期理论有很大分歧。新凯恩斯主义者还与凯恩斯有同样看法，认为非自愿失业既是可能的，又是可信的。

（5）新凯恩斯主义经济学的特征表现为对"不完全"的强调。这里的"不完全"包括不完全竞争、不完善市场、异质劳动和不对称的信息。因此，在新凯恩斯主义者看来，"实际的"宏观领域具有协调失效和宏观经济的外部影响的特性。新凯恩斯主义者对于市场不完全性及其宏观经济效应并未达成完全一致的见解，但他们的许多解释不是相互排斥的，而是互相补充的。正如《现代宏观经济学指南》一书中提到的："新凯恩斯主义把满桶砂粒投入运转圆滑的新古典派范式中。"[1]

15.3.3 政策含义

1. 需求管理政策

在强调黏性价格的新凯恩斯主义模型中，货币不再是中性的，因而政策效力至少在原则上是重新确认的。既然较大的价格灵活性使格林沃德-斯蒂格利茨模型中的经济波动

---

[1] 斯诺登 B，文 H，温纳齐克 P. 1998. 现代宏观经济学指南[M]. 苏剑，等译. 北京：商务印书馆：291-292.

问题恶化，新凯恩斯主义者也就论证了即使价格是灵活的，矫正的需求管理政策的潜在作用也是存在的。

在市场经济中，内生力量可能经常地增强外生冲击的干扰影响。因为在新凯恩斯主义模型中，经济波动是不规则的、无法预言的，所以新凯恩斯主义者不是政府试图微调宏观经济的支持者。对于政府针对总量波动而采取相机抉择行动的程度问题，新凯恩斯主义者没有达成共识。然而，大多数新凯恩斯主义者都认为，由于市场失灵，特别是就极度经济衰退来说，确实需要政府行动。由于经济将来可能面临多种问题的不确定性，少数新凯恩斯主义者便赞成均衡理论家和大多数货币主义者所提倡的固定规则方法。

2. 主张政府干预经济

从新凯恩斯主义经济学分析中得出的结论是，面临持久性的巨大冲击时，政策干预是必要的，因为市场经济的调整过程运转得较缓慢。斯蒂格利茨指出："新凯恩斯主义经济学家也相信，面临迅速变动的经济时，设计恰如其分的规则性政策事实上是不可能的。"因此，与货币主义者和新古典主义者提倡的"微调"经济政策相对照，新凯恩斯主义者拥护设计出"粗调"政策，以抵消或避免宏观水平波动问题。

新凯恩斯主义经济学以不完全竞争和不完全信息为前提，分析、论证名义的和实际的工资与价格黏性的存在，从而得出资本主义市场经济具有不稳定性（市场始终难以出清），以及资本主义社会必然产生大量非自愿失业的现象的论断，因此提出政府干预私营经济的必要性，否定政策措施的无效性的论调。所有这些观点都贴近资本主义社会经济的现实。

本 章 小 结

凯恩斯主义经济学之后，形成了新古典综合派、新剑桥学派和新凯恩斯主义经济学派，它们对凯恩斯主义经济学进行了继承和发展。

新古典综合派把传统的古典经济学作为研究个量问题的微观经济学，把凯恩斯主义经济学作为考察总量问题的宏观经济学，并把两种理论综合成一个理论体系。新古典综合派的理论在第二次世界大战以后居于正统地位。新古典综合派对凯恩斯货币金融学说的发展是多方面的，其中既有继承又有突破。

新剑桥学派是现代凯恩斯主义的另一个重要分支。在理解和继承凯恩斯主义的过程中，该学派提出了与新古典综合派相对立的观点，反对"综合"宏观与微观经济学，试图在否定新古典综合派的基础上，重新恢复李嘉图的传统，建立一个以客观价值理论为基础、以分配理论为中心的理论体系；并以此为根据，探讨和制定新的社会政策，以改变资本主义现存的分配制度来调节失业与通货膨胀的矛盾。新剑桥学派在方法论上主张摒弃新古典综合派的均衡概念（不论是马歇尔的还是瓦尔拉斯的），树立"历史时间"概念。

新凯恩斯主义是对凯恩斯主义的新发展。新凯恩斯主义的"新"主要体现在：一是吸收了理性预期和自然失业率等概念，并且从微观的角度解释自己的观点；二是强调工资和价格的黏性而非刚性，即工资和价格的变化是缓慢的，这不仅局限于工资和价格的下降，而且对于工资和价格的上升同样适用。新凯恩斯主义经济学以不完全竞争和不完全信息为前提，分析、论证名义的和实际的工资和价格黏性的存在，从而得出资本主义市场经济具有不稳定性，以及资本主义社会必然产生大量非自愿失业的现象的论断，因此提出政府干预私营经济的必要性。

➢ 关键概念

新古典综合派　总量存量分析方法　新剑桥学派　新凯恩斯主义　价格黏性

➢ 推荐阅读的文献资料

丁冰. 2007. 原凯恩斯主义经济学[M]. 北京：经济日报出版社.
冯金华，徐长生. 1998. 后凯恩斯主义理论的发展[M]. 武汉：武汉大学出版社.
凯恩斯 J M. 2021. 经济学的预言与劝说[M]. 刘蒙，译. 北京：地震出版社.
齐伟，戴翔，柳欣. 2001. 构筑现代经济学的大师们[M]. 北京：中国经济出版社.
徐光远，李贤，杨伟，等. 2008. 当代西方经济学十大理论热点[M]. 北京：中国经济出版社.
姚开建. 2003. 经济学说史[M]. 北京：中国人民大学出版社.
赵艳. 2005. 萨缪尔森经济理论研究[M]. 北京：首都经济贸易大学出版社.

➢ 讨论题

1. 新古典综合派是如何综合的？
2. 简述新剑桥学派的经济思想。
3. 如何评价新凯恩斯主义的经济思想？
4. 新凯恩斯主义的"新"体现在哪些方面？

第 16 章

当代经济学的发展

现代西方经济学说是指 20 世纪二三十年代以来各个主要西方经济学流派的经济学说及一些经济学思潮，包括凯恩斯学派、新古典综合派、新剑桥学派、货币主义学派、供给学派、理性预期学派、新制度学派、公共选择学派和奥地利学派等。

16.1 当代经济学的方法论

1. 当代经济学方法论的特点

当代经济学注重研究方法的科学性和自洽性，突出模型分析、数学方法和数理逻辑的应用，并把对经济现象和经济活动的研究过程纳入一个可控制的系统，这不仅增强了理论本身的实证性与可检验性，又使之获得了广阔的发展空间。

2. 当代经济学流派的方法论

"凯恩斯主义革命"表现在经济学分析方法上就是由微观经济学分析方法转向宏观经济学分析方法，这种经济学分析方法是总量经济分析方法与个量经济分析方法的综合，是建立在劳动价值或效用价值分析之上的古典或庸俗宏观经济学分析方法和总量经济分析方法，它与个量经济分析方法有别且建立在边际效用价值分析之上，是指出资本主义经济不能自动调节以达到充分就业均衡的现代宏观经济学分析方法。凯恩斯的追随者们把凯恩斯创立的封闭的、两部门的、侧重需求流量的、短期的、局部的、比较静态的宏观经济学分析方法扩展为开放的、四部门的、供需流量存量并重的、长期的、一般的、动态的宏观经济学分析方法。凯恩斯经济学以后，很多经济学流派从不同的方法和不同的视野推进了经济学的现代发展。

新古典综合派采用新古典经济学说边际效用价值论和边际生产力分配论中的主观分析方法与均衡分析方法来弥补凯恩斯宏观经济学分析方法中的微观经济分析不足的缺

陷，通过宏观经济学分析方法导出接近或达到充分就业均衡的条件。

新剑桥学派主张采取李嘉图的劳动价值论和工资利润分配论中的客观抽象分析方法和阶级分析方法，以及他们的垄断竞争论中的市场结构分析方法，以给凯恩斯的现代宏观经济学分析方法奠定微观经济分析方法基础，强调凯恩斯的现代宏观经济学分析方法中得出的收入分配的社会哲学思想和经济过程的历史性和不确定性。

货币主义学派以货币至关重要这一理论研究方法为核心，开发了多元变量的、动态的、开放的宏观货币分析方法，相信只要政府控制货币数量的增长能与生产的增长幅度相适应，自由市场的自发调节作用就可以抑制通货膨胀、扩大就业。

供给学派则把微观供给和宏观供给相结合，阐述了"滞胀"的原因及其解决对策，强调减少国家干预，市场机制调节是有效的。

理性预期学派以理性人的理性预期为出发点，重新构造了一个古典宏观经济学模型分析方法，反对任何国家经济干预，主张让市场机制充分发挥作用，调节市场经济达到均衡。

新制度学派发展了心理的、结构的、演进的制度分析方法，并以此来说明社会经济现实及其发展趋向，表示出对资本主义国家现状的不满，提出结构变革的改良设想。

公共选择学派运用"经济人"模型分析方法，把人类经济行为与官僚政治行为结合起来，统一加以分析，揭示了政府官僚体制缺陷及其治理对策。

奥地利学派是近代资产阶级经济学边际效用学派中最主要的一个学派。它产生于19世纪70年代，反对马克思主义，也反对主张国家调节经济的凯恩斯主义，竭力鼓吹自由主义。奥地利学派的理论核心是主观价值论，即边际效用价值论。

现代西方经济学所追求的目标是实用化和总量分析，因此，其方法偏重描述现象，研究则一般偏重量的分析。

16.2 当代经济学的主要流派与思潮

20世纪70年代以后，西方国家经济学界产生了对市场和政府作用的重新认识，反对政府干预、提倡市场自发力量和私人产权的新思潮逐渐占据西方经济学的主流地位。当代经济学主要有以下几大流派。

16.2.1 货币主义学派

1. 货币主义学派的产生与发展

货币主义学派是20世纪五六十年代在美国出现的一个经济学流派，亦称货币主义，其创始人为美国芝加哥大学教授弗里德曼。货币主义学派在理论和政策主张方面，强调货币供应量的变动是引起经济活动与物价水平发生变动的根本的和起支配作用的原因。

布伦纳于1968年使用"货币主义"一词来表达这一流派的基本特点,此后这一概念被广泛沿用于西方经济学文献之中。

第二次世界大战以后,英、美等发达资本主义国家长期推行凯恩斯主义扩大有效需求的管理政策,虽然在刺激生产发展和延缓经济危机等方面起到了一定作用,但同时引起了持续的通货膨胀。弗里德曼从20世纪50年代起,以制止通货膨胀和反对国家干预经济为目标,向凯恩斯主义的理论和政策主张提出挑战。他在1956年发表《货币数量论——一种重新表述》一文,对传统的货币数量说做了新的论述,为货币主义奠定了理论基础。

此后,弗里德曼和他的同事在理论细节方面不断进行补充完善,并且利用美国有关国民收入和货币金融的统计资料,进行了大量的计量经济学方面的工作,为他的主要理论观点提供了论据。自20世纪60年代末期以来,美国的通货膨胀日益剧烈,特别是1973—1974年在所有发达资本主义国家出现的大幅持续的物价上涨与高失业率同时并存的"滞胀"现象,凯恩斯主义理论无法做出解释,更难以提出应对这一局面的对策。于是货币主义开始流行起来,并对英、美等国的经济政策产生了重要影响。货币主义的代表在美国有哈伯格、布伦纳和安德森等,在英国有莱德勒和帕金等。

2. 理论特征

(1)坚持经济自由主义,反对国家过多干预。货币主义学派认为,在社会经济发展过程中,市场机制的作用是最重要的。他们坚持自由市场和竞争是资源和收入合理分配的最有效方法,是实现个人和社会最大福利的最佳途径,如果政府干预经济,就会破坏市场机制的作用,阻碍经济发展,甚至造成或加剧经济的动乱。因此,他们旗帜鲜明地反对任何形式的国家干预,特别是反对第二次世界大战后凯恩斯主义的理论和政策主张。

(2)重视货币理论的研究。货币主义学派沿袭芝加哥学派"坚持货币至关重要"这一理论研究方法,认为"货币最重要"。他们从现代货币数量论出发,把货币推向极端重要的地位,认为当代一切经济活动都离不开货币信用形式,一切经济政策和调节手段都要借助货币量的变动来发挥作用。因此,一切经济变量的变动都与货币有关。货币推动力是说明产量、就业和物价变化的最主要因素,而货币推动力最可靠的衡量指标就是货币供应量。由于货币供应量的变动取决于货币当局的货币政策,货币当局就能通过控制货币供应量来调节整个经济。其主张把政府在经济中的作用降低到为自由市场经济能自如地活动提供一个稳定的支架,这就需要政府有效地将货币供应量的增长控制在既适度又稳定的水平上,方法是实行"单一规则的货币政策",即固定货币供应增长率的货币政策。除此以外,政府不应该也无须对经济多加干预。

16.2.2 供给学派

1. 供给学派概况

供给学派是20世纪70年代在美国兴起的一个经济学流派。该学派强调经济的供给方面，认为需求会自动适应供给的变化，因而被称为供给学派。该学派认为，生产的增长取决于劳动力和资本等生产要素的供给与有效利用。个人和企业提供生产要素与从事经营活动是为了谋取报酬，报酬的刺激能够影响人们的经济行为。自由市场会自动调节生产要素的供给和利用，应当消除阻碍市场调节的因素。该学派的主要代表人物之一拉弗将供给经济学解释为："提供一套基于个人和企业刺激的分析结构。人们随着刺激而改变行为，为积极性刺激所吸引，见消极性刺激就回避。政府在这一结构中的任务在于使用其职能去改变刺激以影响社会行为。"

2. 供给学派的兴起

第二次世界大战后，凯恩斯主义占据了西方经济学的统治地位，西方国家普遍依据凯恩斯的理论制定政策，对经济进行需求管理，并取得了一定的效果。

但是，凯恩斯主义人为地扩大需求，最终导致20世纪70年代西方国家经济出现生产停滞、失业严重，同时物价持续上涨的"滞胀"局面。于是西方经济学界纷纷向凯恩斯主义提出挑战，并研究替代的理论和政策。供给学派就是在这样的背景下兴起的。

该学派的先驱者是加拿大籍的美国哥伦比亚大学教授芒德尔。20世纪70年代初，他多次批评美国政府的经济政策，提出同凯恩斯主义相反的论点和主张。1974年，他反对福特政府征收附加所得税控制物价的计划，主张通过降低税率、鼓励生产，同时恢复金本位、稳定美元价值来抑制通货膨胀。芒德尔的论点引起了拉弗和万尼斯基的注意与赞赏，并且拉弗进一步研究并发展了芒德尔的论点。当时的美国国会众议员肯普也很重视芒德尔的主张，他任用罗伯茨为他拟定减税提案，并聘请图尔进行减税效果的计量研究。

20世纪70年代后半期，拉弗、万尼斯基和罗伯茨等利用《华尔街日报》广泛宣传他们的论点，肯普也在国会内外竭力鼓吹减税能够促进经济增长。1977年，肯普与参议员罗斯联名提出三年内降低个人所得税30%的提案，这一提案虽然未经国会通过，但在社会上产生了很大影响。

万尼斯基的《世界运转方式》一书被认为是供给学派的第一部理论著作。吉尔德的《财富与贫困》一书阐述供给学派的资本和分配理论，被誉为供给经济学的第一流分析。20世纪70年代末，供给学派在美国经济学界已成为独树一帜的学派。

在学派形成过程中，有些倡导者，如费尔德斯坦和埃文斯等在一些论点和政策上同拉弗、万尼斯基和肯普等的分歧很大。因为费尔德斯坦和埃文斯的观点比较温和，他们持折中论，所以西方经济学界称他们为温和派，而称拉弗、万尼斯基和肯普等为激进派。但后者自称是供给学派的正统，西方各界通常也将其看作供给学派的代表。

3. 思想观点

供给学派并没有建立其理论和政策体系，只是学派的倡导者对于资本主义经济产生"滞胀"的原因及政策主张有些共同的看法。

（1）重新认识萨伊定律。供给学派认为，1929—1933年的世界经济危机并不是由于有效需求不足，而是当时西方各国政府实行一系列错误政策造成的。因此，萨伊定律完全正确，凯恩斯定律却是错误的。

吉尔德坚持说，就全部经济看，购买力永远等于生产力；经济具有足够的能力购买它的全部产品，不可能由于需求不足而导致产品过剩。拉弗极力强调萨伊定律的重大意义，他指出萨伊定律不仅概括了古典学派的理论，而且确认供给是实际需求得以维持的唯一源泉。供给学派认为政府不应当刺激需求，而应当刺激供给。

（2）主张促进生产要素的有效供给和有效利用。供给学派重新肯定萨伊定律后，进而确认生产的增长取决于劳动力和资本等生产要素的供给与有效利用，在生产要素中资本至关紧要。资本积累决定着生产的增长速度，因此应当鼓励储蓄和投资。

供给学派认为，在市场经济条件下，个人和企业提供生产要素与从事经营活动都是为了谋取报酬或利润。因此，对报酬和利润的刺激会影响经济主体的行为，对实际工资的刺激将影响劳动力的供给，对储蓄和投资报酬的刺激会影响资本的供给与利用；充分发挥市场机制，能够使生产要素供需达到均衡并得到有效利用；另外，还应当消除不利于生产要素供给和利用的因素。

供给学派指出，政府的经济政策是经济主体经营活动的刺激因素，其中财政政策最为重要。在分析经济政策对行为的影响时，供给学派反对凯恩斯主义只关注政策对经济主体收入和支出的影响，强调政策对生产活动的作用。

（3）主张降低边际税率以促进经济增长。供给学派着重分析税制对生产要素供给和利用的影响。他们指出，经济主体从事经营活动所关心的并不是获得的报酬或利润总额，而是纳税后的报酬或利润净额。在累进税制条件下，边际税率也是关键因素，因为经济主体是否多做工作，或是否增加储蓄和投资，要看按边际税率纳税后增加的净报酬是否合算。

供给学派认为税率影响经济主体行为是通过相对价格变化实现的，税率提高，纳税后的净报酬就减少。就劳动力看，这意味着休闲相对工作的价格下降，人们就会选择休闲而不去工作，劳动力供给就会减少。就资本看，这意味着消费相对储蓄和投资的价格下降，人们就乐意把收入用作消费而不是储蓄和投资，资本供给就会减少。此外，经济主体为了逃避高税率，还会把经济活动从市场转入地下。这些都会使生产要素供给减少，利用效率降低，进而使产量减少。

供给学派又分析了税率与税收的关系。由于税收是税率与税收基数的乘积，税率变动既然影响生产，就必然影响税收。拉弗首次把税率与税收的关系制成模型，画在直角坐标图上，这就是以拉弗命名的拉弗曲线。

他们还认为减税，特别是降低边际税率能促进生产增长，并可抑制通货膨胀。拉弗、万尼斯基和肯普等宣扬：正是高税率挫伤了人们的劳动热情，阻碍了个人和企业储蓄与投资。这就必然导致生产率增长缓慢、生产停滞，并出现商品供给不足、物价上涨。这时如果再加上人为地扩大需求，通货膨胀势必加剧。通货膨胀又使储蓄和投资进一步萎缩，生产停滞现象更加严重；还使纳税人升进高税率等级，而实际收入并未增加，纳税负担因而更重。

因此，供给学派竭力主张大幅度减税，并夸大降低边际税率的作用。他们认为减税能刺激人们多参与工作，更能刺激个人储蓄和企业投资，从而大大促进经济增长，并可抑制通货膨胀。他们还认为，减税后政府税收不会减少，还会增多，即使出现财政赤字，对经济的影响也无关紧要，因为经济增长后，赤字自然会缩小和消失。

供给学派认为，政府支出不论是公共支出还是转移支付，都或多或少地起着阻碍生产的作用。公共支出中有些是对资源的浪费，有些虽然对经济有益，但效率很低。因此，他们主张大量削减社会支出，停办非必需的社会保险和福利计划，降低津贴和补助金额，严格限制领受条件。

供给学派虽然同意货币主义的基本观点，但在控制货币数量增长的目的和措施上，同货币学派大相径庭。供给学派认为，控制货币数量增长的目的不应只是与经济增长相适应，而是为了稳定货币价值。货币价值保持稳定，人们的通货膨胀心理就会消失，在安排货币收入时就乐意保存货币，而不去囤积物资，选择生产性投资，而不做投机性投资。同时，货币价值稳定又是保证财政政策发挥促进经济增长的作用的必要条件。至于如何保持货币价值稳定，拉弗、万尼斯基和肯普等坚持应恢复金本位制。

16.2.3 理性预期学派

1. 理性预期学派概况

理性预期学派是20世纪70年代在美国出现的一个经济学流派。它是从货币主义学派中分化出来的，其主要代表有卢卡斯、穆斯和泰勒等。

2. 方法论

理性预期学派的分析方法是：预期的形成本身也成为经济分析的对象；把经济活动参与者基于预期所采取的政策措施作为研究对象；坚持新古典的信条。理性预期学派的一个重要特点是强调作为理性的人的理性经济行为。

3. 思想观点

（1）理性预期假设：经济活动参与者的预期由于相同的信息背景，而倾向于理论预测的结果。

（2）货币中性假设：经济总量和就业的实际水平与自然水平同货币和财政活动无关。这与非中性假设相反，但并不是指中性假设和非中性假设相对。

（3）自然率假设：假定经济总量与通货膨胀率之间并不存在固定的关系。这个假设并不意味着货币政策和财政政策不影响产量与劳务需求，而是指货币政策和财政政策必须通过影响实际通货膨胀率与预期通货膨胀率之间的差别，从而使产量和就业的实际水平与其自然水平发生变化，而不是像菲利普斯曲线（凯恩斯解释通货膨胀与失业率的基础）解释的那样，通货膨胀与失业率（经济总量）之间存在着一种短期的负相关关系。

（4）政府行为：理性预期学派认为政府行为是可以预测的，这会使人们对政府行为产生预期，进而采取特殊的行为将政府行为的影响降至最低。因此，从理论上讲，当人们对政府行为预期较为准确的时候，政策的影响可以降为零。

16.2.4 新制度学派

正如科斯所说，新制度经济学就是用主流经济学的方法分析制度的经济学。迄今为止，新制度经济学的发展已初具规模，形成了交易费用经济学、产权经济学、委托-代理理论、公共选择理论和新经济史学等分支。

1. 理论特征

新制度经济学是在对正统的凯恩斯主义经济学和新古典经济学进行反思的基础上被提出来的。新古典经济学假定制度不变，为外生变量。凯恩斯主义经济学重视经济增长与产出之间的关系，而忽视产出与就业之间的制度因素，正是在对凯恩斯主义经济学和新古典经济学进行反思的过程之中，产生了新制度经济学。

（1）新制度经济学打开了企业"黑箱"，重点研究了企业内部的组织问题。新古典经济学主要研究企业决策和生产决策的有效实行问题。为了达到这一目的，新古典经济学将企业看作一个"黑箱"，认为企业的功能是依据边际替代原则对生产要素进行最优组合。新古典经济学的企业理论研究的问题是在价格机制引导下的企业"黑箱"运行问题。新制度经济学则打开了企业"黑箱"，解释了"企业为什么会出现"与"企业和市场的边界是什么"等问题，认为交易成本是企业存在的主要原因，企业和市场之间的边界由交易费用的大小决定。由于人们在使用市场机制时是要付出成本的，这一成本就是交易费用，当交易费用为零时，企业就没有存在的必要。只要交易费用为正，企业的存在就是自然而然的。企业存在的原因就是通过企业组织将大量交易费用转移到企业内部，从而减少交易费用。

（2）新制度经济学确立了与传统经济学相对立的假设论。经济学研究总是离不开假设，假设总是与研究方法联系在一起。新古典经济学的假设有三个：理性行为假定、信息的完全性和收益最大化。新制度经济学认为新古典经济学的假定对许多经济问题难以形成解释，在对新古典经济学的假定进行修订之后，确立了与新古典经济学完全相反的假定。一是有限理性。这是由阿罗提出、由西蒙进行扩展、经新制度经济学家系统化的经济学研究假定。诺斯认为有限理性的原因有两个，即复杂的环境和人们对环境有限的认识能力，人们不可能无所不知，只能通过具体制度减少不确定性，提高认识环境的能力。二是修改了财富最大化假定，认为非财富最大化假定也常常约束着人们的行为；认为在现实经济生活中，人们往往要在财富最大化与非财富最大化之间进行权衡，在两者之间寻找一个均衡点；认为人类行为的动机具有双重性，即一方面追求财富最大化，另一方面追求非财富最大化，人类历史上的制度创新过程就是双重动机均衡的结果，制度在塑造人类行为动机中具有重要作用。三是信息不完备和不对称。由于人类认识的有限性和环境的复杂性，在现实中往往存在信息悖论，搜寻信息不可能达到最佳状态，从而形成信息不完备。同时,信息在交易双方之间的分布是不对称的,人们可以通过欺骗、说谎等隐瞒信息的行为而获利,或者通过向对方披露信息而获利。

2. 方法论

(1)对方法论前提假定的重新界定。这种分析方法将经济学分析的前提假定做了重新界定,其分析方法是建立在三个假定基础之上的:一是人类行为与制度具有内在的联系;二是人的有限理性,即环境是复杂的,人对环境的认识能力是有限的,人不可能无所不知;三是人的机会主义倾向,即人具有随机应变、谋取私利的追求。新制度经济学在这三个假定的基础之上分析人类行为与制度的关系,说明了制度作为一种变量能够改变人们为其偏好所付出的代价。这种分析方法的产生是经济学方法论史上的一场革命,它以强有力的证据向人们表明,制度对经济行为影响的分析应该居于经济学的核心地位;有了制度的作用,土地、劳动、资本和企业家这些生产要素才得以充分发挥作用;制度因素对社会经济发展的影响无处不在。

(2)动态化特征。用进化或演进的眼光来看待经济世界,这是制度分析方法的一个突出特征。其实质是用动态的、在生物学意义上不断发展变化的眼光来考察人类经济行为。这种情况始于制度经济学家的鼻祖——凡勃伦,从他开始就明确地将对制度的分析纳入经济学研究的框架,新制度学派以一种进化的世界观来分析制度,更关心导致经济系统发生变化的制度因素和制度变化的方向。这一研究方法说明,具体政策的制定必须建立在对技术及其变化的充分理解的基础之上,同时还说明,经济发展中的各种问题是在制度演化过程中形成的,因而要解决这些问题,必须在制度演化的动态过程中去寻找问题形成的原因。

(3)"非纯粹经济分析"特征。西方正统经济学家虽然也承认非经济变量(政治和法律制度等)对经济生活的影响,但他们在方法上,为了保证经济分析的精确性和完整性,总是假定这些变量对经济过程不发生作用,假定制度是既定的,经济分析的基本问题是生产、有效的组织和财富的分配。但是,制度分析方法认为社会经济是一个整体的系统,经济系统中一切事物都相互联系、相互依存,而且任何事物都是其他事物的原因。这样一来,所有内生条件中的某一条件发生变化后,其他条件也会随之变化,这一系列的变化会使整个经济系统朝着某种方向运动。制度分析方法关注经济系统的整体,在研究经济问题时既考虑那些"经济因素"的影响,又考虑那些"非经济因素"的影响,并把那些诸如法律、政治、社会意识形态等方面的非经济因素纳入经济研究的内生变量。

(4)集体主义特征。从经济学的方法论来看,经济学对人类行为的分析有两种途径:一是方法论的个人主义,认为最有效的社会科学认识来源于对个体现象或过程的研究,因而主张从个体入手把握人类经济行为;二是方法论的集体主义,认为最有效的社会科学认识只能来源于对群体现象或过程的研究,因而要准确把握人类的经济行为必须坚持方法论的集体主义。正统经济学是以方法论的个人主义为基础的,而制度经济学则带有强烈的集体主义色彩,他们关心的不是个人或某个企业的行为,而是制度这一集体行动的结果或集体行动对个人选择的控制和约束。

（5）具体化特征。制度经济学家使用正统经济理论去分析制度的构成及运行，并发现这些制度在经济运行中的地位和作用。因此，他们在研究方法上有着具体化的特点，着重研究微观经济制度，并更多地从现象上和形式上进行分析，较少进行内在矛盾的分析和考察。其理论核心总是围绕着制度的内涵和构成、制度的变迁和创新、产权制度和国家理论等具体的制度范畴。

3. 理论内容

（1）交易费用理论。交易费用是新制度经济学最基本的概念。交易费用思想是科斯在其1937年发表的论文《企业的性质》中提出的。科斯认为，交易费用应包括度量、界定和保障产权的费用，发现交易对象和交易价格的费用，讨价还价、订立合同的费用，以及督促契约条款严格履行的费用等。交易费用的提出，对新制度经济学具有重要意义。由于经济学是研究稀缺资源配置的，交易费用理论表明交易活动是稀缺的，市场不确定性导致交易具有冒险性，因而交易也有代价，从而也就有降低资源配置中的交易费用问题。资源配置问题就是经济效率问题，因此，一定的制度必须提高经济效率，否则旧的制度将会被新的制度所取代。这样，制度分析才被认为真正被纳入了经济学分析。

（2）产权理论。新制度经济学家一般都认为，产权是一种权利，是一种社会关系，是规定人们相互行为关系的一种规则，并且是社会的基础性规则。产权经济学大师阿尔钦认为："产权是一个社会所强制实施的选择一种经济物品的使用的权利。"这揭示了产权的本质是社会关系。在鲁滨孙一个人的世界里，产权是不起作用的，只有在相互交往的人类社会中，人们才必须相互尊重产权。产权是一个权利束，是一个复数概念，包括所有权、使用权、收益权和处置权等。当一种交易在市场中发生时，就产生了两束权利的交换。交易中的产权所包含的内容影响物品的交换价值，这是新制度经济学的基本观点之一。产权实质上是一套激励与约束机制，影响和激励行为是产权的一个基本功能。新制度经济学认为，产权安排直接影响资源配置效率，一个社会的经济绩效如何，最终取决于产权安排对个人行为的激励。

（3）企业理论。科斯运用其首创的交易费用分析工具，对企业的性质及企业与市场并存于现实经济世界这一事实做出了先驱性的解释，并将新古典经济学的单一生产制度体系——市场机制，拓展为彼此之间存在替代关系的、包括企业与市场的二重生产制度体系。科斯认为，市场机制是一种配置资源的手段，企业也是一种配置资源的手段，二者是可以相互替代的。在科斯看来，市场机制的运行是有成本的，通过形成一个组织，并允许某个权威（企业家）来支配资源，就能节约某些市场运行成本。交易费用的节省是企业产生、存在及替代市场机制的唯一动力。而企业与市场的边界在哪里呢？科斯认为，由于企业管理也是有成本的，企业规模不可能无限扩大，其限度在于：利用企业方式组织交易的成本等于通过市场交易的成本。

（4）制度变迁理论。制度变迁理论是新制度经济学的一个重要内容，其代表人物是诺斯。他强调，技术的革新固然为经济增长注入了活力，但人们如果没有制度创新和制度变迁的冲动，并通过一系列制度（包括产权制度和法律制度等）的构建把技术创新的成果巩固下来，那么人类社会长期经济增长和社会发展是不可设想的。总之，诺斯认为，在决定一个国家经济增长和社会发展方面，制度具有决定性的作用。制度变迁的原因之一就是相对节约交易费用，即降低制度成本，提高制度效益。因此，制度变迁可以理解为一种收益更高的制度对另一种收益较低的制度的替代过程。产权理论、国家理论和意识形态理论构成制度变迁理论的三块基石。制度变迁理论涉及制度的起源、制度变迁的原因、制度变迁的动力、制度变迁的过程、制度变迁的形式、制度移植和路径依赖等。

16.2.5 公共选择学派

1. 公共选择学派概况

公共选择学派是以经济学方法研究非市场决策问题的一个重要学派，其主要代表人物是詹姆斯·布坎南（James Buchanan）和戈登·塔洛克（Gordon Tullock）。公共选择学派的诞生可以追溯到阿诺（Kenneth J. Arrow）于1951年推出的《社会选择与个人价值》一书。公共选择理论研究的内容与公共行政学、公共政策和政治学重叠。从这个意义上说，公共行政学愿将公共选择学派囊括进自己的"势力"范围。布坎南和塔洛克于1965年成立了公共选择学会，他们认为公共选择理论是用经济学的研究方法去研究习惯上由政治理论家研究的问题。

公共选择学派的代表性作品有：布坎南与塔洛克的《同意的计算：立宪民主的逻辑基础》（1962年）、科斯的《社会成本问题》（1960年）、安东尼·唐斯（Anthony Downs）的《民主的经济理论》（1957年）、布坎南的《官僚制与代议制政府》（1971年）及曼瑟·奥尔森（Mancur Olson）的《集体行动的逻辑：公共物品与集团理论》（1965年）。

2. 理论主张

公共选择学派主张可以根据公共服务的类型选择适当的社会组织进行生产，即将公共服务类型与社会组织类型进行理性组合。因为，从理论和实践两方面都可证明私人企业、非营利机构、半独立性的政府公司及政府机构等各种类型的组织，都可以提供公共服务，只是在特定的情况下，对特定的服务来说，某一类组织会比其他组织做得更好。过去的错误在于对政府组织过分地依赖，尽管没有证据表明政府在效率和服务质量方面比其他组织更胜一筹。

公共选择学派主张以市场机制来选择提供公共服务的社会组织，即在公共部门与私人部门之间，公共机构与私人机构之间，公共机构之间开展竞争，就像顾客通过对私人物品的选择来决定企业的命运一样，也可以通过公民对服务机构的选择决定单个公共机构的存亡。

3. 代表人物

布坎南发表了很多有影响的论文，如他的《俱乐部经济理论》（1967年）就是公共选择理论的一个重要文献。

布坎南于 1948 年获芝加哥大学哲学博士学位，现为乔治梅森大学教授，他对意大利的公共财政学著作推崇备至,曾于 1955—1956 年和 1959—1960 年两度赴意大利进修。1986 年，他把经济方法运用于政治过程的研究，填补了经济学研究领域的空缺，也因此研究所做出的重大贡献而获得诺贝尔经济学奖。20 世纪 60 年代是公共选择学派逐渐成形的阶段，这一阶段，布坎南等主张恢复政治经济学的研究，主张在经济研究上回到古典学派，分析规则和制度对经济的影响，把政治因素纳入经济分析。1962 年，布坎南与塔洛克推出的《同意的计算：立宪民主的逻辑基础》为现代公共选择理论奠定了强有力的基础。1969 年，布坎南与塔洛克在弗吉尼亚工艺学院创建了"公共选择研究中心"，并推出了《公共选择》杂志，推动了公共选择理论的迅猛发展，同时使公共选择理论传播到欧洲和日本。

4. 方法论

布坎南在多种场合分析了公共选择学科所使用的经济学方法，并把它归纳为三个方面：方法论上的个人主义、"经济人"行为的理性原则和政治作为交换过程的特点。这三个要素被称为研究政治问题的公共选择方法或公共选择思路。

布坎南强调，无论是在集体活动中还是在私人活动中，在市场过程中还是在政治过程中，个人都是最终的决策者、选择者与行动者，而不管产生总体结果的过程与结构有多复杂。

布坎南认为，理性原则并不总是意味着利己主义或个人主义。但实际上，他在理论分析中又把利己主义因素放在主要地位，认为个人即使在公共选择活动中，也主要是追求个人物质利益，只是可能比在私人市场活动中表现得要弱一些，但绝不是像传统理论中认为的那样，只存在公共利益而不存在个人利益。不过，布坎南也指出理性行为假设有其局限性：第一，与经济活动相比，政治活动有更大的不确定性，从而难以做到行为理性化，而该理论甚至连理性行为的定义都难以给出；第二，与经济活动相比，人们在政治活动中对活动结果承担的责任要轻得多，因而一般不会将行为刻意理性化。

5. 政策主张

公共选择学派批评了主流经济学将经济市场和政治市场割裂的研究方法，认为人类社会由两个市场组成，一个是经济市场，另一个是政治市场，而在经济市场和政治市场活动的是同一个人，没有理由认为一个人在经济市场是利己的，而在政治市场是利他的，政治市场和经济市场的"善恶二元论"是无法成立的。

尽管经济市场中的主体标签是消费者和厂商，而政治市场中的主体标签是政治家、政客、选民和利益集团，但他们的行为目标并无差别。其区别仅在于：在经济市场交易的是私人物品，而在政治市场交易的是公共物品；前者的目标表现为效用和利润的最大化，后者的目标则表现为公共物品利益和政治支持的最大化。

在公共选择理论家眼中，政府不过是个无意识、无偏好的"稻草人"，公共行为和公共目标在很大程度上受政治家与官员的动机支配。此外，由于政治市场中政治家和官员之间的双边垄断,以及他们在预算规模上的目标一致性,必然会导致政府规模的不断膨胀。由于民主制度下没有一种选择机制称得上最优选择机制(直接民主面临高成本,而间接民主面临机会主义),公共选择学派为此提供了两条改革思路:一是市场化改革,二是宪法改革。

作为新自由主义思潮的重要分支,公共选择学派一直是市场失灵的坚定辩护者。他们所提供的救治政治市场失灵的两条思路,也只不过是将经济市场的运行规则引入政治市场。公共选择学派的市场化改革,是指通过将经济市场的竞争机制引入政治市场以提高后者的效率,这主要包括三个方面的内容:一是明确界定公共物品的产权;二是在公共部门内部和部门之间引入竞争机制,重构官员的激励机制,按照市场规则来组织公共物品的生产和供给;三是重新设计公共物品的偏好显示机制,使投票人尽可能真实地显示其偏好。

宪法改革,是指通过重新确立一套经济和政治活动的宪法规则来对政府权力施加约束,通过改革决策规则来改善政治。布坎南认为,规则和政策的关系如同博弈规则与博弈策略的关系,前者的改变可能增加所有参与者的利益,而后者的改变只会改变利益在参与者中的分配格局。

16.2.6 奥地利学派

1. 奥地利学派概况

奥地利学派是近代资产阶级经济学边际效用学派中最主要的一个分支,它产生于19世纪70年代。20世纪30年代后,以哈耶克为代表的一些奥地利经济学家继承了奥地利学派的传统理论并做了一些补充。他们反对马克思主义,也反对主张国家调节经济的凯恩斯主义,竭力鼓吹自由主义,崇拜市场自发势力而诽谤社会主义的计划经济。他们通常被称为新奥地利学派,也称维也纳学派。其主要代表人物有米塞斯、哈耶克、梅耶、斯特里格、哈伯勒和摩尔根斯坦等。由于这一学派的主要代表人物是奥地利经济学家,活动中心最初也设在维也纳大学,故而得名。

奥地利学派的理论核心是主观价值论,即边际效用价值论。与萨伊等的"效用价值论"不同,边际效用价值论认为:一件东西要有价值,除有效用之外,还必须"稀少",即数量有限,以致它的得失成为物主快乐或痛苦所必不可少的条件。

奥地利学派的边际效用价值论和分配论,是同马克思的劳动价值论和剩余价值论针锋相对的。它的主要论点有:价值是主观的,是物对人的欲望满足的重要性;价值的成因是效用加稀少性;价值量的大小也只取决于边际效用的大小,与社会必要劳动无关;价值产生于消费领域,不是生产资料将其价值转移给产品,相反是产品价值赋予生产资料以价值;资本和土地的收入,或是各自提供效用的报酬,或是产生于现在财货与将来财货的不同估价,均与剥削劳动毫不相干。总之,奥地利学派全部抹杀了劳动在价值创造中的决定性作用。

2. 方法论

奥地利学派反对德国历史学派否定抽象演绎的方法及否定理论经济学和一般规律的错误态度，也反对英国古典学派及其庸俗追随者的价值论和分配论，特别是反对李嘉图的劳动价值论。他们认为社会是个人的集合，个人的经济活动是国民经济的缩影，通过对个人经济活动的演绎和推理就足以说明现实经济现象的错综复杂。

奥地利学派把社会现实关系中的"经济人"抽象还原为追求消费欲望的满足的孤立个人；把政治经济学的研究对象从人与人之间的生产关系，改变为研究人与物的关系，研究消费者对消费品的主观评价，把政治经济学变成主观主义的个人消费心理学。

3. 理论主张

新奥地利学派致力于经济行为、资本理论、经济周期理论和货币理论等问题的研究，其主要观点包括以下几个方面。

（1）行为理论。新奥地利学派认为，古典的价值理论过于狭隘，因为它们只注意对利润的分析。因此，新奥地利学派主张把以劳动价值论为基础的理论改造成行为选择理论，使经济学变成一门行为科学。如此，经济学就要研究经济当事人的经济行为本身，它的陈述和命题是演绎形式的，不依赖于实践的和历史的理论。在经济当事人的经济行为中，对策是一般的行为方式，赢者获得利润，输者陷于贫困。一个人在博弈中得到的好处等于他人的损失。这一理论对于解释寡头垄断者的行为有一定帮助。

（2）效用理论。在行为理论的指导下，新奥地利学派试图修补奥地利学派的基数效用论。他们承认效用是不能衡量的，然后利用经济当事人的行为来解释效用。他们认为，经济当事人的行为目的是获得最大的满足，其目的的实现是通过交换来进行的。交换就是以比较不满足的状态去换取比较满足的状态，为了得到较满足的状态就必须放弃不满足的状态，如果交换的结果是前者大于后者，那么经济当事人便在交换中获得好处。当经济当事人停止这种交换时，经济当事人的效用满足便达到了最优。

（3）货币经济周期理论。新奥地利学派认为经济周期是货币因素引起的。在货币经济中，由于银行系统可以自行创造出流通手段，从而可能引起货币的紧缩和膨胀。另外，在生产部门，资本化的生产方法是普遍的形式，即大部分原始的生产资料（劳动和土地）不是用来直接生产现在消费品，而是用来生产未来消费品的。采用这种生产方法的目的是用等量的原始生产资料获得更多的未来消费品。如果以货币表示的生产资料需求总量相对于现在消费品的需求总量增加时，就会发生资本化程度较低的生产方法向资本化程度较高的生产方法的过渡；如果前者相对于后者减少，就会发生向资本化程度较低的生产方法的过渡。由于货币经济中以货币表示的生产资料和消费品的相对需求总量受到信用扩张与收缩的影响而时常变动，这样就会导致经济体系的不平衡，甚至引发经济危机。新奥地利学派主张保持货币中性，就是使货币对价格形成和资本化程度不产生影响。

（4）自由主义经济政策。新奥地利学派竭力维护传统的自由放任的经济政策，反对凯恩斯主义的国家干预。该学派认为，当前的失业和通货膨胀并存的现象是国家干预所造成的。根据货币经济周期理论，国家利用货币政策调节经济会导致经济周期的出现。同时，由于政府的货币垄断权的存在，私人部门自由活动的条件受到限制，从而妨碍了市场机制的有效运转，市场信号不能传递到消费者那里，进而导致失业。既然失业和通货膨胀都是政府通过控制货币发行权来干预经济的结果，那么医治滞胀的手段就是要政府放弃货币发行权，恢复自由银行制度。

（5）反对社会主义。新奥地利学派否定社会主义实现资源合理配置的可能性，并认为计划经济是对人性的奴役。在他们看来，合理的资源配置必须建立在合理的经济行为之上，而合理的经济行为又以合理的价格和成本的计算为依据。然而，在社会主义条件下，生产要素由国家控制，没有要素市场，也就没有价格，而没有价格的机制，就不可能实现资源的合理配置。另外，由于社会主义的企业没有获取利润的动机，有的只是官僚控制，其结果必然是资源的浪费。

16.3 发展中国家经济学的兴起

发展经济学是20世纪40年代后期在西方国家逐步形成的一门综合性经济学分支学科，它以发展中国家的经济发展为其主要研究对象。

16.3.1 兴起的背景

第二次世界大战后，亚非拉广大地区的殖民地和附属国纷纷走向独立，经济上各自选择不同的道路和方式谋求发展，世界上出现了众多的发展中国家。在一些发展中国家出现了对发展问题较有研究的经济学家，发达国家也有一些激进经济学家试图以他们所认识的马克思主义去解释发展中国家的经济问题，但主流还是西方经济学家。他们在传统的和当代的西方经济学理论的体系和框架中研究、分析发展中国家的经济增长和经济发展，还以发达国家的历史经验去对照、比较发展中国家的现状和前景。

16.3.2 演变阶段

发展经济学的演变可分为两个阶段：20世纪40年代末至60年代初是第一阶段；20世纪60年代中期至今是第二阶段。

1. 第一阶段

在这一阶段，关于经济发展问题曾有三种主流思想：①强调资本积累的重要性；②强调计划化的重要性；③强调工业化的重要性。强调资本积累的重要性的发展经济学家有刘易斯（W. A. Lewis）、纳克斯（R. Nurkse）、罗丹（P. N. Rosenstein-Rodan）和罗斯托

（W. W. Rostow）等。强调计划化的重要性的发展经济学家有丁伯根（J. Tinbergen）、刘易斯、罗丹和霍利斯·钱纳里（Hollis Chenery）等。强调资本作用和强调计划化作用的两种论点又互相影响，一些发展经济学家进而研究了投资配置的适宜标准。卡恩（A. E. Kahn）和丁伯根提出了"社会边际生产率"的概念。钱纳里等认为发展中国家的市场价格往往不能反映出真正的稀缺价值，主张使用"会计价格"或"影子价格"去校正市场价格对稀缺程度的偏离。他们还从社会边际生产率的观点出发，在最优化的一般均衡体系中去研究计划和资源配置问题。纳克斯、罗丹和刘易斯等非常强调工业化对经济发展的作用。普雷维什（R. Prebisch）和联合国拉丁美洲经济委员会（现为拉丁美洲和加勒比经济委员会）的其他成员也认为发展中国家必须工业化。

2. 第二阶段

20世纪60年代中期以后，发展经济学出现下述一些变化。

（1）更多地采用了新古典学派的观点和方法。一些发展经济学家，如海默（S. H. Hymer）和雷斯尼克（J. R. Resnick），试图用新古典学派的理论去分析发展中国家农民的市场敏感度，研究在各种约束条件下农民的行为模式。托达罗（M. P. Todaro）和斯蒂格利茨建立了各种模式去解释发展中国家尽管城市失业率很高但人口依然向城市流动的现象。克鲁格（A. O. Krueger）也力图用新古典学派的方法去分析发展中国家的某些城市问题。

（2）更多地采用了经验分析的方法。采用经验分析方法的学者可分为两类：一类是库兹涅茨（S. Kuznets）、钱纳里和阿德尔曼（I. Adelman）等，他们利用跨国统计资料分析了发展过程的共同特点，阿德尔曼还特别注意了一些非经济因素；另一类，如法尔康（W. P. Falcon）、贝尔曼（J. R. Bellman）、刘遵义和约托波洛斯（P. A. Yotopoulos）等，则以经济计量方法对早期理论进行"前提检验"，提出了一些修正意见。例如，他们证明了农民行为方式是有市场敏感性的，是与新古典学派最大化原则一致的，从而对二元结构模式的假设是否正确提出了疑问。

（3）较全面地注意到影响发展的各种因素。发展经济学家逐渐认识到影响发展的因素是多方面的，早期的理论和政策建议具有片面性。因此，他们提出，过于侧重工业化的国家，应当重视工农业的平衡发展和轻工业的发展；在工业化的发展战略上，要纠正过去有时过于重视进口替代、有时过于重视出口鼓励的偏向，把进口替代和出口鼓励更好地结合起来；在生产结构上，不应停留在劳动密集的生产上，而要适时发展技术密集和资本密集的生产。

（4）进一步研究了增长和发展的目标。一些发展经济学家，如斯特里顿（P. Streeten）等提出，应当以保证基本需要而不以国民收入最大化为增长和发展的目标，即在增长过程中，要注意改进卫生、营养和教育等条件，以直接对人力资源产生积极作用，而不应有过多的、不恰当的结构和技术变革及资本支出，要注意采用减少消费和改进现有技术的比较简易的方法去提高生产率。这种观点被称为基本需要论。其他一些发展经济学家，如希金斯（B. Higgins）等认为，基本需要论虽然重视基本福利，也着重考虑了落后国家的特殊情况，但结构改革还是必要的。希金斯等提出"一体化论"，其中心思想是：在制订发展计划时，必须包括所有的投入，不只是资本、劳动和自然资源，还有科学研究、教育和营养条件，从而在相互作用的发展系统中的每一阶段，物质资源和人力资源的质量都可以得到提高；同时，应当把收入的公平分配、经济的稳定、劳动力的充分就业等都包括在增长和发展的目标之中。

16.3.3 代表性理论

1. 结构主义的经济发展理论

1）理论概况

结构主义的经济发展理论又称为非均衡发展理论，兴起于20世纪五六十年代。结构主义经济学家号称发展经济学的先驱，是最早一批研究发展经济学的经济学家。其代表人物有罗丹、纳克斯、刘易斯、辛格和赫希曼，他们深受凯恩斯主义经济学的影响，主张非均衡分析。

2）理论基础

一是对新古典经济学的批评。认为新古典经济学对发展中国家是不适应的：一方面，新古典理论的核心是市场价格机制，而发展中经济体一般是市场发育不足，价格体系不健全，市场支离破碎；另一方面，新古典理论将经济发展看成边际的、增量的调节，而发展中经济体需要的是大规模的经济变化和重大经济结构的调整，通过结构变化实现经济的广化。二是对凯恩斯经济理论的推崇。欣赏凯恩斯主义经济学打破了新古典经济学一统天下的局面，同时受凯恩斯主义经济学中关于失业问题的研究的启发，主张要重视研究发展中国家的失业问题。

3）理论特征

一是强调经济发展过程中的非均衡状态，关注发展中经济体的刚性状态，认为发展中经济体的供给和需求之间不会自动向均衡点移动。发展中经济体普遍存在的现象不是均衡体系，而是持续的不均衡。二是发展了结构分析方法，使结构分析方法在20世纪50—70年代由一种直觉的假设转变为具有不断增长的经验效力和分析严密的多维模式。三是提出了结构改革的战略和政策建议，即实施工业化、重视资本积累、强调计划化、主张平衡发展战略、重视分配政策的改进。

2. 新古典的经济发展理论

1）理论概况

新古典的经济发展理论认为发展中国家经济落后的原因来自错误的价格政策及太多的政府干预，主张运用市场力量解决发展问题。发展经济学称这种理论为"新古典的复活"。其代表人物有舒尔茨、鲍尔、约翰逊、明特、巴拉萨和拉尔。

2）理论基础

一是渐进、和谐与乐观的经济发展过程。一方面认为经济发展过程是渐进的、连续的,即经济发展是一个进化的过程;另一方面认为经济发展是一个和谐累积的过程。知识可以不断增长,技术便可以不断地进步,社会的生产总量会不断地提高。同时,经济发展的前景是乐观的,经济发展的利益会自动地分配到全社会,出现纵向的"涓流效应"和横向的"扩散效应",这两种效应会使经济发展的利益自然地得到普及。二是市场均衡理论,主张通过价格机制实现经济的发展。

3) 理论特征

一是对价格机制的充分关心。鲍尔明确指出发展问题的分析不应当是没有价格的。二是对资本积累的充分关心,认为资本和劳动力之间是可以相互替代的,资本存量的增加,意味着国民收入与人均收入的增加。在资本积累过程中,单位劳动的资本量增加时形成"资本深化",资本增加与劳动力增加保持相同比例时形成"资本广化"。三是对于国际贸易的新观点。对比较成本学说进行了新的推演,提出了资源禀赋理论和贸易保护问题。

4) 政策主张

一是保护个人利益与私人产权;二是反对国家干预,校正价格扭曲;三是经济自由化,主张贸易自由化与金融自由化。

3. 激进的经济发展理论

1) 理论概况

这是 20 世纪 60 年代针对拉美国家的失业和收入分配问题而提出的理论。其代表人物有巴兰、阿明、弗兰克和伊曼纽尔。

2) 理论特征

一是对新古典经济学的强烈批评;二是从发展中国家的依附关系入手解释发展中国家经济落后的原因。

3) 政策主张

一是改善发展中国家与发达国家的经济关系;二是主张经济一体化。

4. 新制度主义的经济发展理论

1) 理论概况

20 世纪 80 年代末期,新制度经济学兴起,并开始被广泛地应用于发展领域,为发展理论提供了新的分析视角。发展经济学开始把制度作为一个内生变量,探讨发展中国家经济发展过程中的制度障碍。其代表人物有科斯、诺斯、青木昌彦、拉尼斯、奥斯特罗姆和林毅夫。

2) 理论基础

一是新制度经济学,即美国 20 世纪七八十年代形成的以交易成本理论为基础的新制度经济学。二是新政治经济学,即公共选择学派,以布坎南为代表,研究政府的集体决策问题。三是演化经济学。20 世纪 70 年代,以阿尔逊、温特和多西为代表的演化经济学进一步兴起,并和制度变迁理论结合在一起被运用到发展问题的分析之中,对发展中国家经济发展过程中的产业演化、企业生存、制度变迁和技术创新进行了研究，用演化博弈的观点解释了发展中国家的制度变迁。

3）理论特征

一是坚持使用新古典的分析工具，突出微观分析，修正理性假定。新古典的制度均衡分析方法和成本收益计算都在发展经济学中得到了应用。新旧制度经济发展理论修正了理性假定，认为发展中国家人们的有限理性尤为重要。二是重视非经济因素的作用。认为经济学不应成为脱离历史、社会和政治的纯粹科学，在对发展问题的研究中，历史、社会和政治都应作为内生的变量。三是重视制度因素与时间因素的作用。认为制度是一个社会的规则体系和组织体系，决定了人们的相互关系，构造了社会的激励结构，在制度研究中要把制度融入历史，考虑时间的影响。四是关注个体自利行为与集体行动的相互关系。新制度经济发展理论是新古典经济发展理论的延伸，是新古典主义复兴思潮的再革命，因为该理论重新强调了经济发展绝不是纯粹的经济现象，而且经济发展受到了政治、法律和制度等因素深刻的、具有决定意义的影响。

4）主要问题

一是市场经济的制度结构理论。发展中国家不仅资源禀赋和市场发育程度与发达国家悬殊，而且制度背景也有巨大的差异，因此，向市场经济转轨的发展中国家要深化对市场经济制度的认识。转轨国家在市场经济制度的认识上不能停留在市场体系和价格校正的问题上，必须重点深入对支撑市场运作的生产制度结构和制度环境的认识上，重视"制度校正"的重要性。

二是公共选择问题和寻租问题。在发展中国家的经济发展过程中，由于缺乏法规约束，部分权力机关从事着寻租活动与专制行为，浪费了资源，阻碍了经济效率的提高。

三是国家的职能问题。新古典的经济发展理论基本未涉及国家问题的研究，认为国家外在于经济发展过程之中，而新制度经济发展理论认为国家的政治制度是经济发展的内生变量，把国家在产权界定与强制执行中的有效性作为核心。例如，诺斯认为成功的国家体现在两个方面：一是设计一套产权制度安排，以利于经济发展；二是在一个产权框架下发展出旨在增进绩效与国家收入的法律制度。

四是制度变迁问题。认为经济发展从来都是动态的过程，长期经济发展的主要源泉是人口、技术和产权等结构的变化，而制度是上述结构变迁的基础。

5. 新兴古典发展经济学

1）理论概况

20世纪50年代，数学家发明了线性规划和非线性规划分析方法，为处理分工与专业化问题涉及的角点解提供了有力的武器，古典经济学的思想露出了复兴的曙光。以罗森、贝克尔、杨小凯、博兰和黄有光为代表的经济学家，用超边际分析方法，将古典经济学家关于分工与专业化的思想变成了决策和均衡模型，建立了新兴古典发展经济学的思想模型。

2)方法论

新兴古典发展经济学就是用超边际分析方法,使被新古典经济学抛弃的古典经济学灵魂在一个现代经济学的躯体内复活,在新的框架下对现代经济理论重新进行组织,去掉新古典经济学中消费者与生产者绝对分离的假定。在新兴古典发展经济学的框架下,新古典经济学不能解释的许多现象,如经济发展、贸易、经济制度和宏观经济等,都能共用一个统一的分析框架,经济学也不会有人为的宏观和微观的割裂。

新兴古典发展经济学使用消费者-生产者的超边际分析解释专业化程度和经济的组织方式;使用超边际分析来决定在一个特定的经济结构里人们生产和消费多少(自给自足、局部劳动分工和完全劳动分工);使用总成本-收益分析来决定在一定的预知参数条件下,哪一种经济结构被最终选择。

新兴古典发展经济学关键的参数不仅包括交易效率、专业化经济,还包括诸如交易失灵的风险等其他参数。联系消费和生产的整个决策,有可能使个人的消费与他们选择的专业化程度相互关联,从而解释经济的微观结构。

3)思想内容

新兴古典发展经济学的思想内容有:一是内生交易费用与分工演进,主要探讨内生交易费用对分工的影响;二是新兴古典发展经济学的城市化理论,研究的主要问题是为什么会出现城乡差别,以及最优城市结构的层级与机制;三是新兴古典发展经济学的工业化理论,主要研究新机器中出现迂回生产方式的链条有多长,工农业的收入比重与转型期的工业结构;四是新兴古典发展经济学的产权理论。

16.4 当代西方经济学发展的趋势

20世纪80年代以来,西方经济学的发展出现了如下趋势。

1. 西方经济学分析工具的数理化趋势

经济学与数学的结合本来不是始于20世纪,但是第二次世界大战后,数学在经济学中的应用得到进一步加强,20世纪80年代以来,数学在经济学中的应用达到了专门化、技术化和职业化的程度。经济学与数学的结合使经济学体系更严密、表达更准确、思维更成熟。数学化成为经济学发展的主流趋势,这主要表现在三个方面:一是计量经济学的崛起;二是统计学在经济学中的大量运用;三是博弈论的引进。

20世纪以来,数学的方法和计量方法逐步渗透到经济学研究的每一个环节,甚至出现了数学和经济学的一体化趋势。数学在经济学中的应用主要体现在三个领域。一是将经济理论和数学相结合形成数理经济学。这主要是运用微积分、线性代数、集合论和拓扑学等数学工具来表述经济理论,并进行推理、证明。二是将经济理论、数学和统计学相结合形成计量经济学。计量经济学,即根据经济理论中经济变量间的相互关系,用联立方程构建数学模型，再根据实际经济统计资料，对模型的参数进行估计，最终反过来检验理论的正确与否及进行经济预测。三是纯经验分析，也即通过对大量统计资料的分析而归纳出某些经济规律。

2. 西方经济学的研究逐渐拓展到多个学科

政治学、社会学、法学和心理学等领域反映了经济学的人文社会化趋势。一些诺贝尔经济学奖得主成功地从政治学、法学、社会学和心理学等不同角度来分析经济问题。西方经济学研究领域的拓展有两个趋势。一是扩展的趋势，这主要是指经济学作为一种方法论，被广泛运用到人类的政治、社会和日常生活领域，这大大拓宽了经济学的研究领域，形成了"经济学帝国"。二是渗透的趋势，这主要是指其他学科对经济学命题的重新解释。其他学科的研究成果作为分析工具被引入经济学，大大提高了经济学研究的深度，深化了人们对经济行为的认识。其中比较有影响的是数学中的博弈论、心理学中的认知科学和行为科学的研究成果等。

3. 西方经济学在内容上也得到拓宽和深化

国际经济学将经济分析的视野从一国扩展到其他国家，直至全世界。发展经济学将微观经济学和宏观经济学理论运用到分析发展中国家的经济问题上。现代宏观经济学和宏观经济政策奠定在传统宏观经济学内部深化的基础上。现代微观经济学和微观经济政策也在传统微观经济学的基础上得到进一步的发展。

4. 西方经济学将在争论中不断发展

争论是当代西方经济学发展中的一个重要特征。这种争论促进了当代西方经济学的发展，具体表现为以下几点。①各流派的争论将会持续下去。西方经济学至今对一些问题还没有定论，这些争论将会继续下去，如宏观经济学的微观基础等。②新古典综合派仍占正统地位，它是现代凯恩斯主义的两大支派之一，自20世纪50年代起至80年代初，一直代表凯恩斯主义雄踞西方经济学的宝座。新古典综合派对凯恩斯货币金融学说的发展是多方面的，其中既有继承又有突破。③西方经济学的精密化、实用化与微观化。当代西方经济学广泛运用自然科学、经济计量和数量统计等方法，这使西方经济学更加精密化和科学化。同时，西方经济学更加关注宏观经济的实践，其理论研究朝着实用化方向发展。

5. 古典主义的复兴与现代政治经济学的兴起

古典主义的复兴与现代政治经济学的兴起引起了"回到斯密""回到李嘉图"的思潮，这在经济学家中已成为一种共识。现代政治经济学的兴起至少在两点上不同于以往的政治经济学。第一，它的出发点不是"规范的"，即不是研究"应该怎样"，而是"实证的"，即研究"是怎样"。具体地说，它的研究目的是理解在现实社会中政治对经济的影响，特别是政府的经济政策和经济改革决定的形成和实施。第二，它的分析方法就现代经济学的分析方法。具体地说，它是在现代经济学的分析框架内引入政治因素的。现代政治经济学有两类分析工具：一类是基于"选举"的、以少数服从多数来决定经济政策的模型，在这类模型中，政治家的目的是赢得选票，"经济人"则根据自身利益投票，而经济政策的确立由多数人的利益决定；另一类是基于"利益集团"竞争从而影响经济政策决定的模型。

6. 假设条件的多样化趋势

"经济人假设"是新古典经济学的研究基础，是新古典微观经济学的核心，也是新古典宏观经济学的基石之一，它在数百年的发展过程中得到了不断的完善和充实，在西方经济学中占据了主流位置。但是在 20 世纪，"经济人假设"曾被不断地修改和拓展，甚至是批评和攻击。例如，西蒙认为"经济人"的计算能力是"有限理性"的，行为者无法在多种可能的选择中做出最终选择。贝克尔拓展了"经济人假设"，认为个人效用函数中具有利他主义的因素，这才是人类行为的一般性。鲍莫尔主张用"最大销售收益来代替最大利润的目标函数"，因为实践表明经理层的薪金与销售收益的关系比它与利润的关系更为密切。莱本斯坦于 1966—1981 年发表的四篇论文一反"利润极大化、效用极大化、成本极小化"的传统"经济人假设"，认为上述假设在完全竞争下是适用的，但在垄断型企业里则是个"例外"。公共选择学派提出的挑战是，"经济人"在追求个人利益最大化时，并不能得出集体利益最大化的结论，"阿罗定理"即可说明个人福利的简单加总不一定与社会福利一致。新制度主义对"经济人假设"的修改则更为宽泛，认为这个假定过于"简单化"，因为除了物质经济利益以外，人还有追求安全、自尊、情感和地位等社会性的需要。

7. 研究领域的非经济化趋势

经济学方法论的演进与肯定并非完全建立在对前一种方法或其他方法的否定之上，而更多的是随着时代主题和研究角度的变化、随着个人兴趣和专业特长的不同而愈加显示出各自的独特性。20 世纪西方经济学演变过程中出现的一个十分引人注目的现象是，其研究领域与范围逐渐超出了传统经济学的分析范畴，经济分析的对象几乎扩展到所有的人类行为，小至生育、婚姻、家庭和犯罪等，大至国家政治、投票选举和制度分析等。对于经济学研究领域的这种帝国式的"侵略"与扩张，有人称之为"经济学帝国主义"。

本 章 小 结

现代西方经济学说是指 20 世纪二三十年代以来各个主要西方经济学流派的经济学说及一些经济学思潮，包括凯恩斯学派、新古典综合派、新剑桥学派、货币主义学派、供给学派、理性预期学派、新制度学派、公共选择学派和奥地利学派等。

当代经济学注重研究方法的科学性和自治性，突出模型分析、数学方法和数理逻辑的应用，并把对经济现象和经济活动的研究过程纳入一个可控制的系统。

货币主义学派是20世纪五六十年代在美国出现的一个经济学流派。该学派在理论和政策主张方面，强调货币供应量的变动是引起经济活动与物价水平发生变动的根本的和起支配作用的原因。该学派坚持经济自由主义，反对国家过多干预。

供给学派是20世纪70年代在美国兴起的一个经济学流派。该学派认为生产的增长取决于劳动力和资本等生产要素的供给与有效利用。个人和企业提供生产要素与从事经营活动是为了谋取报酬，报酬的刺激能够影响人们的经济行为。

理性预期学派的分析方法是：预期的形成本身也成为经济分析的对象；把经济活动参与者基于预期所采取的政策措施作为研究对象；坚持新古典的信条。理性预期学派的一个重要特点是强调作为理性的人的理性经济行为。

新制度经济学是在对正统的凯恩斯主义经济学和新古典经济学进行反思的基础上被提出来的。它打开了企业"黑箱"，重点研究了企业内部的组织问题，确立了与传统经济学相对立的假设论。其分析方法是建立在三个假定基础之上的：一是人类行为与制度具有内在的联系；二是人的有限理性，即环境是复杂的，人对环境的认识能力是有限的，人不可能无所不知；三是人的机会主义倾向，即人具有随机应变、谋取私利的追求。迄今为止，新制度经济学的发展已初具规模，形成了交易费用经济学、产权经济学、委托-代理理论、公共选择理论和新经济史学等分支。

公共选择学派一直是市场失灵的坚定辩护者，该学派批评了主流经济学将经济市场和政治市场割裂的研究方法，认为人类社会由两个市场组成，一个是经济市场，另一个是政治市场，而在经济市场和政治市场活动的是同一个人，没有理由认为一个人在经济市场是利己的，而在政治市场是利他的。公共选择学派为此提供了两条改革思路：一是市场化改革，二是宪法改革。

奥地利学派是近代资产阶级经济学边际效用学派中最主要的一个学派，它产生于19世纪70年代。20世纪30年代后，以哈耶克为代表的一些奥地利经济学家继承了奥地利学派的传统理论并做了一些补充。他们反对马克思主义，也反对主张国家调节经济的凯恩斯主义，竭力鼓吹自由主义。奥地利学派的理论核心是主观价值论，即边际效用价值论。

发展经济学是20世纪40年代后期在西方国家逐步形成的一门综合性经济学分支学科，它以发展中国家的经济发展为主要研究对象。

20世纪80年代以来，西方经济学的发展出现了如下趋势：西方经济学分析工具的数理化趋势；西方经济学的研究逐渐拓展到多个学科领域；西方经济学在内容上也得到了拓宽和深化；古典主义的复兴与现代政治经济学的兴起等。

➤ 关键概念

货币主义学派　供给学派　理性预期学派　新制度学派　公共选择学派
奥地利学派　交易费用理论　产权理论　企业理论　制度变迁理论

➤ 推荐阅读的文献资料

方福前. 2006. 西方经济学新进展[M]. 北京：中国人民大学出版社.

方福前. 2019. 当代西方经济学主要流派[M]. 3 版. 北京：中国人民大学出版社.
黄志贤，郭其友. 2006. 当代西方经济学流派的演化[M]. 厦门：厦门大学出版社.
蒋自强，史晋川. 2008. 当代西方经济学流派[M]. 3 版. 上海：复旦大学出版社.
王志伟. 2004. 现代西方经济学流派[M]. 北京：北京大学出版社.
吴易风. 2022. 当代西方经济学流派与思潮[M]. 2 版. 北京：中国人民大学出版社.

➢ 讨论题

1. 简述当代经济学方法论的特点。
2. 简述货币主义的理论特点。
3. 比较新制度经济学与旧制度经济学。
4. 简述供给学派的理论特点。
5. 简述公共选择学派的理论主张。
6. 简评奥地利学派的方法论及其思想主张。
7. 简述发展经济学各流派的基本思想。
8. 简述当代西方经济学的发展趋势。